23 June 02

D1928343

rororo

Für Birgit &

Jürgen

rororo

Zu diesem Buch

Die niederländische Journalistin und Fotografin Arita Baaijens reist gemeinsam mit dem deutschen Forscher und «letzten Beduinen» Carlo Bergmann in die Libysche Wüste, um einen lang gehegten Traum zu verwirklichen. Diese Reise wird mehr als die bloße Erfüllung eines Wunsches – Arita Baaijens verliebt sich in den deutschen Abenteurer und glaubt, mit ihm den Zauber der Wüste entdecken zu können. Da es jedoch immer wieder zu leidenschaftlichen Auseinandersetzungen mit Bergmann kommt, beschließt sie, auf eigene Faust die Wüste zu erobern. Ihre romantischen Vorstellungen von duftenden Oasen und hellgelben Sanddünen lösen sich schnell in Luft auf. Hin und her gerissen zwischen elender Einsamkeit und überwältigenden Glücksgefühlen, verlangt ihr diese extreme Landschaft das Äußerste ab.

Der sinnliche und spannende Abenteuerbericht einer Frau, die eine andere Welt und sich selbst neu entdeckt.

Die Autorin

Arita Baaijens wurde 1956 in Ede bei Arnheim geboren, studierte Biologie an der Universität von Amsterdam und war danach sieben Jahre als Umweltbeauftragte tätig. Seit 1988 reist sie jeden Winter in die Wüsten von Ägypten und dem Sudan. Die Autorin arbeitet als Fotografin und Journalistin und lebt den Sommer über in Amsterdam.

Arita Baaijens

REGEN AUS EWIGEM FEUER

Eine Frau auf Entdeckungsreise in der ägyptischen Wüste

Deutsch von Annette Löffelholz

Rowohlt Taschenbuch Verlag

Lektorat Martina Behrens

Deutsche Erstausgabe

Veröffentlicht im Rowohlt Taschenbuch Verlag
GmbH, Reinbek bei Hamburg,
Dezember 2001
Die Originalausgabe erschien unter dem Titel
Een regen van eeuwig vuur im Verlag
Uitgeverij Contact, Amsterdam
Copyright © 1993, 1999 by Arita Baaijens
Umschlaggestaltung Ingrid Albrecht
(Foto: Picture Press)
Fotos im Innenteil Arita Baaijens
mit Ausnahme
S. 106: Frank Distelbrink
S. 129, 190: Carlo Bergmann
Satz aus der Bembo und Gill Sans
Gesamtherstellung Clausen & Bosse, Leck
Printed in Germany
ISBN 3 499 61310 7

Die Schreibweise entspricht den Regeln der
neuen Rechtschreibung.

Für meine Mutter

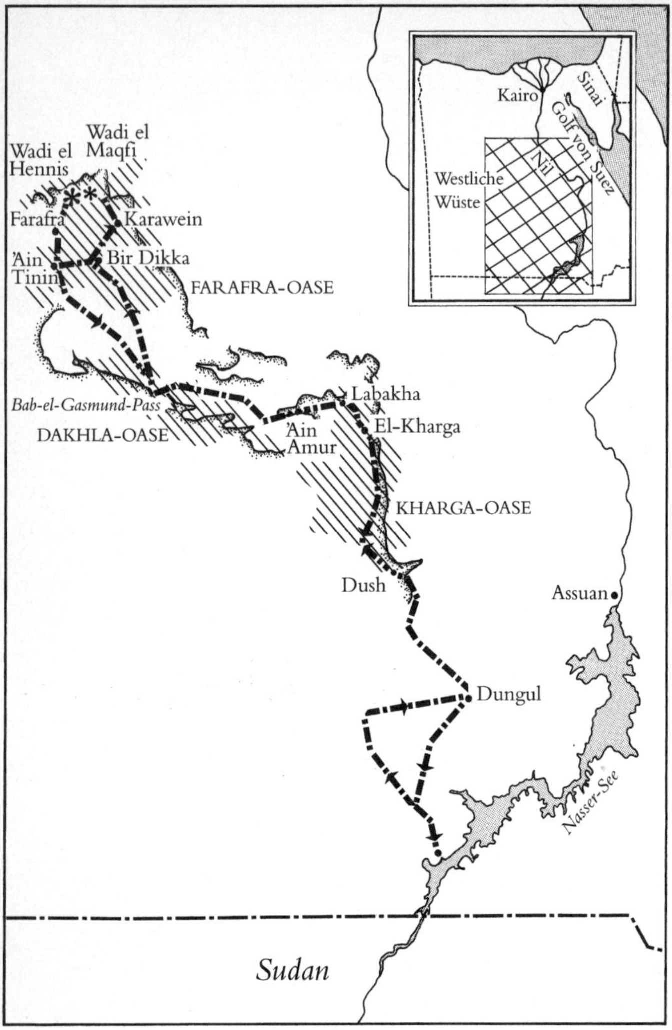

Die Strecke, die Arita Baaijens zurückgelegt hat.

Plateau

Oasengebiet

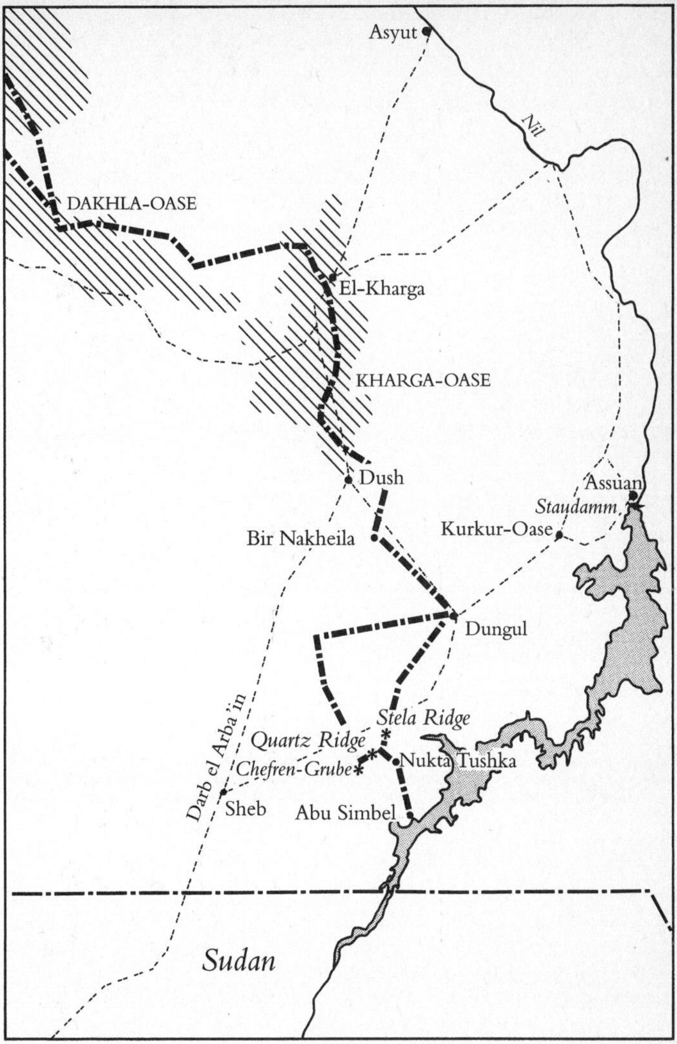

Historischer Karawanenweg

Oasengebiet

Die Route zur Chefren-Grube (siehe Kapitel 4)

KAPITEL I

In Schlangenlinien windet sich die Karawane durch die Hügellandschaft. Scheinbar ist es unmöglich, den Kurs beizubehalten, den ich mit einem senkrechten Bleistiftstrich auf der Karte eingezeichnet habe. Unzählige Hügel grinsen mich an, sie denken nicht daran, mich und die Kamele widerstandslos passieren zu lassen. Wie bösartige Teufel springen sie uns aus dem Nichts an, um einen höhnischen Tanz aufzuführen. Mir fällt allmählich nichts mehr ein. Ich lasse die beiden schwer beladenen Kamele zurück und erklimme einen hohen Sandhügel, um mir einen Überblick von dem Gebiet zu verschaffen. Ich muss meine Verzweiflung in den Griff bekommen. So weit ich sehen kann, erstreckt sich links und rechts, vor und hinter mir eine riesige, endlose Ödnis aus gleichförmigen weißen Kalkhügeln. Es ist, als würden die vom Wind abgetragenen Hügel, die mit grauen Steinen übersät sind, mich zwar dulden, aber wenn ich zu lange wie eine lästige Fliege auf ihnen herumkrieche, erschlagen sie mich wohl. Sie sind gar nicht einmal so hoch. Manche sind sogar flach genug, um sie mit den Kamelen zu besteigen. Aber nach zwei Tagen bergauf, bergab sind Gatifa und Mabrouka vollkommen erschöpft.

Seit ich den Entschluss gefasst habe, mit meinen beiden Kamelen durch die ägyptische Wüste von der Oasenstadt Farafra zu der sehr weit südlich gelegenen Oase Kharga zu laufen, habe ich mir vor allem über diesen Teil der Strecke Sorgen gemacht. All meine Hoffnungen und Ängste konzentrieren sich auf einen Punkt, auf 'Ain Amur, einen kleinen grünen Fleck mitten in der Wüste, wo ich hoffe, auf Wasser zu stoßen. Ich bin noch nie dort gewesen. Glaubt man den Berichten früherer Reisender, dann liegt 'Ain Amur in der

Mitte eines vierhundert Meter hohen Felsens auf einer kleinen Terrasse, wo Dattelpalmen über einer Tempelruine wachen. Früher einmal war 'Ain Amur ein Rastplatz für Langstreckenkarawanen gewesen, und zur Zeit der Römer hatten sich hier sogar Menschen angesiedelt. Sie hatten in der Nähe der Quelle einen kleinen Tempel erbaut, der von einer hohen, dicken Mauer umgeben wurde. 'Ain Amur ist nicht leicht zu finden. Festgeklebt an eine zerklüftete, mehrere hundert Meter hohe Felswand, fallen die Silhouetten der Palmen und der Tempelruine zwischen den unregelmäßigen Schatten der hervorspringenden Felsen kaum ins Auge. Ohne Führer scheint es mir fast unmöglich, diesen winzigen Punkt auf der Landkarte zu erreichen. Auf der Karte ist nicht viel mehr als eine hellbraun gefärbte Fläche eingezeichnet. Auf der ganzen Strecke von Farafra nach Kharga sind nur ganz vereinzelt Orientierungspunkte angegeben, und ich frage mich, ob ich sie wohl erkennen werde: Saddled back Hill, Shallow Wadi with Scrub, 'Ain Amur.

Wir bewegen uns im Zickzackkurs durch die endlose Hügelkette. Ängstlich halte ich jede Kursänderung fest und schreibe in mein kleines Notizbuch, wie viele Minuten ich einen bestimmten Kurs einhalten konnte. So kann ich trotz der vielen Umwege am Ende eines Tages ausrechnen, wo wir ungefähr sind. Aber weil es so wenige Anhaltspunkte gibt, werde ich erst dann merken, dass wir in die falsche Richtung laufen, wenn es schon zu spät ist. Die wilde Berglandschaft raubt mir allmählich den Verstand. Wir sind schon so lange unterwegs, dass es sinnlos wäre, umzukehren. Die zähe Strecke vor uns ist genauso schrecklich wie der Weg, der bereits hinter uns liegt. Die Sonne verliert an Kraft, und um vier Uhr beschließe ich, es gut sein zu lassen. Erleichtert lade ich die Kamele ab: Bis zum nächsten Morgen brauche ich keine Entscheidungen mehr zu treffen. Ich stelle die Kamele so, dass sie mit dem Rücken zum Wind stehen, und binde ihre Vorderbeine in Kniehöhe mit einem *Agaal* fest, einem Strick, der sie am Laufen hindern soll.

Ein paar Meter hinter den Kamelen stapele ich die großen Satteltaschen in einem Halbkreis als Schutz gegen den schneidend kalten Wind, der gegen Abend einsetzt. Zwischen den Taschen, auf einer Decke, schlage ich mein Lager auf. Vorläufig ist dies der Platz, an dem ich mich am sichersten fühle; windgeschützt kann ich von hier aus auch die Kamele im Auge behalten. Hinter ihnen versinkt die Wüste allmählich im Dunkel der hereinbrechenden Nacht.

Als Mabrouka und Gatifa ihr Futter in die Eimer klatschen hören, drehen sie die langen Hälse in die Richtung, aus der das Geräusch kommt. Schmatzend warten sie noch ein paar Sekunden, aber ich bin nicht schnell genug. Mit zusammengebundenen Knien kriechen sie zu den Eimern, stecken trotz meines Protestes ihren großen Kopf zwischen meinen Armen hindurch und schlingen innerhalb weniger Minuten die *Dorra*, eine Art Hirse, herunter. Nach dem Fressen starren sie träumerisch in die Ferne. Mit abwesendem Blick bewegen sie ihre Kiefer so regelmäßig wie ein Metronom hin und her, um wiederzukäuen.

Auf meinem kleinen Spirituskocher brodelt das Wasser. Ich wühle in der Küchentasche nach dem Makkaronibeutel und einer Fischbüchse. Mit einer Prise Oregano abgeschmeckt, ist das mein Abendbrot. Nach dem Essen kratze ich die Pfanne sauber und setze noch einmal Wasser für eine Tasse Tee auf. Die Beutel mit dem Pfefferminztee sind in einer viereckigen Dose, deren Deckel jedes Mal, wenn ich sie öffnen will, klemmt. Den Zucker, den ich in rauen Mengen verbrauche, habe ich in einem rosafarbenen Baumwollbeutel verstaut, das Milchpulver in einem weißen. Die Taschenlampe zwischen die Zähne geklemmt, gieße ich den Tee in einen Becher und lehne mich mit einem tiefen Seufzer gegen die Taschen. Es ist mal wieder geschafft, jetzt brauche ich nur noch zu schlafen. Im Laufe der Wochen sind das Abladen und Füttern der Tiere, das Zigarettendrehen, das Berechnen des Kurses und das Kochen zu Ritualen geworden. Alle Handlungen haben sich auf das Wesentliche reduziert, alles Überflüssige hat sich abgeschliffen. Ich würde vollkommen durcheinander geraten, wenn sich daran plötzlich etwas ändern würde. Der Spirituskocher steht immer rechts neben der Küchentasche, und die Sättel lege ich immer hinter die Taschen, der Schraubverschluss des Spirituskochers liegt auf dem Deckel neben den Streichhölzern und dem Pfannenheber, die Peitsche finde ich mit geschlossenen Augen. Es ist, als ob ich heute Abend mit meinen Ritualen die Hügel, die mir so feindlich gesinnt sind, beschwören wollte. Den leeren Teebecher stopfe ich wieder in die Tasche mit den Kochutensilien. Mit steifen Gliedern richte ich mich auf und schaue nach oben. An dem samtschwarzen Himmelszelt funkeln zahllose Sterne. Gerade taucht der Orion am Horizont auf. Die Silhouetten der Kamele sind kaum noch zu erkennen. Bevor ich mich schlafen lege, kraule ich sie noch ein bisschen hinter den Ohren und am Kinn. Manchmal schließen sie dabei genussvoll die Augen. Dieses Mal legt Mabrouka sogar ihren Kopf in meinen Schoß. Ich flüstere ihr leise ein paar Worte ins Ohr, Worte, die keine Bedeutung haben. Aber die Kamele verstehen mich, der weiche Klang meiner Stimme und die Art, wie ich die Worte betone, sagen ihnen genug. Gatifa streichle ich etwas pflichtschuldig. Ich habe mich immer noch nicht ganz an sie gewöhnt. Um sieben Uhr liege ich in meinem Schlafsack.

Mein Blick gleitet von dem Nebelstreifen der Milchstraße zu den Kamelen. Im Licht der Sterne halten sie Wache. Ihre aufgerichteten Ohren bewegen sich in dem wiegenden Rhythmus der malmenden Kiefer. Mit dem Geräusch der wiederkäuenden Kamele im Ohr schlafe ich ein.

KAPITEL 2

Bei einem Freund in Kairo hatte ich einen Deutschen getroffen, der acht Monate im Jahr mit seinen Kamelen in der ägyptischen Wüste lebt. Er heißt Carlo Bergmann, und mein Freund hatte ihn eingeladen, um uns miteinander bekannt zu machen. Ich hatte ihn fragen wollen, ob ich ihn ein paar Monate begleiten könnte, aber diese erste Begegnung verlief nicht besonders glücklich. Mein allzu selbstbewusstes Auftreten gefiel Carlo offenbar nicht. Er beachtete mich überhaupt nicht, und das ging wiederum mir gegen den Strich. Ich hatte nicht damit gerechnet, dass dieser deutsche Wüstennomade so unzugänglich sein würde. Nach einer Stunde verließ ich das Appartement, ohne mit Carlo auch nur ein Wort gewechselt zu haben. Ich war für ihn einfach Luft gewesen. Obwohl ich vor Wut über so viel Unhöflichkeit kochte, unternahm ich trotzdem einige Monate später einen zweiten Anlauf und besuchte ihn in Köln.

An einem heißen Augusttag stand ich bei Carlo vor der Tür. Er machte sich nicht einmal die Mühe, mich zu fragen, ob ich eine gute Fahrt gehabt hätte. Die Wüste, das war es, worum es ihm ging, nur die Wüste interessierte ihn, und das war dann auch ab dem Moment, wo ich meinen Fuß über seine Schwelle gesetzt hatte, unser einziges Thema. Von seiner Wohnung war ich positiv überrascht. An allen Wänden hingen moderne Bilder, auf dem blauen Teppichboden lagen alte römische Krüge, die vor Hunderten von Jahren im Wüstensand zurückgelassen worden waren. Carlo hatte die Wüste mit in seine Kölner Wohnung genommen. Aus allem sprach seine Leidenschaft für diesen staubtrockenen, unwirtlichen Teil Ägyptens, den kaum jemand zu betreten wagte, der für Carlo jedoch sein Zuhause ist. Während ich seine Wohnung inspizierte, redete Carlo mit seiner nasalen, lauten Stimme unaufhörlich auf mich ein. Von dem wortkargen Mann in Kairo war nichts mehr übrig. Er wollte wissen, warum ich ihn so gern begleiten wollte. Aber wie soll man ein Verlangen erklären? Nachdem ich jahrelang von der Wüste geträumt hatte, vermochte ich nicht einmal mehr zu sagen, wo dieses Verlangen seinen Ursprung hatte. Hatte es mit den Büchern angefangen, die ich seit meiner Kindheit über die Entdeckungsreisenden las, die auf wunderbare Weise kurz vor dem Verdursten noch auf eine Quelle stießen? Oder war dieses Verlangen in der Zeit geboren, als ich in Israel lebte und zum ersten Mal die Wüste Sinai sah? Jedenfalls war die Wüste bisher für mich nur ein schönes Bild gewesen, das ich staunend betrachtet hatte. Jetzt wollte ich in dieses Bild hineingehen. Carlo schien sich mit dieser Erklärung zufrieden zu geben und lud mich zu einer Ausflugsfahrt auf einem Rheindampfer ein, um ein Bier mit mir zu trinken.

Da das Wetter mitspielte, saßen wir gemütlich in der Sonne an Deck der «Alten Liebe». Ich nahm einen Schluck Kölsch und sah Carlo an: «Du weißt jetzt, warum ich mit will, aber warum willst du mich eigentlich mitnehmen?» Seine Antwort überraschte mich komplett. Nachdem er sechs Jahre allein durch die Wüste gezogen sei, freue er sich jetzt auf weibliche Gesellschaft. Eine Beziehung mit mir könne er sich durchaus vorstellen. «Aber ich nicht», entgegnete ich bissig. «Dann wird die Sache teurer», sagte er kurz und bündig. Und das alles ziemlich laut und auf Deutsch. Ich schaute mich um. Die Sonne schien immer noch und der Rhein floss nach wie vor in dieselbe Richtung. Da saßen wir nun und diskutierten über den Preis für meinen Körper. Carlo lieferte auch noch eine passende Erklärung dazu: «Für dich bin ich nur jemand, der dir die Wüste zeigen kann. Für diese Erfahrung willst du dich öffnen, aber nicht für mich. Und damit nicht genug. Wenn du das Ganze ohne mich durchziehen könntest, würdest du hier nicht sitzen. Wenn du also Grenzen steckst, dann tue ich das auch. Ich gebe dir etwas Besonderes, indem ich dich mitnehme, und ich will, dass du dich dafür revanchierst.» Er nahm einen Schluck Bier und redete sich allmählich in Rage: «Wenn du mich nur als Führer benutzt, dann musst du gefälligst dafür bezahlen. Dann springt für mich zumindest noch ein Kamel dabei heraus.» Sprach's und knallte das Bierglas auf den Tisch.

Nachdem jeder schweigend seine eigene Zeche bezahlt hatte, fuhren wir zu ihm zurück. Ich fasste den Entschluss, den Aufpreis zu zahlen, meine Ruhe war mir eine Menge wert und die Wüste auch. Später am Abend saß ich auf einem Holzstuhl in der Küche und sah mir wie hypnotisiert Dias von Sanddünen, bizarren Felsformationen, römischen Festungen und Karawanen an. Ich war Feuer und Flamme. An dem schmalen Küchentisch redeten wir noch lange über die anstehende Expedition. Während Carlo aufzählte, was ich alles mitnehmen musste, studierte ich seine Gesichtszüge. Ein leidenschaftlicher Mann mit Halbglatze und Bart. Seine graubraunen, leicht gelockten Haare, die in alle Richtungen abstanden, fielen bis auf den Kragen seines karierten Oberhemdes herab. Die braunen Augen konnten einen harten oder weichen Ausdruck annehmen. Ein großer Kopf auf einem schmächtigen Körper. Er hatte so gar nichts von einem gesetzten Mann in den Vierzigern an sich, auf mich wirkte er genauso eckig wie die rotblauen Karos auf seinem Hemd. Carlo bereitete mich darauf vor, dass unsere Reise kein Spaziergang werden würde. Wir würden uns wochenlang nicht waschen können und in denselben Klamotten herumlaufen müssen. Ja, ganz recht, herumlaufen, denn reiten war nicht drin. Die Kamele würden viel zu schwer beladen sein, um auch noch einen Menschen tragen zu können. Ich müsste mein Gepäck auf das Allernotwendigste beschränken und mich als gelernte Biologin auf jeden Fall mit dem Sammeln und Bestimmen von Pflanzen nützlich machen. Es klang wie Musik in meinen Ohren. Gleichzeitig wurde mir immer klarer, dass Carlo und ich uns zwei Monate lang auf der Pelle hocken würden und es keine Ausweichmöglichkeit gäbe, wenn wir uns auf dieser Reise in die Haare geraten sollten.

Am nächsten Morgen beim Frühstück erzählte Carlo mehr von sich. Er hatte nach seinem Studium als Betriebswirt gearbeitet. Auf Dauer hatte ihn dieses Leben jedoch nicht mehr befriedigt. Die Stadt fand er entsetzlich, weil sich niemand wirklich für ihn interessierte. Er hatte das Gefühl, funktionalisiert zu werden, besonders von den Frauen. Die eine wollte gern mit ihm ausgehen, aber nicht mit ihm schlafen, die andere ließ sich in Geschäftsdingen beraten, sah ihn aber nicht als Menschen, und die Dritte wollte ihn nur als Liebhaber. Und wenn es darauf ankam, ließen sie ihn ausnahmslos fallen, sobald jemand auftauchte, der in all diesen Dingen besser war als er. Viel zu selten wurde er als ganzer Mensch gesehen, und deswegen hatte er von diesem geteilten Leben genug gehabt. Als er bei seiner ersten Ägyptenreise über die Wüste flog, wusste er, dass dort unten in dem gelben Sand seine «Heimat» lag.

Zu Fuß und nur mit einem Rucksack machte er sich auf seine erste Wanderung durch die raue Wüstenlandschaft. Ein Jahr später reiste er in den Sudan, wo er sich einer Karawane anschloss, die nach Ägypten zog, um dort auf dem Markt Kamele zu verkaufen. Es war eine große Karawane, die aus mehreren Herden bestand und mit Hunderten von Kamelen Richtung Norden zog. Hier herrschten raue Sitten. Carlo durfte dabei sein, aber er genoss keinerlei Vergünstigungen, nur weil er zufällig für die Reise bezahlt hatte. Ab und zu wurde er heftig zurechtgewiesen, wenn er etwas gemacht hatte, was dem *Chabir*, dem Führer der Karawane, nicht passte. Eines Morgens musste er feststellen, dass die Karawane ohne ihn aufgebrochen war, da er sich etwas abseits schlafen gelegt hatte. Das hatte man ihm offenbar übel genommen. Von einer Diarrhö geschwächt, musste er zusehen, wie er die anderen wieder einholte. Ein Chabir ist der unangefochtene Anführer einer Gruppe von vier oder fünf

Männern, die gemeinsam für hundert oder mehr Kamele zu sorgen haben. Sein Wille ist Gesetz. Die Erfahrungen mit den Kameltreibern haben bei Carlo tiefe Spuren hinterlassen. Es war eine harte Schule für ihn, aber jetzt wusste er, wie es lief. Die Wüste lag offen vor ihm. In den ganzen sechs Jahren hat ihn die Wüste niemals enttäuscht. Sie verlangt einem Menschen das Äußerste ab, aber genau das suchte er. Allein mit seinen Kamelen war er glücklich, am liebsten ließ er die bewohnte Welt so weit wie möglich hinter sich. Für mich klang das alles etwas zu schwärmerisch, aber dieses Gespräch konnte immerhin die scharfen Töne aus unserer Unterhaltung auf der «Alten Liebe» nehmen. Als wir uns verabschiedeten, versprach Carlo, mir bald einen Brief mit einer Rechnung zu schicken. Er musste erst noch kalkulieren, wie viel ich zu zahlen hatte. Das wird wohl nicht so schlimm werden, dachte ich und hupte zum Abschied.

Einige Tage später hielt ich fluchend ein Blatt Papier in der Hand. Meine Verweigerung kam mich einige tausend Mark teuer zu stehen. Präzise eingeteilt in die Rubriken Lohn, Kauf eines Kamels, Geschenke, Werkzeug und Diverses hatte Carlo einen ganz prächtigen Kostenvoranschlag gemacht. Außerdem gab er mir den Tipp, dass die Beduinen im Sinai billigere Touren veranstalteten. In den darauf folgenden Wochen flogen die Briefe und Telegramme nur so hin und her. In einem seiner Briefe schrieb Carlo, dass er bereit sei, mich für weniger Geld mitzunehmen, er mir aber versichern könne, dass ich dann in der Wüste mit seinem entsprechenden Verhalten zu rechnen habe. Er schlug vor, zwei Monate mit mir zu reisen. «Eine kurze Zeit, wenn man sich versteht. Eine Ewigkeit, wenn man aneinander vorbei lebt», so sein Brief. Er fügte hinzu, dass er sich in der Unendlichkeit der Wüste als mein Reiseleiter fragen würde, was ich ihm dafür zurückgäbe. Wenn ich ihn mit dieser Frage sitzen ließe, würde er mich umgehend zur nächsten Straße bringen. Und um das Maß voll zu machen, schrieb er noch, dass man nie alles vorhersehen könne und ich für alle Fälle Kondome einpacken solle. Nicht aus Vorsorge, sondern aus Notwendigkeit.

Meine Freunde und Kollegen, die den ganzen Briefwechsel mit wachsendem Unverständnis verfolgt hatten, reagierten erleichtert, als ich mein Ticket nach Kairo zurückgab und zwei Wochen nach Frankreich fuhr. Ich war allerdings eher deprimiert als erleichtert. Man kann jahrelang mit einem Traum leben, aber wenn er kurz vor der Erfüllung steht, will man sich mit dem Traumbild nicht mehr begnügen. Auf Zehenspitzen und mit ausgestreckten Armen hatte ich versucht, nach diesem Traum zu greifen, und verfehlte ihn nur um Haaresbreite.

Bei meiner Rückkehr aus Frankreich wartete ein dicker Brief von Carlo auf mich. Ein Abschiedsbrief, in dem er mir sagte, warum er sich mir gegenüber so ablehnend und brüsk verhalten hatte. Er hatte eine ungemeine Abneigung gegen das phantasielose bürgerliche Leben mit seinen Scheinsicherheiten. Er hatte wissen wollen, ob ich in der Lage wäre, mich in der Wüste von diesem «Leben am Gängelband» zu lösen. Er hatte, wie er schrieb, in gewisser Weise Angst vor mir gehabt, vor diesem berechnenden Wesen, das so resolut, direkt und geschäftsmäßig wirkte. Welche Rolle war ihm zugedacht, wo war sein Platz? Gab es an meiner Seite noch Raum für ihn in der Wüste? Wenn ich der Meinung gewesen wäre, dass er mich mit aller Gewalt zwingen würde, mit ihm zu schlafen, hätte ich mich geirrt. Aber er wollte nicht, dass ich eine solche Beziehung von vornherein ausschlösse. Ich interessierte ihn als Mensch, als weiblicher Mensch. In der Wüste könnte ich nun einmal keine künstliche Barriere errichten. Vielleicht würde das in der Stadt toleriert oder sogar als normal empfunden werden, aber da draußen wären solche Fassaden nicht von Dauer. Deshalb wäre es besser, schon hier die Masken fallen zu lassen. Vielleicht hätten wir niemals miteinander geschlafen, aber er hatte nicht akzeptieren wollen, dass ich vorab Grenzen zog in einem Umfeld, das keine Grenzen kannte.

Ich lag mit diesem Brief auf meinem Bett und wusste, dass ich doch noch nach Ägypten fahren würde.

Mit fünfzig Kilo Gepäck komme ich anderthalb Monate später in Kairo an. Die Taschen, voll gestopft mit Müsli, Kartoffelpüree, Tütensuppen und Stricken, schleppe ich mit in den Bus, der mich zu der Oase bringt, wo ich mich mit Carlo treffen werde. Da sich die Fahrt verzögert, komme ich zwei Tage später als vereinbart in der Oasenstadt Farafra an. Es ist Abend und stockfinster, als der Bus vor einem kleinen Hotel am Dorfeingang hält. Ohne das Vibrieren der Scheiben und das stotternde Geräusch des Motors ist es merkwürdig still. Nervös schleppe ich meine Taschen in das Hotel. Der einzige Mann, der dort herumschlurft, kann mir sagen, dass Carlo immer noch auf mich wartet, und dass er ihm Bescheid sagen wird, wenn ich mich ein bisschen gedulde. Ich soll mich erst einmal in das gegenüberliegende Häuschen setzen. In dem Kiosk, wo eine Öllampe ihr schwaches Licht auf ein paar Tische und Stühle wirft, bestelle ich ein Glas Tee. Ein paar Männer mustern mich schweigend, während ich das heiße Glas zwischen Daumen und Ringfinger klemme und den Tee schlürfe. Gespannt warte ich ab.

Schritte nähern sich. «Arita», Carlos Stimme in der Dunkelheit. Plötzlich steht er vor mir, in einer weißen *Djallaba*, einem langen Gewand mit einer weiten Hose. Mit ausgestreckten Armen geht er auf mich zu. Er scheint tatsächlich die ganze wortreiche Auseinandersetzung vergessen zu haben. Von einer Sekunde zur anderen bin ich hellwach, ich küsse ihn reserviert auf die rechte und die linke Wange. Auf dem Weg zu dem Haus von Achmed, wo Carlo gerade über den Kauf eines Kamels für mich verhandelt, redet er wie ein Wasserfall. Er freut sich, dass ich da bin, meint, dass sich meine Anwesenheit günstig auf die ziemlich mühsamen Verhandlungen auswirken wird. Schon seit einer Woche ist er damit beschäftigt, Mabrouka, wie er das Kamel getauft hat, zu kaufen. Einer ausländischen Frau gegenüber werden sie nicht so rasch nein sagen. Wir laufen durch das nächtliche Farafra mit seinen Häusern, deren hohe Lehmmauern den Blick in die Innenhöfe verwehren. An einem Haus mit einer wunderschön bemalten Fassade klopfen wir an. Die massive Holztür öffnet sich, und ein Mann führt uns in die *Mandara*, den Aufenthaltsraum für Gäste. Bis auf einige Teppiche ist dieser Raum leer. Die weiß getünchten Wände bestehen aus gebrannten Lehmziegeln. Fast genau in der Mitte des lang gestreckten Raums steht ein kleiner runder Tisch mit Teegläsern darauf. Etwa zehn Männer sitzen in dem schwachen Lichtschein von zwei Öllampen an die Wände gelehnt. Normalerweise ist hier ein ständiges Kommen und Gehen, aber jetzt, wo ich da bin, bleiben alle sitzen. Wir ziehen unsere Schuhe aus, und ich schüttele viele Hände. Nach einem Moment unbehaglichen Schweigens lebt das Gespräch schnell wieder auf. Ich verstehe kein Wort, aber Carlo erzählt mir, dass es um den Preis für das Kamel geht. Mit halb geschlossenen Lidern betrachte ich die Gesichter der Männer. Ihre Haare sind unter meterlangen Stoffbahnen aus weißer Baumwolle versteckt, turbanähnliche Gebilde, die ihnen etwas Heroisches verleihen. Ihre Gesichter sind genauso zerfurcht wie die Erde, die sie bearbeiten, die dunkle Haut steht in einem scharfen Kontrast zu den weißen Turbanen. Wenn mich ab und zu ein schneller Blick streift, schlage ich die Augen nieder. Der Kauf scheint kurz vor dem Abschluss zu stehen. Einer der Unterhändler geht mit dem Besitzer nach draußen, um den Preis noch einmal zu besprechen. Dann wendet man sich wieder an Carlo. Schließlich ist jeder mit den sechzehnhundert ägyptischen Pfund, etwa neunhundert Mark, einverstanden – ein angemessener Betrag für ein gutes Kamel. Allah wird gepriesen, Hände werden geschüttelt. Eine Stunde nach meiner Ankunft habe ich ein Kamel, Mabrouka! Im Arabischen bedeutet das «Glückwunsch». Carlo hat das Tier so genannt, weil er froh ist, dass sowohl ich als auch das neue Kamel in sein Leben getreten sind.

Auf schmalen Sandpfaden gehen wir zurück zu dem herun-

Mabrouka und Carlo

tergekommenen Hotel, in dem auch Carlo übernachtet. Seine Kamele stehen in 'Ain Tinin, einer kleinen Oase, die einen Fußmarsch von fünf Stunden entfernt ist. Morgen, nachdem wir Mabrouka von der Weide geholt haben, werden wir dorthin aufbrechen. Farafra ist wie ausgestorben, die Straße menschenleer. Mit einem unguten Gefühl laufe ich neben Carlo an den weiß getünchten Hauswänden vorbei, die im Licht des Mondes schimmern. In der Abgeschlossenheit des Gästeraums hatte ich mich mit Carlo verbunden gefühlt, aber jetzt ist mir jede meiner Bewegungen schmerzlich bewusst. Es ist, als hätte jemand anders die Regie übernommen, als wären mir die Hände gebunden. Ich muss an ein frisch verlobtes Paar denken, dessen Heirat von den Eltern vereinbart worden ist.

In dem Schlafsaal des Hotels legt Carlo sich in voller Montur in das Eisenbett mir gegenüber. Ich wälze mich in meinem T-Shirt noch lange hin und her. Es ist heiß, die Mücken summen hartnäckig um mich herum, und ich fühle mich noch nicht stark genug, um die Rolle zu spielen, die ich auf mich genommen habe.

Am nächsten Morgen fahren wir mit einem Pick-up zu dem Weideplatz, um Mabrouka abzuholen. Als Carlo sie von der Herde trennt, schreit sie wie am Spieß und lässt vor Angst statt des festen Kamelkots einen dünnen Strahl auf den Boden klatschen. Mit Schaum vor dem Maul und unter unendlichem Gebrüll dreht sie sich immer wieder zu dem Hengst um. Carlo drückt mir die Zügel in die Hand, und auf einmal laufe ich mit einem Kamel durch die Wüste. Ich schwebe. Mabrouka ist ein prachtvolles Tier mit kurz gelocktem, braunem Fell. Eine fast grazile Schönheit mit großen dunklen Augen, in denen ich vollkommen versinke. Plötzlich bäumt sie sich auf und wirft die Vorderbeine hoch. Ich tauche seitlich ab, gehe zu Boden und bin auf der Stelle von der Idee kuriert, ein etwas zu groß geratenes Kuscheltier hinter mir herzuziehen.

Als wir uns der Oase 'Ain Tinin nähern, sehe ich in dem Grün eines Feldes eine gebückte Gestalt in einer cremefarbenen Djallaba stehen. Es ist Scheich Ateje, ein kleiner, drahtiger Mann, der durch den Turban größer wirkt als er ist. Er hat in den letzten Tagen Carlos Kamele versorgt. Nach einer freundlichen, etwas verlegenen Begrüßung macht er eine einladende Handbewegung. Wir binden Mabrouka an einem Baum fest und folgen ihm, zwischen Dattelpalmen hindurch, zu seinem Haus, das auf einer begrünten Düne liegt. Im Schatten eines kleinen Vordaches steht Arabya, Atejes Frau. Ihr stämmiger Körper ist in ein buntes, vielschichtiges Kleid gehüllt, das schwarze Haar bedeckt ein großes, locker um den Kopf drapiertes Tuch. An den Handgelenken klirren Armreifen und in einem Nasenflügel steckt ein fein ziselierter goldener Ring. «*Ya* Carlo, *Assalam alaikum*!» Sie begrüßt ihn überschwänglich und mich auch. Es ist keinerlei Zurückhaltung zu spüren. Sie zieht Carlo damit auf, dass er endlich eine Frau bei sich hat. «Es ist nicht gesund für einen Mann, jahrelang ohne Frau zu leben», sagt sie und geht uns mit einem schallenden Lachen voraus. Ich bücke mich, um mit dem Kopf nicht gegen den niedrigen Türpfosten zu stoßen, und komme in das kühle Gästezimmer. Der festgetretene Boden ist sauber gefegt und an den Seiten mit Matten aus geflochtenen Palmblättern bedeckt. In einer Ecke stehen vier große Keramikkrüge, die mit Trinkwasser gefüllt sind. Durch ein paar Aussparungen im oberen Teil der Lehmwand fällt spärliches Licht in den Raum. Ich setze mich neben Carlo auf den Boden, Scheich Ateje gegenüber. Er lächelt und wiederholt mehrmals, dass ich «*marhaban*», also willkommen bin. Vor dem Essen wäscht sich jeder die Hände, und Shams, einer von Atejes Söhnen, bedient uns mit einem Strahl lauwarmen Wassers aus einer silbernen Schnabelkanne. Das Wasser, das von meinen staubigen Händen tropft, wird in einer flachen Schale aufgefangen, die später von der kleinen Tochter draußen geleert wird. Ateje und Carlo unterhalten sich lebhaft über den Kauf von Mabrouka. Wie so oft in Ägypten, ist es vor allem der Preis, der den Gesprächsstoff für eine endlose Diskussion bietet. Ich sitze daneben, und mir fallen beinahe die Augen aus dem Kopf, so genau schaue ich mir meine Umgebung an. Das Haus ist einfach gebaut, hat aber wegen seiner runden Formen und der weit verzweigten Verbindungsgänge zwischen den einzelnen Räumen sehr viel Charme. Die Dachbalken bestehen aus Baumstämmen, die aus Atejes Garten stammen. Die Enden der abgesägten Äste sind noch zu sehen. Ich erkenne zwei Akazien und einen Aprikosenbaum. Arabya kommt mit einem großen Tablett angeschlurft, auf dem duftende Brote und Essensschalen stehen. Sie selbst isst nicht mit, die Frauen nehmen ihre Mahlzeiten immer getrennt von den Männern ein, aber sie setzt sich zu uns. Mit einem «*bismallah irrahman irrahim*», bricht Ateje ein dickes Brot und legt mir ein Stück hin. «*Chuth*», bediene dich!

Arabya kann ihre Neugier kaum bezwingen, sie will alles über mich wissen, aber ihr Hauptinteresse gilt den Geschenken, die ich mitgebracht habe. Ihr wacher Blick streift über meine saubere Djallaba. Schmuck trage ich auch nicht, und was in meinen Taschen steckt, kann sie nur vage vermuten. Um sie nicht länger auf die Folter zu spannen, gebe ich ihr die in Glitzerpapier verpackten Geschenke. Sie verschwindet unverzüglich in der Küche, um etwas später mit einem Tablett voller Teegläser zurückzukommen.

Bevor wir die Taschen umpacken, Stroh holen und Futtersäcke aus der Scheune schleppen, zeigt Carlo mir seine Kamele. Es sind drei. Der weiße Hengst Hassan und zwei weibliche Tiere, die Sahara und Arabella heißen. Im Vergleich zu Mabrouka kommen sie mir sehr groß vor, und ich bleibe nach der ersten Begrüßung lieber ein wenig auf Distanz. Am nächsten Morgen werden wir zu einer kleinen Tour in die nähere Umgebung aufbrechen. Ich hatte Carlo eine Probewoche vorgeschlagen, um zu testen, ob wir miteinander auskommen. Wenn das klappte, könnten wir uns an die lange Reise in den Süden wagen. Dennoch müssen auch für diese kleine Tour eine Menge Dinge erledigt werden. Ich fette alle Sattelkissen ein, die an der Innenseite der Holzstangen an dem Packsattel befestigt werden. Das Holz darf nicht in Berührung mit der Kamelhaut kommen, da durch die Reibung wunde Stellen entstehen. Nach dem Einfetten verteile ich mein Gepäck auf zwei Satteltaschen und fülle eine große Tasche mit Stroh für die Kamele. Zusammen mit dem Kraftfutter, das wir bei uns haben, muss das ihre Mägen ausreichend beschäftigen. Carlo sortiert unseren Proviant. Thunfisch, Sardinen, Würstchen, Makkaroni, Reis, Kartoffelpüree, Tomatenpüree, Milchpulver, Zucker. Es erscheint mir reichlich viel, die Küchentasche ist bis zum Rand mit Dosen und Beuteln voll gestopft, aber Carlo versichert mir, dass ich ihm dankbar sein werde, wenn wir nicht jeden Tag Reis mit Bohnen essen müssen. Am späten Nachmittag sind wir so weit und holen die Kamele, um sie an der Wasserstelle trinken zu lassen.

Abends liege ich todmüde unter einem Baum neben Carlo auf einer hauchdünnen Aluminiummatte. Um uns die im Halbkreis aufgebauten Satteltaschen, über uns die Sterne und vor uns die Kamele. So wird es in der Wüste auch sein. Ich bin mir absolut nicht sicher, dass alles gut gehen wird, die Briefe, die Carlo anscheinend vergessen hat, stehen für mich nach wie vor zwischen uns.

Meine Djallaba flattert, und mein Herz flattert auch. Endlich unterwegs! Ich führe die Karawane an und bekomme hin und wieder eine Anweisung wie «eine Handbreit links an dem Felsen vorbei». Der Felsen ist ein verschwommener Strich in weiter Ferne. Als ich zurücksehe, stelle ich fest, dass meine Spur wie die eines Betrunkenen aussieht. Ich habe noch keinen festen Blick und muss jedes Mal, wenn ich umherschaue, meinen Kurs neu festlegen. Am Spätnachmittag taucht eine Dünenkette vor uns auf, die bestimmt noch einige Kilometer entfernt ist. Aber nach dreißig Metern stehe ich schon auf dem gelben Sand. Entfernungen in der Wüste einzuschätzen, das muss ich erst noch lernen. Auf der Sanddüne laden wir die Kamele ab, hier werden wir unser Nachtlager aufschlagen. Die Stimmung ist entspannt. Carlo erzählt witzige Geschichten, während ich, auf dem Rücken liegend, versuche, die Sterne über mir auf meiner Sternenkarte wieder zu finden. Unser Camp ist ein kleines Hufeisen aus Taschen. Ich liege links, vollständig angezogen in meinem Schlafsack. Carlo hat sich seinen Platz auf der rechten Seite neben der Küchentasche gesucht. Der Schlaf lässt auf sich warten. Innerlich habe ich meine Fühler nach allen Seiten ausgestreckt, bei dem geringsten Geräusch fahre ich mit weit aufgerissenen Augen hoch.

Am nächsten Morgen holt Carlo mich aus einem seltsamen Traum. Als er mir sanft über das Haar streicht, werde ich auf der Stelle stocksteif, aber er wollte mich nur wecken. Seine Geste hat etwas Rührendes, aber ich kann nichts damit anfangen. Die Eindrücke von unserem Gespräch auf dem Rheindampfer sitzen tief. Carlo erzählt mir etwas von seinen Kamelen, während er mit dem Spirituskocher beschäftigt ist. Sahara und Arabella hat er auf dem Kamelmarkt in Kairo gekauft. Eigentlich hätte er nur eines gebraucht, aber die beiden Tiere standen wie Freundinnen nebeneinander. Und so stehen sie immer noch zusammen. Mabrouka schließen sie aus. Hassan ist der einzige Hengst. Er ist so kühl wie die Farbe seines Fells und distanziert sich von den Damen. Nachdem er vor einigen Jahren ein anderes männliches Tier aus Carlos Karawane totgebissen hatte, wurden ihm die Eckzähne abgesägt. In den Wintermonaten, der Paarungszeit, ist er noch immer aggressiv.

Unser Frühstück besteht aus einem Becher Müsli mit warmem Wasser und Milchpulver. Ein Becher Tee zum Nachspülen – das ist alles. Innerhalb einer Stunde sind die Kamele gesattelt und beladen, und wir verlassen unsere Düne. Carlo ist unterwegs sehr gesprächig. Es hat viele interessante Dinge zu erzählen, aber auf Dauer irritiert mich dieser nicht enden wollende Wortschwall ein wenig. Es scheint, als wäre ich wie vernagelt, kein Wort kommt aus meinem Mund. Auf der Suche nach ein wenig Ruhe gehe ich nach hinten und schließe mich den Kamelen an. Bei dem Geräusch der sanft schlurfenden Kamelhufe bekomme ich allmählich wieder einen klaren Kopf.

Hin und wieder gehe ich zu Carlo, um kurz zu reden – so wie man sich verhält, wenn man per Anhalter mitgenommen wird und aus Höflichkeit ein paar Worte mit dem Fahrer wechselt.

Aus meinem Schlafsack heraus sehe ich, wie sich im Osten der Himmel rot färbt. Die Sonne geht auf. Carlo öffnet den Reißverschluss von seinem Schlafsack; er ist kurz angebunden. Er hat über unser Zusammensein der letzten Tage nachgedacht und teilt mir mit, dass die Gefühle fehlen und er ab morgen allein weiterziehen wird. Mehr will er nicht dazu sagen.

Er hat mir den Rücken zugekehrt. Die Zeit steht still. Die Kamele knabbern an ein paar Sträuchern, die Wolken stehen flammend rot am Himmel. Es will mir nicht in den Kopf, dass die Reise jetzt schon zu Ende sein soll. Carlos Rücken ist wie eine Mauer. Für ihn ist die Sache erledigt, und ich hasse den

Mann, der meinen Traum so einfach in Scherben schlägt, weil ich nicht in die Rolle seiner Traumfrau schlüpfen will. Ich stehe auf, damit er meine Tränen nicht sieht. In meinem Kopf pocht und hämmert es. Mabrouka gibt keinen Laut von sich, als ich zu ihr gehe. Sie blickt auf und legt ihren Kopf tröstend auf meine Schulter. Aus der Entfernung sehe ich, wie Carlo unruhig hin und her läuft. Offensichtlich macht ihm das Ganze doch mehr zu schaffen als ich dachte. Ohne ein weiteres Wort zu wechseln, beladen wir die Kamele und laufen nach 'Ain Tinin, der Endstation meiner Reise. Carlo geht mir voraus, meine ganze Wut konzentriert sich auf seine schmale Gestalt. «Idiot, Frauenhasser, Schwachkopf.» Alle Schimpfworte, die mir einfallen, gieße ich kübelweise über ihm aus. Ich habe mich mit diesem Mann übernommen. Zum ersten Mal stelle ich mir die Frage, wer Carlo eigentlich ist. Und wie ich ihn empfindlich treffen kann, denn ich kann es nicht ertragen, von ihm weggeschickt zu werden. Ich will bleiben – das ist alles, was ich weiß.

Die Dattelpalmen von 'Ain Tinin rücken näher. Ich schlucke meine Wut und meinen Stolz herunter und schlage Carlo vor, ihn noch zwei Wochen mit der Karawane bis zu der nächsten Oase im Süden zu begleiten. Von dort werde ich den Bus nach Kairo nehmen. Er ist einverstanden.

Auf der anschließenden Etappe testet Carlo mich. Er will, dass ich ihn um eine Pause bitte, ich soll ihm zeigen, dass ich die Schwächere bin und nicht mehr weiter kann. Der Sand wird lockerer und das Laufen immer mühsamer. Ich versuche, nicht auf meine Uhr zu schauen. Wenn ich das nach einer halben Stunde doch tue, stelle ich fest, dass erst zehn Minuten vergangen sind. Die Stiche in meiner Seite lassen sich nicht mehr leugnen, mechanisch wie ein Roboter gehe ich nach vorn: «Ich will etwas essen und ich will Wasser.» Carlo hält an. In großen Schlucken lasse ich das Wasser aus dem kleinen Kanister meine Kehle hinablaufen, hole einen Müsliriegel aus der kleinen Tasche, die an einem Sattelknauf hängt, und lasse mich auf den Boden fallen. Carlo macht keine Anstalten, die Tiere abzuladen, obwohl wir schon fünf Stunden ohne Pause gelaufen sind. «Geh ruhig schon vor, wenn du es eilig hast», sage ich bissig. Und schon ist er weg. Verwundert blicke ich ihm nach. Ich muss ihm wohl oder übel folgen, bevor das letzte Kamel aus meinem Blickfeld verschwindet.

Als wir gegen Ende des Tages das Lager aufbauen, bekomme ich von Carlo zu hören, dass ich abhauen und mir irgendwo anders einen Schlafplatz suchen solle. Er selbst bettet sich wie ein Scheich zwischen einen Berg von Taschen und Sätteln. Ich schlafe einige Meter entfernt, mit meinen beiden Taschen im Rücken als armseligem Schutz gegen den schneidenden Wind.

Um halb sechs weckt er mich auf – nicht etwa weil wir aufbrechen müssten, sondern weil er schlecht geschlafen hat. Er kann es nicht ertragen, mich so friedlich schlummern zu sehen. Egal – die Wüste sieht zu dieser frühen Stunde phantastisch aus, und es ist ein herrliches Gefühl, sich in der kühlen Morgenluft die Beine warm zu laufen. Die Sonne lockert die angespannte Stimmung etwas auf, und Carlo und ich fangen ein vorsichtiges Gespräch an. Er zeigt mir eine Hieroglyphe, die in eine Felswand geritzt ist. Ein Stück weiter entdecken wir auf einer Kalksteinwand Fruchtbarkeitssymbole in Form eines Dreiecks mit einem Punkt darunter. Ein senkrechter Strich führt von dem unteren Punkt bis zur Mitte des Dreiecks. Uralte Symbole, die vor einigen tausend Jahren mit einem scharfen Stein in den Kalkfelsen geritzt wurden. Schon vor der Zeit der Pharaonenherrschaft war diese Landschaft von Menschen bewohnt, vielleicht gingen sie hier mit Pfeil und Bogen auf die Jagd und ruhten sich an diesem Felsen aus. Es ist kaum vorstellbar, dass Jäger in dieser ausgedörrten Landschaft auf mehr als eine Gazelle gestoßen sein sollen, aber die Libysche Wüste und die Sahara haben in ihrer Geschichte auch fruchtbare Zeiten mit mehr Regen gekannt. Nach einer langen Trockenzeit verzauberten Regenfälle die Wüste vor zehntausend Jahren in eine grüne Savanne, in der Gräser, Sträucher und Bäume wuchsen. Auch Flüsse gab es in dieser Zeit und Seen, an denen die Tiere ihren Durst löschen konnten. Strauße, Giraffen, Elefanten, Nashörner, Gazellen, Wildesel und einige Büffelarten bevölkerten die bisher unfruchtbaren Gebiete.

Die Schlucht, die wir gegen elf Uhr erreichen, ist von den Wasserläufen ausgewaschen, die in den regenreicheren Zeiten Ägyptens das Wasser in tiefer gelegene Gebiete leiteten. Etwa in der Mitte des Plateaus, auf dem wir uns bewegen, liegt eine Terrasse aus blendend weißen Kalkfelsen. In den Spalten wachsen Sträucher, deren grelles Grün den Augen fast wehtut. Es ist *Agoul*, ein stachliges Gewächs, das Kamele mit Vorliebe fressen. Wir beschließen, für den Rest des Tages auf einer der Terrassen zu bleiben, um die Kamele grasen zu lassen. Nachdem wir die Taschen von den Tieren abgeladen haben, setze ich mich auf einen abgelegenen Felsen und lasse den Wind mit meinen Haaren spielen. Die Kamele reißen gierig an den Agoulsträuchern. Manchmal werfen sie den Kopf nach hinten und stopfen sich so einen ganzen Strauch ins Maul. Auf den ersten Blick sehen alle Kamele gleich aus, aber sie besitzen doch sehr individuelle Persönlichkeiten. Arabella kann hin und wieder etwas ungemütlich werden. Sie ist eine eingefleischte Junggesellin, die es nicht ausstehen kann, wenn man sie ein wenig an die Kandare nimmt. Sahara ist gutmütiger. Wenn ich mich ihr nähere, bewegt sie die dicken, fleischigen Lippen in meine Richtung und nimmt mit einem vorsichtigen Schnaufen meinen Geruch auf. Sie schnüffelt so lange, bis sie begriffen hat, dass es nichts zu holen gibt, um dann mit einer etwas überheblichen Bewegung ihren Hals zur anderen Seite zu drehen. Weil sie den Kopf immer etwas schräg nach oben hält, erinnert sie mich an eine Dame aus der Den Haager Oberschicht, die mit gespreiztem kleinem Finger eine Tasse Tee an den Mund führt. Am liebsten würde sie die ganze Arbeit abgeben; sie stöhnt schon mächtig, wenn sie zwei mittelschwere Taschen tragen muss. Hassan, das Muskelpaket, hat sich wie fast immer von den Damen distanziert. Er kommt mir einsam vor, obwohl er sich freiwillig für das Alleinsein entschieden hat. Mabrouka hat sich allmählich etwas eingewöhnt, aber sie ist immer noch nervös und schlägt oft aus, wenn man sich überraschend nähert. Eigentlich geht es ihr ein wenig wie mir, auch sie hat ihren Platz in der Karawane noch nicht gefunden. Von meinem Felsen aus erklimme ich das Plateau und finde dort, unter vielen anderen Fossilien, eine versteinerte Muschel. Aufgeregt laufe ich zum Lager zurück, wo Carlo mir erzählt, dass er ein altes Jägergrab entdeckt hat. Die Funde lassen uns eine Art Verbrüderung empfinden. Mit Schweißperlen auf der Stirn sitzen wir nebeneinander auf unseren Taschen, knabbern an einem Stück altem Brot und können plötzlich über die eigenartige Situation lachen, in die wir uns hineinmanövriert haben. «Tagsüber bist du die beste Frau, die ich mir hier wünschen kann», sagt Carlo. Es will ihm einfach nicht in den Kopf, dass ich klaglos Stunde um Stunde laufe, schwere Taschen schleppe und zudem völlig hingerissen bin von seinen Kamelen. Aber offensichtlich ist das nicht genug, denn am Abend desselben Tages schleudert er mir über die Taschenbarriere, die unsere Schlaflager trennt, wüste Schimpfworte ins Gesicht. Auf meine Frage, warum er abends immer so ungemütlich wird, schreit Carlo hinter seiner Küchentasche zu mir herüber, dass für ihn nur die Nächte zählen und er bis jetzt vergeblich darauf gewartet hat, dass ich ihm einen Schritt entgegenkomme. Er springt auf und brüllt: «Ab dem Steep-Camel-Pass gehe ich allein weiter, *Alhamdulillah*!» Danach herrscht Schweigen. Wir hatten uns darauf geeinigt, dass ich am Steep-Camel-Pass das Plateau verlassen sollte, um die im Tal gelegene Oase Dakhla zu erreichen. Aber ich habe keine Lust, mich von der Karawane zu trennen. Mit einer Halsstarrigkeit, die an Masochismus grenzt, weigere ich mich, das Feld zu räumen. Ich habe die Hoffnung noch nicht aufgegeben, dass der Moment kommen wird, wo ich endlich die Wüste genießen kann, ohne dass Carlo immer wieder dazwischenfunkt.

Die Quälerei geht weiter. Es gibt lange Momente, in denen alles gut läuft und wir entspannt sind, aber das funktioniert nur tagsüber. Und selbst dann kann ich nicht unbefangen genießen, weil ich weiß, dass es eine nächste Nacht geben wird. Ich zermartere mir das Hirn, wie wir diesen Machtkampf beenden können. Während ich einen Fuß vor den anderen setze, führe ich mir unsere Gespräche noch einmal vor Augen. Es sind nicht nur die Worte, die Carlo mir an den Kopf wirft, er lässt mich auch immer wieder spüren, dass er letztendlich das Sagen hat. Wenn ich mit den Kamelen laufe, nimmt er mir, ohne etwas zu sagen oder zu fragen, gerade so, wie es ihm in den Sinn kommt, die Zügel aus der Hand, um die Karawane zu führen. Er bestimmt auch, wo wir schlafen und wann wir eine Pause machen, und er verbannt mich aus seinem Blickfeld, wenn wir unterwegs Streit bekommen. Wenn ihn die Wut packt, legt er ein Wahnsinnstempo vor – mein Problem, ob ich mit der Karawane Schritt halten kann oder nicht. Es ist seine Wüste, so viel ist klar.

Meistens laufen wir am Morgen vier oder fünf Stunden ohne Pause, und lange vor der Mittagszeit muss ich mich zusammenreißen, um die vor mir liegenden Stunden ohne Murren durchzuhalten. Ich versuche, in meine Gedankenwelt einzutauchen und nicht ständig auf die Uhr zu sehen. Unbewusst habe ich die Gewohnheit entwickelt, jeden Tag ein Phantasietelegramm nach Hause zu schicken. Meistens bin ich mindestens zwei Stunden damit beschäftigt, zwei Sätze zu formulieren, die die Stimmung des Tages kurz wiedergeben. Wohl hundertmal lasse ich jedes Wort auf der Zunge zergehen, ersetze es durch ein neues, füge es an anderer Stelle in den Satz ein. Manchmal erfinde ich ein Wort, dann wieder streiche ich eins. Es ist erstaunlich, was man mit zwei Sätzen alles machen kann. Wenn ich meine beiden Sätze endgültig gefunden habe, steht die Sonne schon hoch am Himmel. Dann laufe ich oft hinter den Kamelen, um die federnden Bewegungen ihrer Füße zu verfolgen, die sie scheinbar so mühelos heben und aufsetzen. Mit raumgreifenden, bedächtigen Schritten lassen sie die Wüste unter sich dahingleiten. Ab und zu hebt eines der Tiere nachlässig seinen Schwanz, um etwas fallen zu lassen.

An diesem Abend richten wir nur ein Lager her. Das Abladen und Aufbauen verläuft nach einem festen Schema. Wenn alles steht, werden zunächst die Kamele gefüttert, bevor wir an der Reihe sind. Ich schütte erst einmal einen halben Liter Wasser in mich hinein, bevor ich etwas in mein Tagebuch schreibe. Carlo kocht, weil er findet, dass ich mit der Küchentasche und dem Spirituskocher zu nachlässig umgehe. Er hat in all den Jahren seine eigenen Gewohnheiten entwickelt. Wenn das Wasser brodelt, gibt er den genau bemessenen Reis dazu. Seine dünnen langen Haare wehen im Wind, ich berühre sie fast unmerklich. Er ist ein lieber Mann, nur dass er sich wie ein Rüpel benimmt. Wir essen schweigend aus demselben Topf. Carlo kratzt den Topf sauber und setzt noch Teewasser auf, während ich in meinen Schlafsack krieche. Als wir nebeneinander liegen, erzähle ich Carlo, was mir im Kopf herumgeht. Ich finde ihn spannend, witzig und hin und wieder sogar lieb. Wäre unser Gespräch auf der «Alten Liebe» anders verlaufen, wäre nun Raum für Nähe, für Erotik. Aber es ist unmöglich, die Zeit zurückzudrehen und zu vergessen, was für Worte dort gefallen sind. «Du hast eine schwierige Rolle übernommen», sagt Carlo leichthin. «Du bist diejenige, die bestimmen will, wo es langgeht, und ich warte jetzt ab», fährt er fort. Ich lasse ein paar Sandkörner durch meine Finger gleiten. Carlo greift nach meiner Hand und drückt einen leichten Kuss darauf, und bevor ich weiß, wie mir geschieht, hält er mich in seinen Armen. Es ist ein vertrautes Gefühl, aber ich will es nicht. Es ist schon so weit gekommen, dass ich nicht einmal mehr weiß, ob ich etwas tue, weil ich es selbst so will oder weil die Situation nichts anderes zulässt. Unwillkürlich fühle ich die Blicke meiner Freunde auf mir ruhen, die sagen: «Lass dich bloß nicht von dem Typen einwickeln.» Blicke, die mir von Holland in die Wüste gefolgt sind.

Ich fange hemmungslos an zu weinen. Ich weiß nicht mehr, wer oder was ich bin, aber diese bohrenden Blicke will ich von mir abschütteln. Carlo hält mich noch immer sanft in seinen Armen und lässt mich ausweinen. Ich will meinen eigenen Platz finden, mich von den Normen und Werten lösen, die mir bis jetzt Schutz geboten haben. Ich will mich befreien von dem, was sein darf und nicht sein darf, weil mich diese Dinge hier nicht weiterbringen.

Es macht mir Angst, weil ich damit jeglichen Halt über Bord werfe. Mein Körper ist keine verbotene Zone mehr für Carlo. Nur wenn ich alles, was mir heilig ist, loslasse, kann ich in der Wüste und mit Carlo weitermachen. Es bleibt unausgesprochen, aber als meine Tränen versiegt sind, wissen wir beide, dass ich bei der Karawane bleiben werde.

Wir sind auf den letzten Kilometern zum Steep-Camel-Pass. Ich suche den Rand des Plateaus, aber weil alles um mich herum so flach ist, habe ich keine Ahnung, wo das Ende sein könnte. Völlig überraschend hängen wir auf einmal am Rande der Welt. Mit einer Urgewalt tut sich die Erde auf – direkt vor unseren Füßen. Hunderte von Metern unter mir erkenne ich verschwommene grüne Flecken. Das Plateau selbst scheint von Ausläufern abgestützt zu werden, die von der steilen Wand willkürlich ins Tal hinabstürzen und dort eine Hügelkette bilden. Riesige Felsblöcke neigen sich so weit vornüber, als wenn sie nur an einem dünnen Faden hängen würden. Beeindruckt setzte ich mich auf einen Felsvorsprung. Mit dem Fernglas kann ich in der Tiefe Häuser ausmachen. Esel schleppen schwere Lasten und winzig kleine Menschen laufen geschäftig hin und her. In einem der Häuser wohnt Ranem, der zweitälteste Sohn von Abdel Hamid. Carlo ist mit der Familie befreundet und will sie bitten, mit Eseln Wasser zu dem Plateau zu bringen, damit wir unsere Wüstentour fortsetzen können. Er will heute noch nach unten steigen, um ihnen unsere Ankunft mitzuteilen. Mit zwei großen Kanistern verschwindet er über den Rand des Felsens, während ich allein mit den Kamelen zurückbleibe, die allmählich anfangen zu murren. Sie haben Hunger, auf ihren gefesselten Knien rutschen sie Richtung Futtersack. Vier mächtige Körper, in den Augen haben sie den Blick von Aasgeiern. Schnell knüpfe ich den Sack auf und verteile die Portion für den Abend auf vier Eimer. Aber ich bin nicht flink genug und werde fast von ihren starken Hälsen und Köpfen erdrückt, mit denen sie mich gnadenlos zur Seite drängen. Auf mich allein gestellt, ist es viel schwieriger, den Überblick zu behalten. Unter Hu- und Ho-Rufen versuche ich, das Ganze doch noch in den Griff zu bekommen, aber ich drohe in der Fleischmasse unterzugehen. Schnell reiße ich eine Tasche mit Stroh auf – das ist die Rettung. Die Tiere sind für kurze Zeit abgelenkt, und ich schaffe es doch noch, die Eimer zu füllen. Nachdem sie alles aufgefressen haben, fühle ich mich großartig und laufe hoch zufrieden am Rand des Kalkplateaus entlang, um mit einem Blick in die Weite die Lage abzuschätzen. Plötzlich taucht über dem Rand ein prachtvolles braunes Gesicht auf und fragt freundlich: «How are you?» Kurze Zeit später kommen Carlo und ein weiterer Mann zum Vorschein. Sie tragen die schwarzen Kanister, die bis zum Rand mit Wasser gefüllt sind, nach oben. Der Esel steht völlig geschafft zwanzig Meter tiefer. Die letzten Meter waren zu steil für ihn. Ranem lässt an dem Esel kein gutes Haar. Zu seinem Kumpel sagt er, dass sie das Stück totes Hirn für die nächsten Tage vergessen können. Carlo behauptet dagegen, dass er noch nie einen so guten Esel gehabt habe. Das Tier sei doch so stark wie ein Ochse. Die Männer wundern sich, hier oben eine Frau anzutreffen. Carlo hatte ihnen nichts davon gesagt und genießt ihre überraschten Blicke. Sie bleiben auf eine Tasse Tee und brechen dann rasch wieder auf, um den Rückweg nicht bei völliger Dunkelheit zurücklegen zu müssen. Wir vereinbaren, dass ich am nächsten Morgen ins Dorf hinunterkomme, um mich an dem Brunnen zu waschen und nochmals Wasser mit dem Esel hochzubringen. Während die Männer mit ihrem Esel von dem Plateau herabsteigen, diktiert mir Carlo ein paar arabische Sätze, die ich morgen gut gebrauchen kann. Während ich alles in mein Notizbuch eintrage, werde ich ganz nervös bei dem Gedanken daran, morgen wieder unter Menschen zu sein. In dem Dorf werde ich mich nicht hinter Carlo verstecken können, der bis jetzt alles für mich geregelt hat. Obwohl ich die letzten zwanzig Jahre für mich selbst gesorgt habe, scheine ich genau das in diesen drei Wochen verlernt zu haben.

Um sieben Uhr stehe ich mit knurrendem Magen oben auf dem Kamelpass. Zwei Taschen mit den Kanistern über die Schultern gehängt, meine Kamera um den Hals und eine Tasche mit schmutziger Wäsche in der Hand. Carlo wünscht mir viel Spaß, und ich nehme den Abstieg in Angriff. Von oben sehe ich das Dorf deutlich vor mir liegen, aber sobald ich weitergehe, verschwindet Bir Chamsa aus meinem Blickfeld. Ich folge dem Pfad. Zu Anfang ist er sehr deutlich zu sehen, aber später verzweigt er sich und ist kaum noch zu erkennen. Nach einer halben Stunde höre ich ein Geräusch – über mir fährt jemand mit einem Moped den Berg hinauf. Das kann nur Achmed sein, der älteste Sohn von Abdel Hamid. Glaubt man Carlo, dann ist der Mann ein Chaot, aber einer, der das Herz auf dem rechten Fleck hat. Offensichtlich hat er mich nicht bemerkt, denn das Geknatter entfernt sich wieder. Aber er ist nicht der Einzige, der unterwegs ist. Verbissen stapft der arme weiße Esel von gestern den Berg wieder nach oben, auf seinem Rücken ein junger Mann mit einem breiten Grinsen. Mohammed, der dritte Sohn von Abdel Hamid, steigt ab, um mich zu begrüßen. Er gibt sich alle Mühe, mich nicht anzustarren, aber seine Augen wollen ihm nicht ganz gehorchen. Er deutet auf meine Taschen. Mittlerweile ist auch sein Bruder auf dem roten Moped dazugekommen. Achmed verzichtet auf verbale Erklärungen. Ohne große Umschweife platziert er mich auf dem Rücksitz seines Mopeds, drückt mir eine Zigarette in die Hand und gibt Mohammed meine Taschen. Ich füge mich dem Lauf der Dinge und schlingere mit Achmed durch die Kurven. Er fährt wie der Teufel, aber wir kommen ohne Zwischenfälle unten an. Auf einer breiten Holzbank vor seinem Lehmhaus sitzt Abdel Hamid. Der würdevolle alte Mann sieht zerbrechlich aus, aber seinen Worten würde niemand hier widersprechen. Er bedeutet mir, dass man mir Tee und etwas zu essen bringen wird und ich neben ihm Platz nehmen soll. Sein Gesicht ist so faltig wie die Felswand, die ich gerade heruntergekommen bin. Er nimmt meine Hand in seine großen, schwieligen Arbeiterhände und begrüßt mich viele Male. Wenn ich ihn recht verstehe, freut er sich, dass Carlo da ist, und auch ich bin ihm willkommen. Um seine schmalen Lippen spielt die ganze Zeit ein Lächeln, und in seinen wachen Augen lese ich ein heimliches Vergnügen. Meine Anwesenheit scheint ihn nicht im Mindesten in Verlegenheit zu bringen, und auch mein beschränkter arabischer Wortschatz macht ihm nichts aus. Er zeigt auf sein Fernglas und auf seine Armbanduhr. Um sieben Uhr hatte er mich oben stehen sehen und – brmm, brmm – seinen Sohn mit dem Moped hochgeschickt. Ich stelle gestenreich dar, wie das Ganze abgelaufen ist, und lese einige Sätze aus meinem Notizbuch vor. Er nickt bestätigend und wiederholt alles noch einmal. Dann nimmt er meine Hand und weist auf sein Herz. Da sitze ich drinnen, genau wie Carlo. Vier Jahre – er streckt vier Finger hoch – kennt er Carlo schon, er ist ein guter Mann. «*Ra!* Schau», das Fernglas, mit dem er mich heute Morgen beobachtete, hatte ihm Carlo letztes Jahr geschenkt. Abdel Hamid sitzt aufrecht, seine Füße in den staubigen Schuhen baumeln knapp über dem Boden. Der aus meterlangem weißem Tuch gewickelte Turban verleiht ihm ein würdevolles Aussehen.

Wir wissen nichts mehr zu sagen und sitzen schweigend auf

der Holzbank. Es ist eine angenehme Stille. Ziegen grasen, ein paar Fliegen summen um uns herum. Im Innern der Lehmhütte werden Bastmatten hin und her gezogen. Ich soll hineingehen, bedeutet mir Abdel Hamid, um Tee zu trinken und etwas zu essen. Es ist stockfinster in dem quadratischen Raum, aber als ich erst einmal auf einer der Matten Platz genommen habe, gewöhnen sich meine Augen rasch an die Dunkelheit, und ich erkenne Ranems Frau, die mit einer Teekanne neben dem Feuer sitzt. Nur ihre Augen sind zu sehen, alles andere ist durch ein schwarzes Gewand und ein Kopftuch verhüllt. Sie reicht mir die Hand, über die sie eine Spitze ihres schwarzen Kopftuchs gelegt hat, um den direkten Hautkontakt zu vermeiden. An einen kräftigen holländischen Händedruck gewöhnt, bin ich jedes Mal aufs Neue verwirrt, wenn mir in Ägypten eine Hand entgegengestreckt wird, die nur leicht über die meine streicht. Verglichen mit dem Haus von Scheich Ateje in 'Ain Tinin ist diese Hütte sehr einfach. Ranem besitzt nur einen Raum, in dem gekocht, gegessen und geschlafen wird. Als Gästezimmer dient die Bank, die vor dem Haus steht. Der Boden ist nicht gefegt, geschweige denn festgetreten, und in einer wilden Unordnung liegen allerlei Gegenstände im Raum herum. Bei jeder Bewegung wirbeln dunkle Staubwolken auf, die sich mit dem Rauch des Herdes vermischen, an dem Ranems Frau beschäftigt ist. Eine emaillierte Teekanne wird in die Flammen gesetzt, und als das Wasser kocht, greift die Frau mit bloßen Händen nach dem glühend heißen Gefäß. Sie streut feine Teeblätter in das Wasser und gibt einige Prisen Zucker dazu. Lange und aufwendige Teezeremonien habe ich in Ägypten nie erlebt. Unter ihrem Tuch mustert sie mich, während ich meinen Tee schlürfe, und reicht mir ein Stück Brot, das sie über dem Feuer geröstet hat. Sie weiß nicht recht, wie sie mit mir umgehen soll. Ich bin zwar eine Frau, aber alles an mir ist anders, und da ich ganz allein den Berg hinabgestiegen bin, um hierher zu kommen, bin ich in ihren Augen gleichzeitig auch ein Mann. Ich zeige ihr meine Tasche mit der Wäsche, deute auf mich und frage sie, ob wir zusammen zu dem Brunnen gehen können. Mit einer großen, flachen Schale, einem Stück Seife und in Begleitung von zwei ebenfalls schwarzverhüllten Nachbarinnen machen wir uns auf den Weg zu dem Brunnen, wo aus einem Eisenrohr dampfendes Wasser gurgelnd herausschießt. Ein Generator liefert den Strom. Ein dicker Wasserstrahl ergießt sich in ein Betonbecken, in das ich bis zur Hüfte eintauchen kann. Der Brunnen ist großenteils durch hohe Tamarisken verdeckt, und die neugierigen kleinen Jungen, die immer wieder auf ihren Eseln vorbeireiten, werden von den Frauen verscheucht. Sie haben sich neben den Brunnen gehockt und beobachten mich noch aufmerksamer als den Weg. Zieh dich doch ruhig aus, bedeuten mir die von Kopf bis Fuß verhüllten Wesen, aber ich werde mich hüten. In Slip und T-Shirt fühle ich mich schon nackt genug. Ich plansche in dem warmen, herrlich entspannenden Wasser herum. An dem Rohr lasse ich mir das Wasser mit voller Wucht auf den Rücken prasseln, das Becken ist sogar groß genug, um ein paar Schwimmzüge zu machen. Dort, wo das Wasser in einen Bewässerungskanal fließt, sammelt sich vor einer Holzschwelle ein eisenhaltiger Brei. Als ich das Becken verlasse, ist meine Haut mit oxidierten Eisenteilchen übersät, die sich auch auf dem Beton abgesetzt haben. Abgetrocknet und in sauberen Sachen sitze ich im Kreis der Frauen um die Schale, in der meine Kleidungsstücke einweichen. Wir schrubben und kneten und spülen alles in drei Waschgängen. Jetzt, wo keine Männer in der Nähe sind, ist die Verlegenheit der Frauen gewichen. Sie lassen ihre Schleier fallen und mustern mich mit ihren schwarz umrandeten Augen von Kopf bis Fuß. Wahrscheinlich hätten sie mich gern nackt herumplanschen sehen, um zu erfahren, ob ich genauso gebaut bin wie sie. Meine Slips gehen durch alle Hände, und die Niveacreme wird ausprobiert. Mit Hilfe des Wörterbuchs, das ich immer mit mir herumschleppe, kommt so etwas wie eine Unterhaltung zustande. Um lästigen Fragen vorzugreifen, erzähle ich ihnen, dass ich mit Carlo verheiratet bin und «*Inschallah*» – wenn Gott will – im nächsten Jahr ein Kind bekommen werde.

Es ist an der Zeit, wieder zu den Männern zu gehen, die inzwischen drei Esel mit Stroh, Kraftfutter, Wasser und Proviant beladen haben. Abdel Hamid geht alles mit mir durch und fragt, ob noch etwas fehlt. Nein? Er macht ein Zeichen, und der Treck, der aus drei Eseln und – mit ihm – aus drei Männern besteht, setzt sich in Bewegung. Ich bilde die Nachhut und nehme wie die Männer einen Zweig mit, um die Esel hin und wieder anzutreiben. «Harra, harra», spornen wir die Tiere an, aus deren Blicken eine leidvolle Existenz spricht. So erreichen wir nach einigen Stunden schwitzend und keuchend das Plateau. Dass der alte Mann es geschafft hat, grenzt an ein Wunder, aber er wollte unbedingt mit, um Carlo das Geld zurückzugeben, das er sich vor einem Jahr von ihm geliehen hatte. Etwas zurückzuzahlen ist schon eine Leistung, betrachtet man hier doch meistens etwas Geliehenes als ein Geschenk. Die letzten steilen Meter schleppen wir die Kanister und den Proviant selbst hinauf. Die Kamele schauen verwundert, als es hier oben plötzlich so lebhaft wird. Eine kühle Brise lässt die Schweißperlen trocknen, und nach einer warmen Tasse Tee hat jeder den anstrengenden Aufstieg fast schon wieder vergessen. Carlo setzt noch einmal Teewasser auf, während Abdel Hamid mit einer stolzen Gebärde die Geldscheine aus seiner Djallaba hervorkramt. Er zählt das Geld ab und lässt es Carlo auch noch einmal kontrollieren. Carlo bedankt sich bei dem Mann wohl hundertmal, während Abdel Hamid immer wieder betont, wie froh er über diesen Kredit gewesen ist. Ranem weist auf sein Herz und dann auf mich: Ob wir uns nicht zusammen per Esel auf den Weg nach Holland machen könnten? Er zündet sich eine Zigarette an und gibt mir auch eine. Sein Vater befiehlt ihm, auf der Stelle das Ding auszumachen. Ich kann ruhig rauchen, aber bei seinen Söhnen hält er es für eine unnötige Geldverschwendung. Mit vielen Tassen Tee wird die Freundschaft zwischen Abdel Hamid und Carlo erneut besiegelt, und nach einigem Zögern nimmt der Alte für das Hochtragen von Wasser und Proviant ein wenig Geld an. Morgen werden sie noch einmal sechzig Liter Wasser bringen, da die Kamele alles, was bisher nach oben gehievt wurde, schon ausgetrunken haben. Die sechzig Liter sind unser Wasservorrat für die kommenden Wochen.

Am Abend rast ein eisiger Wind über das Plateau. Der alte Mann ist mit seinen Söhnen schon längst wieder in seinem Dorf, wir haben uns, komplett angezogen, tief in unseren Schlafsäcken vergraben, um uns vor dem grimmigen Wind zu schützen. Ich bin schon fast eingeschlafen, als Carlo meint, ein Geräusch zu hören. Durch das Heulen des Windes dringt ein schwaches Rufen zu uns herüber. Carlo setzt sich auf und bemerkt in der Nähe des Kamelpasses einen Lichtschein. Es sind Ranem und sein Bruder Achmed, die mit einem Esel und zwei schweren Wasserbehältern den gewundenen Pfad hinaufgestiegen sind. Es ist nicht üblich, jemanden so spät zu besuchen, und es war bestimmt kein Kinderspiel, den Weg in der Dunkelheit zu finden. Der späte Besuch kann nur den simplen Grund haben, dass die beiden Männer neugierig sind und einfach einmal sehen wollen, wie es nachts bei uns zugeht. Carlo lotst sie in die richtige Richtung und macht ein Feuer, an dem sie sich wärmen können. Ranem und Achmed haben es sogar geschafft, den Esel – diesmal ist es ein grauer – bis ganz nach oben zu treiben. Mit vorwurfsvollem Blick steht das Grautier neben den Kamelen, mit denen es sich einen Sack Stroh teilt. In dem rötlichen Schein des Feuers flitzen die Blicke der Brüder von Carlo zu mir und wieder zurück. Ich habe keine Ahnung, was in ihren Köpfen vorgehen mag. Sie haben ein gebratenes Huhn mitgebracht, das sie brüderlich mit uns teilen. Die letzten Essensreste werden mit einem Glas süßem, heißem Tee heruntergespült. Und jetzt? Sie machen Anstalten, sich mit dem Esel wieder abwärts zu bewegen, aber die

Decken, die sie bei sich haben, sagen etwas ganz anderes. Carlo lädt sie ein, diese Nacht auf dem Plateau zu verbringen. Als ich mit allem, was ich auf dem Leibe trage, in meinen Schlafsack krieche, merke ich, dass sich einer der Brüder neben mir aus seiner Djallaba schält. Ich weiß nicht, was für eine wilde Nacht er sich vorstellt, aber ich muss ihn bitter enttäuschen. Er zieht sich artig zurück, als ich ihm zu verstehen gebe, dass er etwas von uns abrücken soll.

Mit einem verschmitzten Lächeln auf den Lippen brechen die Männer am nächsten Tag in der eisigen Kälte des frühen Morgens wieder auf. Zweifellos werden sie den Leuten im Dorf eine Wahnsinnsgeschichte auftischen.

Wir laufen gen Osten. Die Stimmung zwischen Carlo und mir hat sich sehr gebessert. Vielleicht kann ich jetzt die Wüste in Ruhe mit allen Sinnen erfahren. Darauf freue ich mich.

Das Landschaftsbild verändert sich. Vor uns erstrecken sich sanfte Hügel, Sandhaufen und Steine bedecken den Boden. Der Karawanenweg, dem wir folgen müssen, ist kaum zu erkennen, aber Carlo scheint zu wissen, wo es langgeht.

Durch einen Schlitz in meinem Schlafsack stelle ich am Morgen erleichtert fest, dass sich der Himmel langsam hellblau färbt. Die Kamele sehen zerzaust aus und sind dicht zusammengerückt. Mabrouka wird zum ersten Mal von Arabella und Sahara akzeptiert und kauert neben ihnen. Nach den vergangenen stürmischen Tagen und Nächten ist es herrlich, die Sachen in aller Ruhe einpacken zu können und keinen Sandbombardements mehr ausgesetzt zu sein.

Wir brauchen lange, bis wir den Bab-el-Gasmund-Pass erreicht haben. Das Gelände ist hügelig, und das Klettern fällt den Kamelen schwer. Vom Pass zweigt eine alte Karawanenstraße von Dakhla nach Farafra ab, die im Gegensatz zu unserer jetzigen Route quer durch ein Sanddünengebiet verläuft. In der Zeit, als es noch keine befestigte Straße zwischen den

Die Karawane in einem Sandsturm

beiden Oasen gab, wurde der Karawanenweg auf dem Plateau auch von Autos befahren. Er ist gut begehbar, da der Boden an vielen Stellen durch die Fahrzeuge fest geworden ist, aber ich hasse es, den Reifenspuren zu folgen, die sich fächerartig über eine weite Fläche erstrecken. «Dann such doch einen anderen Weg», brummt Carlo, als ich mich dazu äußere. Er ist leicht gereizt, weil ich heute Morgen nicht auf seine Avancen eingegangen bin.

Ein anderer Weg? Ich weiß nicht einmal, wohin uns dieser führt, ganz zu schweigen davon, dass mir eine Alternative bekannt wäre. Aber weil ich Carlo schon so oft unter die Nase gerieben habe, dass ich einiges gern auf meine Weise täte und nicht immer seinen Rat befolgen möchte, will ich das Angebot, die Karawane zu führen, nicht ablehnen. Auf gut Glück weiche ich von der Piste ab und suche in einer Schlangenlinie den Weg durch die flache Hügellandschaft. Ich muss jetzt auch den Kurs halten und notieren, aber das ist schwierig, weil Hassan zu schnell unterwegs ist und Carlo mir genau auf die Finger schaut. Er kann es sich nicht verkneifen, kurze Anweisungen zu geben. Halt dich links, hier nach rechts, pass auf. Der Ärger über den heutigen Morgen steht ihm noch ins Gesicht geschrieben. Unser mühsam gekittetes Verhältnis hat wieder mächtige Risse bekommen, und wir spüren beide, ohne ein Wort darüber verlieren zu müssen, dass wir erneut auf einen Tiefpunkt zusteuern. Die Hügel werden immer weitläufiger und niedriger. Auf der vor uns liegenden Ebene zeichnen sich im Westen ein paar Sicheldünen ab – die Vorboten eines lang gestreckten Dünengebiets. Carlo nimmt mir ungefragt die Zügel aus der Hand und ändert den Kurs. «Wir sprechen nicht einmal mehr dieselbe Sprache», kommt es verbissen aus seinem Mund, als er mit weit ausholenden Schritten davonstapft.

An diesem Abend schlafen wir getrennt, jeder hat sich hinter seinen Taschen verschanzt. Zum ersten Mal esse ich allein. Es schmeckt mir irgendwie nicht. Ich drehe mich auf den Rücken und schaue nach oben, wo die Sterne kleine Lichtpunkte bilden. Mit meinen Augen begebe ich mich auf eine Wanderung. Vom Orion zu dem blauen Sirius. Cassiopeia sieht aus wie ein windschiefes W, zusammen mit ihren Nachbargestirnen Perseus und Andromeda strahlt sie hell am nächtlichen Himmel. Ich versuche, mich an den Mythos zu erinnern, in dem Perseus die angekettete Andromeda vor den tobenden Wellen rettet. Meine Gedanken gehen über in Träume, mein Ärger ist verflogen. Ich schlafe die ganze Nacht so ruhig wie ein Kind.

Am nächsten Morgen sehe ich als erstes Carlo, der auf der Küchentasche sitzt und einen verzweifelten Ausdruck in den Augen hat. «Ich habe kaum geschlafen. Ich will mich in dir verlieren, aber ich fühle mich so unsicher», ist seine Antwort auf meinen fragenden Blick. Ich möchte auch gern, dass es mit uns klappt, ich weiß nur nicht, wie das gehen soll. Es gibt vieles, das uns verbindet, aber mehr, das uns trennt.

Je näher wir Farafra kommen, desto häufiger kommt es zu Streitereien; unsere Auseinandersetzungen werden zunehmend verbissener. Der ewige Kampf hat uns beide todmüde gemacht, und wir einigen uns darauf, dass ich die Wüste in Farafra vorzeitig verlasse. Carlo bringt mich zu der Oase, dies ist meine letzte Nacht, die ich in der Wüste verbringe. Ich will allein sein, um Abschied nehmen zu können, und bitte Carlo, mir an einem schönen Platz ein paar Sachen dazulassen. Am nächsten Morgen kann er mich dort abholen, um mich auf dem letzten Stück zu der Oase zu begleiten. Er ist niedergeschlagen wegen der bevorstehenden Trennung und verabschiedet sich mit einem traurigen Blick und einem sanften Kuss auf mein Haar.

Während ich zurückbleibe, höre ich die Geräusche der weiterziehenden Karawane langsam verklingen. Um die Stille nicht so schmerzhaft zu spüren, krame ich noch eine Weile in der einzigen Tasche herum, die ich dabei habe. Ich stapele einige Holzstücke aufeinander und verschwende eine halbe Schachtel aufgeweichter Streichhölzer, bevor ich ein Feuer entfachen kann. Erst nachdem ich gegessen und eine Tasse Tee getrunken habe, lasse ich die Stille an mich herankommen. Ich liege auf einer hügeligen Sandfläche, aus der sich in weiter Ferne ein Tafelberg erhebt.

Vollkommen dunkel wird es nicht. Eine halbe Stunde nachdem die untergehende Sonne die Nacht angekündigt hat, geht der Vollmond auf. Noch nie habe ich ihn so groß gesehen. Eine riesenhafte dunkelgelbe Kugel, von einem Netz blauer Adern durchzogen, lugt über den Rand des Sandhügels. Der Mond ist mir so nah, dass er mich fast zu berühren scheint. Wie ein Luftballon steigt er langsam zum Himmelsdach hinauf. Silberne Strahlen tauchen die Düne in ein magisches Licht. Meine nackten Füße möchten auf dem Sand tanzen. Ganz für mich allein, kann ich endlich genießen. Das ist die Wüste, wie ich sie in meinen Träumen gesehen habe. Es scheint, als hätte der Mond auch mich verzaubert, denn ich beschließe, in der Wüste zu bleiben. Ich will es allein versuchen. An diesem Abend habe ich erfahren, was mir die Wüste wirklich bedeutet – wie könnte ich jetzt noch gehen?

Ich brauche die ganze Nacht, um mich von meinem Schreck zu erholen, denn wie soll ich so ganz auf mich allein gestellt durchkommen? Ein Kamel wird mir Carlo wahrscheinlich nicht geben wollen, und ehrlich gesagt bin ich mir auch nicht sicher, ob ich mit einem Kamel umgehen kann. Dann bleibt mir nur die Möglichkeit, mit einem gut gefüllten Kanister im Rucksack von einer Wasserstelle zur nächsten zu laufen. Meine Gedanken werden von drei grünen Lichtblitzen unterbrochen. Leuchtkugeln, die aus Carlos Lager kommen. Vielleicht will er Frieden schließen, und sie sollen so etwas wie eine weiße Fahne sein. Aber ich habe mehr als genug von unseren anstrengenden Versöhnungen, die höchstens ein paar Tage überdauern. Ich versuche mir vorzustellen, wie es sein wird, mit einem prall gefüllten Rucksack auf der Suche nach Wasser durch den pulvrigen Kalksand zu laufen. Heiß wahrscheinlich.

Carlo holt mich nicht ab. Ich folge den Spuren, die er gestern hinterlassen hat, und finde ihn umringt von fünf Kamelen. Er schreibt. Das fünfte Kamel ist ihm zugelaufen. Es ist ein dunkelbrauner Hengst, der Appetit auf die Damen hat. Aber er hat keinen Erfolg, ihr Gebrüll hält ihn auf Abstand. Ich taufe das braune Kamel auf den Namen «Carlo». Solange es nicht weggeht, kann die Karawane nicht aufbrechen. Hassan würde den Eindringling angreifen, sobald wir ihn aufstehen ließen. Carlo erzählt mir, dass ihm am gestrigen Abend noch ein weiteres Kamel zugelaufen war, eine Stute. Er hatte sie «Arita» genannt, und es war ihm gelungen, sie mit Brot und vielen guten Worten anzulocken. Als sie sich schließlich bei den anderen Kamelen niedergelassen hatte, überkam ihn das Gefühl, «Arita» endlich gezähmt zu haben. Danach hatte er die Leuchtkugeln abgeschossen und einen Freudentanz aufgeführt, um zu feiern, dass er am nächsten Tag endlich von mir erlöst sein würde.

Dass sich unser Aufbruch verschiebt, kommt mir sehr entgegen. Ich lasse mich neben Carlo in den Sand fallen, und nach kurzem Zögern erzähle ich ihm von meinem Plan.

Spontan umarmt er mich: «Mensch, das hätte ich auch so gemacht!» Die Karte wird herausgeholt, um eine Route festzulegen, und – er bietet mir Mabrouka an. Es geht alles etwas schnell. Wenn ich Mabrouka mitnehme, muss ich mich schon morgen auf den Weg machen. Ich habe nur einen alten Kompass bei mir, auf den ich mich nicht unbedingt verlassen kann. Auch Carlo fühlt sich nicht wohl bei dem Gedanken, dass ich die Brunnen verfehlen könnte. Er macht den Vorschlag, mir mit einem Tag Abstand zu folgen, sodass ich auf ihn warten könnte, falls etwas schief gehen sollte. Das ist zwar nett gemeint, aber davon halte ich nichts. Dann hätten wir immer noch miteinander zu tun. Ich frage ihn nach der Route, die ich nehmen will, und wo dort die Brunnen liegen. Bis in die letzte Einzelheit trage ich alles in mein Tagebuch ein und löchere Carlo mit tausend Fragen über Dinge, die unterwegs passieren könnten. Alles, was in seiner Begleitung so selbstverständlich und einfach schien, ist es auf einmal nicht mehr. Am nächsten Morgen stehe ich in aller Frühe auf und belade Mabrouka. Es ist kalt, und mit steifen Händen trage ich die Sachen von meinem Lager zu Mabrouka. Carlo gibt mir noch ein paar gute Ratschläge, lässt mich jedoch klugerweise mit Mabrouka allein. Sie bockt entsetzlich und wirft alles, was ich ihr auflade, wieder ab. Mit viel Gebrüll auf beiden Seiten verlassen wir schließlich die anderen Kamele und Carlo. Mein Magen krampft sich vor Anspannung zusammen. An diesem Morgen kommt mir Mabrouka doch recht groß vor und die Wüste auch. Ich winke, bis ich in der Ferne nur noch winzige Punkte sehe, und dann sind wir plötzlich allein – bis auf den wilden Kamelhengst, der uns in Sichtweite folgt.

Bir Dikka, die erste Wasserstelle, liegt nur einige Stunden entfernt. Fast hätte ich sie verfehlt, aber zum Glück kreuze ich unsere Spuren, die wir zurückgelassen haben, als wir vor ein paar Wochen von 'Ain Tinin zu diesem Brunnen gelaufen sind. Das Loch ist mit einer rostigen Eisentür abgedeckt. Mit einem Eimer schöpfe ich Wasser und fülle den Kanister bis an den Rand. Alles, was ich tue, scheint sich auf einer Filmleinwand abzuspielen. Es ist so ungewohnt, dass ich das Gefühl habe, wie eine Schauspielerin zu agieren. In den Kanister gehen dreißig Liter hinein, und mit Mühe verstaue ich den vollen Tank in einer der Satteltaschen. Ich hieve die Tasche hoch und mache eine Schlaufe um Mabroukas Sattel. Erschrocken springt sie auf und rennt brüllend davon. Ich kann gerade noch die Schlaufe lösen und schaue völlig verdattert zu, wie sie im wilden Galopp in die Richtung rennt, aus der wir gekommen sind. Erst jetzt fällt mir ein, dass Carlo mir gesagt hatte, ich müsse sie immer festbinden. Sie ist ein nervöses Tier, und vor allem jetzt, wo ich sie von der Herde getrennt habe, fühlt sie sich unsicher und reagiert schreckhaft. Ein ganzes Stück entfernt finde ich Mabrouka wieder. Mit Lockrufen gelingt es mir, das vor Aufregung zitternde Tier wieder am Zügel zu fassen. Der Sattelgurt hat sich gelöst, und langsam rutscht der Sattel vom Höcker an den Hinterbeinen entlang nach unten. In dem Moment, wo ich denke, hoffentlich kommt sie nicht auf die Idee, sich auf den Sattel zu stellen, passiert genau das. Zum Glück geht nichts kaputt. Ich führe sie zum Brunnen zurück. Dort wirft sie sechsmal das ganze Gepäck samt Sattel ab, weil sie nach dem Beladen zu schnell aufsteht. Durch die ruckartige Bewegung verschieben sich jedes Mal die Taschen. Zudem ist die Last durch den schweren Kanister nicht gleichmäßig verteilt. Um alles ins Gleichgewicht zu bringen, bleibt mir nichts anderes übrig, als zehn Liter Wasser aus dem Kanister laufen zu lassen.

In den ersten Tagen bin ich vor allem damit beschäftigt, aus meinen Fehlern zu lernen. Deprimiert starre ich von einer hohen Sanddüne in ein Tal hinab, in dem ich unbedingt Wasser finden muss. Das Tal, Karawein, ist viele Kilometer länger und breiter, als ich es mir vorgestellt habe. Durch mein Fernglas erkenne ich Palmen, Tamarisken, grüne Agoulsträucher und Kalkhügel. Alles weitläufig über den östlichen Teil verstreut. Der Brunnen muss in der Nähe einer Palme liegen, nicht weit entfernt von drei Tamarisken und einem Kalkhügel. Vor dem Kalkhügel soll sich eine etwa einen Kilometer lange Sanddüne erstrecken. Aber so weit mein Auge reicht, wiederholt sich diese Kombination in endlosen Varianten. Auf dem bewussten Kalkhügel liegen nach Auskunft von Carlo drei Gräber, aber aus dieser Entfernung sind sie nicht zu erkennen.

Solange alles nach Plan verläuft, ist das Alleinsein angenehm. Jetzt jedoch, wo ich in einer fast aussichtslosen Situation stecke, ist von diesem Glücksgefühl nichts mehr zu spüren. Wie gelähmt sitze ich im Sand, das Fernglas in der Hand. Ich muss etwas tun, aber was? Ich fühle, wie mir Tränen in die Augen schießen, aber es hat keinen Sinn zu weinen – weit und breit gibt es niemanden, der mich trösten könnte. Eine geschlagene Stunde versuche ich meine Panikattacke in den Griff zu bekommen, während ich wie festgewachsen auf dem Flugsand sitze. Ich warte auf die erlösende Idee, die aber nicht kommt. Mit einem bockenden und brüllenden Kamel steige ich schließlich in die Talsenke hinab, auf der Suche nach der berühmten Stecknadel im Heuhaufen. Nachdem ich anderthalb Tage mehr oder weniger im Kreis gelaufen bin, weiß ich, dass ich ganz in der Nähe des Brunnens sein muss, aber ich kann ihn nicht finden. Den Kalkhügel mit den drei Gräbern habe ich inzwischen entdeckt und auch die drei nördlich davon gelegenen Tamarisken. Die einen Kilometer lange Sanddüne liegt vor dem Kalkhügel, auch das stimmt. Aber die Palmen, unter denen der Brunnen gegraben wurde, tauchen nicht auf.

Wenn ich mit meinem Wasservorrat bis zur nächsten Wasserstelle kommen will, muss ich jetzt weiter. Ich streife durch Talsenken, laufe über Hügel und bahne mir einen Weg durch messerscharfe Kalkbrocken, die den Boden bedecken. Mein Kompass ist nicht präzise und meine Armbanduhr bleibt immer wieder stehen. Ich weiß jetzt nicht mehr genau, wie lange ich einen bestimmten Kurs verfolge, und bin mir deshalb auch nicht sicher, wo genau ich mich befinde. Es macht sich bemerkbar, dass ich mich unvorbereitet und allein auf diesen Wüstentrip begeben habe. Dass meine Ausrüstung alles andere als perfekt ist und dass die Wasserstellen schwer zu finden sind, zählt nicht einmal zu den größten Problemen. Und dass ich zum Reden nur Mabrouka habe, auch nicht. Nein, eine wirkliche Schwierigkeit ist die totale Leere in mir selbst. Als ich loszog, war ich von dem Gedanken beseelt, die Wüste ohne die störende Anwesenheit von Carlo zu erleben. Jetzt jedoch muss ich feststellen, dass ich der Wüste kaum gewachsen bin. Ich starre auf eine Welt, die ich nicht kenne, eine Welt, die ganz anders ist als auf den Fotos und in den Geschichten, die in Büchern und Zeitschriften stehen. Über das Unbestimmte und das große Nichts habe ich die Entdeckungsreisenden, deren Bücher ich gelesen habe, kein Wort verlieren hören. Sie schienen immer zu wissen, was sie taten, hatten ein Ziel vor Augen. Die Wüste war für sie da, um entdeckt zu werden, um sich ihre Geheimnisse entreißen zu lassen. Natürlich haben auch sie Augenblicke der Verzweiflung erlebt, aber nur wenn sie zu Tode erschöpft waren und nicht, weil sie nicht wussten, was sie mit ihrer Zeit machen sollten. Und das ist mein Problem – die Zeit, zu viel Zeit. Es ist eine schockierende Erfahrung, dass die Tage zwischen Sonnenaufgang und Sonnenuntergang unendlich lang sind und dass ich nicht weiß, was ich mit all den Stunden und Minuten anfangen soll. Ja, in einem Wald an einem plätschernden Bach hätte ich damit kein Problem. Aber hier wird die Sonne nicht durch ein Blätterdach gefiltert, hier rauscht kein kühles Wasser. Ab zehn Uhr morgens versengt mir die Sonne das Hirn, und wenn ich einen schönen Platz finde, an dem ich gern einen Tag bleiben möchte, kann ich dort nur mit einem Tuch um den Kopf träge im Sand liegen. Laufen ist das Einzige, was mir bleibt. Aber wohin? Von einer Wasserstelle zur anderen zu laufen, nur um des Laufens willen, kann doch nicht alles sein. Dazu bin ich doch nicht in die Wüste gezogen. Und das ist der entscheidende Punkt. Weshalb bin ich eigentlich hier? Diese ausgedörrte, trockene Welt, deren totale Stille nur durch das Wehen des Windes unterbrochen wird, ist mir vollkommen fremd; ich schwanke zwischen Verstehen und Nichtverstehen, weil mir das Neue noch verschlossen ist und das Alte mir nicht mehr genügt. Ich bin so sehr daran gewöhnt, dass die Dinge für mich da sind, die Stadt zum Wohnen, der Wald zum Wandern, die Berge, um sie zu besteigen und das Meer, um es zu befahren. Hier scheint es genau umgekehrt zu sein. Die Wüste ist nicht für mich da, ich bin nicht mehr der Mittelpunkt. Und außerdem interessiert es kein Schwein, ob ich – laut Karte – nach Scrub oder Chalkhill unterwegs bin. Es gibt auch keinen Carlo, hinter dem ich herlaufen könnte, und ich habe kein Buch, das mir vorkaut, wo es schön ist. Es gibt keine Pflanze, keinen Vogel, den ich bestimmen könnte, keinen plätschernden Bach, der mich in den Schlaf wiegt, kein Buch, das die Leere in meinem Kopf vertreiben würde. Von Genießen kann keine Rede sein, jetzt, wo ich meine Zeit selbst ausfüllen muss, spüre ich nur Verwirrung und Langeweile.

Mabrouka macht es mir auch nicht leichter. Wie eine Motorsäge brüllt sie mir den ganzen Tag ununterbrochen ins Ohr. Sobald sie mich am Morgen mit dem Sattel kommen sieht, wird die Säge angeworfen – und erst abgestellt, wenn ich sie von ihrem Gepäck befreit habe. Ihr ständiges Gebrüll macht es mir unmöglich, die Landschaft, in der ich mich sowieso nicht wohl fühle, zu genießen. In meiner Wut über die ewige Quengelei habe ich Mabroukas widerspenstigen Kopf gepackt und ihr einen Strick ums Maul gebunden, in der Hoffnung, ihr Gebrüll damit zu ersticken. Aber diese Hoffung erwies sich als falsch. Durch einen zwei Zentimeter breiten Spalt presst sie fast so viel stimmliches Volumen wie aus ihrem weit aufgerissenen Maul.

Zum Glück sind die Abende und Nächte anders als die langen, manchmal so unerbittlichen Tage. Wenn die Sonne untergeht, scheinen die Plackerei und die Zweifel des Tages vorüber zu sein. Für mindestens zwölf Stunden brauche ich keine Entscheidung mehr zu treffen. Ich koche mir auf einem kleinen Feuer mein Essen, während Mabrouka, schön wie ein Reh, in die Flammen starrt. Sie duldet es, dass ich mit den Fingern durch ihr Fell fahre, und ihre großen, dunklen Augen bekommen einen sanften Ausdruck, wenn ich ihr etwas ins Ohr flüstere. In dem diffusen Licht des Mondes scheint alles um mich herum zu schweben, meine Verspannung löst sich. Wenn ich neben den verglühenden Spänen des Holzfeuers liege, gerate ich oft in einen Zustand zwischen Wachen und Schlafen. Erinnerungsfetzen an Ereignisse des zurückliegenden Tages ziehen vorbei. Unfertige Gedanken treiben vorüber, sie kehren und wenden sich, ohne dass ich eingreifen könnte.

Manchmal kristallisiert sich ganz unerwartet ein vages Fragment zu einer glasklaren Antwort auf eine Frage heraus, die ich mir tagsüber gestellt hatte. Augenblicke, in denen ein starker unterschwelliger Gedankenstrom kurzzeitig an die Oberfläche tritt. Nach einem Tag, an dem ich mich durch den Kalk gewühlt und mich mit dem Gedanken herumgeschlagen hatte, was aus mir nach meiner Rückkehr in Holland werden soll, habe ich einen seltsamen Traum. Ich bin in einem Schuhgeschäft, und die Besitzerin nimmt mich mit auf den Dachboden. Wir kommen an zahllosen düsteren Zimmern vorbei, in denen widerwärtige, verkommene alte Männer hausen. Ich sehe und rieche schmutzige Toiletten. Auf dem blanken Boden liegen hier und da Lachen aus geschmolzener Butter. Die Besitzerin des Schuhladens scheint das nicht zu kümmern. Sie geht immer weiter. Plötzlich stehen wir in einem prachtvollen Raum, der im klassizistischen Stil eingerichtet ist. Kronleuchter hängen an der Decke, der Parkettboden ist frisch gebohnert und an den Wänden sind Stühle mit geraden Lehnen aufgereiht. «Ach, ich hatte ganz vergessen, dass es dieses Zimmer auch noch gibt», sagt die Frau.

In der Dunkelheit starre ich zu den Sternen hinauf. Der Traum hat ein Glücksgefühl ausgelöst. Die Unruhe, die mich schon monatelang quälte, nimmt ab. Irgendwo auf dem Dachboden meines Bewusstseins, zwischen Spinnweben und unter dicken Staubschichten, wartet ein noch nicht entdeckter Teil meines Ichs darauf, dass die Tür aufgestoßen wird. Intuitiv spüre ich, dass mein Leben eine andere Wendung nehmen wird, und dass ich mir dafür Zeit nehmen muss.

Am sechsten Tag, während ich mich schweißgebadet über einen weichen Muschelkalkboden quäle, in dem ich bis zu den Fußgelenken versinke, schießt mir plötzlich der Gedanke durch den Kopf, dass ich mich in der Wüste nicht wohl fühle, weil ich immer nur versuche, so wie Carlo zu sein. In den letzten Monaten hat Carlo mich mit seinen Vorstellungen von dem, was richtig und nicht richtig ist, förmlich überflutet. Wie man die Wüste erleben muss und wie nicht. Ich habe alles über seinen persönlichen Hintergrund erfahren, über seine Abkehr von der Stadt und über sein Leben in der Wüste. Unbewusst habe ich mir seine Gedankenwelt zu Eigen gemacht, an der ich mich selbst ständig messe. Jetzt, wo ich laut und deutlich sagen kann, dass ich anders bin und dass die Wüste nicht meine «Heimat» ist, verliert sie schlagartig an Bedrohlichkeit.

Mabrouka hält den Mund. Ich traue mich nicht, einen Blick nach hinten zu werfen, aus Angst, dass sie sofort wieder ihr Gebrüll anstimmen wird. Ich hole tief Atem und genieße die unerwartete Stille. Um mich herum stehen riesige Kalkformationen. Wir laufen durch ein Tal, an dessen Boden der Wind jahrhundertelang gefeilt und geschliffen hat, um phantastische Skulpturen zu schaffen. All meine Zweifel über das Warum und Wieso sind wie weggeblasen. In tiefen Zügen atme ich die Luft ein – so viel Luft, dass meine Lungen zu bersten drohen.

Im Wadi el Maqfi stoße ich auf Wasser. Das Wadi liegt auf der Strecke von Bahariya zur Oase Farafra. Offensichtlich hiel-

Kalkformation in der Weißen Wüste

ten die Römer es für den geeigneten Ort, um hier einen Wachposten und eine Zollstation zu errichten. Nicht weit von dem Wäldchen mit dem Brunnen entfernt stehen die Überreste eines römischen Hauses mit zwei halb vom Sand verwehten Futter- oder Wassertrögen für die Tiere. Der Boden rund um das Haus ist mit Ton- und Glasscherben übersät. Wenn dies wirklich einmal eine Zollstation gewesen ist, werden viele Leute versucht haben, diesen Ort zu meiden, denn die Römer saugten den Reisenden mit ihren Zöllen das Mark aus den Knochen.

Je näher der Tag rückt, an dem ich Carlo wieder sehen werde, desto öfter denke ich an ihn. Ich versuche, mich in ihn hineinzuversetzen, und stelle mir vor, wie es ist, sieben Monate des Jahres nur in Gesellschaft von Kamelen in dieser Sand- und Steinwüstenei zu leben. An wen denkt er, wenn er einen Fund macht? Gibt es jemanden, dem er es zu Hause erzählen kann? Ist da noch jemand, der auf ihn wartet? Wie füllt er die Tage und Nächte aus, die mir so endlos lang erscheinen? Zum ersten Mal meine ich, ihn ein wenig zu begreifen. Er hatte mir erzählt, dass meine Anwesenheit hier das größte Ereignis seit Jahren für ihn war. Erst jetzt dringt die Bedeutung seiner Worte zu mir durch. Mir fällt es schon wahnsinnig schwer, nur vierzehn Tage allein zu sein; ich kann mir kaum vorstellen, wie es wäre, nach sechs Jahren Einsamkeit plötzlich einen attraktiven Mann in die Wüste mitzunehmen. Verständlich, dass er nach einer zärtlichen Geste, nach Nähe und Erotik hungert. In Gedanken höre ich nicht nur seine laute streitlustige Stimme, sondern auch die Worte, die er leise ausgesprochen hat. Jetzt, wo er mir endlich nicht mehr im Wege ist, lerne ich ganz allmählich, ihn zu mögen, weil ich ihn so wahrnehmen kann, wie er ist. Ein zwar komplizierter, aber feiner Mensch, der Kleinigkeiten genießen, der Stunden nach einem schönen Wort suchen kann, um das sanfte Säuseln des Windes zu beschreiben. Ein Mensch, der sich traut, mich vorbehaltlos und offen zu mögen, auch wenn er leer ausgeht. Allmählich fange ich an, mich nach ihm zu sehnen.

Die vier Tage Fußmarsch bis 'Ain Tinin verlaufen eintönig. Eine leicht hügelige, graubraune Ebene erstreckt sich bis zum Horizont. Mabrouka ist etwas ruhiger geworden, vielleicht spürt sie, dass wir in die Nähe der anderen Kamele kommen. Unterwegs singe ich meinen Mabrouka-Baby-Blues, in dem ich mich über ihre Tücken und Launen beklage. Da meine Uhr ihren Geist endgültig aufgegeben hat, habe ich keine Ahnung, wie viele Stunden ich am Tag laufe. Gunna North, ein Berg, der auf der Karte eingezeichnet ist, will einfach nicht näher kommen. Ein Stück entfernt stehen wunderschön bizarre Kalkfelsen, aber ich laufe keinen Millimeter mehr als nötig ist und überlasse die malerischen Felsen sich selbst. Plötzlich überquere ich eine asphaltierte Militärstraße, die nicht auf der Karte steht, deren Lage mir Carlo aber angegeben hatte. Offensichtlich bin ich viele Stunden länger gelaufen, als ich gedacht hatte. Dies ist militärisches Sperrgebiet, aber ich muss es durchqueren, wenn ich 'Ain Tinin ohne Umwege erreichen will. In der Ferne höre ich einen Jeep. Das Geräusch kommt näher, und ich warte mit Mabrouka hinter einem kleinen Kalkfelsen, bis die Patrouille vorbei ist.

In der Nähe des Gunna North schlängelt sich ein Sandstreifen über den felsigen Boden. Den Rest des Tages verbringen wir hier. Mein Solotrip ist endlich zu Ende. Ich laufe nicht mehr vor der bewohnten Welt weg, sondern gehe auf sie zu. Ich laufe nicht mehr, um die Stunden und Minuten auszufüllen, sondern ich habe ein Ziel. Ich freue mich auf das Wiedersehen mit Carlo, und das macht das quälende Vorwärtskommen auf dem weichen Boden etwas leichter.

Zwei Tage nachdem ich Gunna North hinter mir gelassen habe, nähere ich mich 'Ain Tinin. Vor Aufregung muss ich immer öfter meinen Darm entleeren. Auf jeder Anhöhe, die wir erklimmen, erwarte ich in der Ferne die Dattelpalmen der Oase zu sehen. Wir folgen jetzt den gewundenen Kamelpfaden, die in südlicher Richtung verlaufen. Endlich tauchen die Palmen wie schwarze Ausrufezeichen am Horizont auf. 'Ain Tinin liegt auf einer Sanddüne, der bewachsene Sandhügel scheint über der aschgrauen Ebene zu schweben. Als ich näher komme, zeichnen sich schmale Figuren gegen den blauen Himmel ab. Sie winken. Mir wird ganz warm vor Glück und Stolz, und ich winke zurück. Herrlich, so erwartet zu werden. Die Schattenrisse hören nicht auf, begeistert zu winken. Müde hebe ich ab und zu noch eine Hand. In Gedanken falle ich Carlo um den Hals. Gänsehaut bekomme ich davon.

Eine halbe Stunde später passiere ich die drei Bäume, die mir schon die ganze Zeit so freundlich zugewinkt haben. Kein Mensch wartet hier auf mich, keine aufgeregte Freude, keine Begrüßung, es ist vollkommen still, als ich das Haus von Scheich Ateje ansteuere. An dem Baum, unter dem ich Mabrouka ablade, ist keine Spur von Carlo oder den Kamelen zu entdecken. Nach einer Viertelstunde kommt jemand aus dem Palmenhain gelaufen. Es ist Atejes Sohn Shams. Nach dem üblichen Begrüßungsritual erklärt er mir, dass Carlo sich in der Nähe aufhält. Er zeigt auf mein Fernglas: «In einer Stunde ist er hier.» Durch mein Fernglas sehe ich in weiter Ferne Kamele auf uns zukommen, auf dem ersten sitzt Carlo. Atejes Familie hat sich um mich geschart. Die Karawane kommt näher. Was soll ich sagen? Was soll ich tun? Ich gehe der Karawane entgegen, meine Nerven liegen blank. «Hallo Carlo», ist alles, was ich herausbringe. Hastig lässt Carlo sich am Hals von Sahara nach unten gleiten. «Arita!» Er umarmt mich, sieht abgemagert aus und wirkt irgendwie verändert. Den Buhmann früherer Tage gibt es nicht mehr, ich bin verliebt, und Carlo ist mein Geliebter. Er weiß nicht, wie ihm geschieht, als ich mich kaum von ihm losreißen kann.

Wir sind wie in einem Glücksrausch und beschließen, die Zeit, die mir noch in Ägypten bleibt, gemeinsam zu verbringen. Es sind paradiesische Tage. Tag und Nacht reden wir miteinander. Alles, was der andere denkt, tut oder jemals getan hat, ist wichtig und etwas Besonderes.

Die Sonne scheint, der Himmel ist blau und der Horizont lockt. Carlo reitet auf Hassan und ich habe auf Sahara Platz genommen. Wir reiten nach Südwesten, ein strenger Wind bläst uns Staub und Kalk in die Haare und Ohren. Mit dem Wind im Rücken ist es, als flögen wir über den Wüstenboden. Bis kurz vor meiner Abreise kommt mir unser Ausflug wie ein Märchen aus Tausendundeiner Nacht vor. Alles stimmt, von dem diamantgeschmückten Himmel bis zu dem Geliebten auf einem weißen Kamel. Aber das Einsiedlerleben, das Carlo in den letzten Jahren geführt hat, fordert seinen Tribut. Fast unbemerkt hat sich durch meine Anwesenheit der Deckel einer zugestaubten Black Box geöffnet, die sechs Jahre lang sicher auf dem Grund von Carlos Seele gelegen hat. Es spielt keine große Rolle, ob ich ihn liebe oder nicht, in seinen Augen repräsentiere ich eine Welt, der er aus Enttäuschung den Rücken gekehrt hat. Durch mich erinnert er sich wieder daran, dass er in Deutschland von klein auf nirgendwo dazugehörte, immer ausgeschlossen war. Die anderen bildeten eine Gruppe, in die er nicht hineinpasste. Dinge, die ihn interessierten, bedeuteten den anderen nichts. Carlo blieb ein Einzelgänger, der sich seine eigene Welt schaffen musste, um glücklich zu sein. Das änderte sich auch nicht, als er älter wurde. Er fühlte sich nach wie vor abgelehnt, vor allem von Frauen. Hinzu kam, dass er es entsetzlich fand, nach dem Studium in einem Arbeitsklima funktionieren zu müssen, wo sich alles ums Geldverdienen drehte. Seine selbst gewählte Isolation in der Wüste setzte einen Schlusspunkt hinter all diese deprimierenden Erfahrungen in der Stadt. Aber mit mir ist die Außenwelt in die Wüste gekommen, ich bin die Welt, die ihn ausgeschlossen hat, ich bin all die Frauen, die ihn im Stich gelassen haben, und ich bin diejenige, die ihr Fähnchen immer nach dem Wind gehängt hat und jetzt auch noch einen Hauch von der Wüste einatmen möchte. Ich bringe seine sorgfältig konstruierte Welt durcheinander, und damit ist der Geist aus der Flasche gefahren. Unsere Gespräche, die zu Anfang so offen und behutsam waren, bekommen einen giftigen und vorwurfsvollen Unterton, wenn es um meine Vergangenheit geht. Ich ärgere mich über sein anmaßendes Urteil. Ich bin durchaus bereit, etwas über mein Leben preiszugeben, aber nicht, wenn ich mich immer verteidigen muss.

Carlo wird zusehends schweigsamer und kapselt sich ab. Das Wetter passt sich unserer Stimmung an. Dunkle Gewitterwolken ziehen auf, und an unserem letzten gemeinsamen Abend in der Wüste ersticken große Regentropfen das Holzfeuer, an dem wir unseren Streit austragen. Die ganze Nacht höre ich, wie Carlo sich unruhig herumwälzt, schweißnass am ganzen Körper. Am nächsten Tag wechseln wir kaum noch ein Wort miteinander. Carlo scheint etwas auszubrüten und schreibt wütend sein Notizbuch voll, während er in Riesenschritten auf 'Ain Tinin zuläuft. Meine Beine wollen nicht mehr, es kostet mich die größte Mühe, der Karawane zu folgen. Arabya und der Scheich erwarten uns schon. Mit einem tiefen Seufzer lasse ich mich auf die Kissen in der kühlen Mandara fallen.

Ist es Zufall, frage ich mich, dass dieser Entfremdungsprozess genau zu dem Zeitpunkt einsetzt, wo ich die Wüste verlasse? Es scheint, als würde ich Carlo jetzt, wo wir wieder in die bewohnte Welt zurückkehren, mit anderen Augen betrachten. Er bringt mich in ein nahe gelegenes Dorf, von wo aus ich einen Bus nach Kairo nehme. Die Nacht verbringen wir in einem kleinen Hotel auf einem durchgelegenen Bett und starren einander in die Augen. Die Kerzen, die um das Bett stehen, werfen Schatten an die Holzwand. Die grotesken schwarzen Figuren spielen miteinander, sobald ein Windhauch durch die Ritzen nach innen dringt. Draußen wird ein Generator angeworfen, der wie ein böse brummender Käfer klingt. Ich streiche über Carlos Locken. Nähe und Distanz. Die Ereignisse der letzten Wochen haben sich tief in mein Gedächtnis eingegraben. Der Kampf, den wir uns anfangs geliefert haben, mein einsamer Trip und schließlich die Wende in unserer Beziehung. Zum ersten Mal seit zwölf Jahren bin ich über meinen eigenen Schatten gesprungen und habe mein tiefstes Inneres entblößt, aber hier, in der bewohnten Welt, entgleitet Carlo mir. Ich bekomme einen furchtbaren Weinkrampf in unserem kleinen Hotelzimmer, weil mir klar wird, dass ich Teil einer Welt bin, zu der Carlo nicht gehören will. Selbst in diesem kleinen Wüstendorf verhält er sich wie ein Tiger hinter Gittern. Unangepasst und jeden anfauchend, der ihm in die Quere kommt. Wir nehmen uns das Versprechen ab, dass wir uns in einigen Monaten in Amsterdam wieder sehen werden.

Als mein Flugzeug ein paar Tage später abhebt und mit der Sonne nach Holland fliegt, bin ich erschöpft von all den Gefühlen und sehne mich nach meinem Zuhause.

KAPITEL 3

«Gehst du wieder zu den Kamelen?», will der Sudanese wissen. Mit flinken Fingern schiebt er die steifen olivgrünen Segeltuchlappen unter der Nadel seiner mechanischen Nähmaschine hindurch. Er stellt Taschen her. Seine Werkstatt liegt an einer Sandstraße, die hinter dem Kamelmarkt verläuft. Kleine Lkws fahren zum Be- und Entladen vor. Auf der anderen Straßenseite werden brüllende Kamele auf den Ladeflächen zusammengepfercht. An den Vorderbeinen fest zusammengebunden und eng aneinander gepresst, mit hoch erhobenen, neugierigen Köpfen werden sie zu den Schlachthöfen transportiert. Das Geratter der Nähmaschine setzt für einen Moment aus.

«In ein paar Tagen gehe ich nach Farafra, um meine Kamele abzuholen», antworte ich auf seine Frage. Ein breites Lächeln erscheint auf seinem Gesicht, als ich acht Satteltaschen bei ihm bestelle, seine Füße treten schon wieder in die Pedale der Nähmaschine. Wo Carlo ist, will er wissen. «In der Wüste», sage ich unbestimmt und spreche mit ihm die Maße für die Taschen ab. Die großen Wasserkanister müssen in zwei Taschen hineinpassen, zwei weitere sind für das Kamelfutter bestimmt und die restlichen für Stroh, Proviant, Gerätschaften und Campingutensilien. Ich halte mich nicht lange in der Werkstatt auf, nach einigen Minuten verabschiede ich mich per Handschlag und gehe zum Eingang des Suk Gemal, des größten Kamelmarktes der Welt, auf dem jedes Jahr ungefähr eine Viertelmillion Kamele den Besitzer wechseln. Der Kamelhandel ist noch immer ein blühendes Geschäft, obwohl Autos und Lastwagen das Kamel als Lasttier überflüssig gemacht haben. So sind die Käufer auch keine Beduinen mehr, sondern Schlachter, die sich für das Fleisch interessieren, und Bauern, die das Kamel auf den Pfaden zwischen den Feldern, die für Eselkarren zu schmal sind, als Lasttier benutzen. Innerhalb der Mauern des Marktes herrscht ein unübersichtliches Gewimmel. Kamele, Ziegen, Esel und Schafe, umringt von Händlern, Kaufleuten und sudanesischen Kameltreibern. Der Markt ist straff organisiert, er wird von vierzehn Händlern beherrscht, die jeweils ihr eigenes Kontor haben, einen kleinen, halb dunklen Raum, in dem die Kaufverträge unterschrieben werden. Daneben liegen größere, lang gestreckte Gebäude, die den sudanesischen Kameltreibern als Unterkunft dienen. Qualmende Herdfeuer hüllen die Räume mit den schwarz gerußten Wänden fast ständig in eine Rauchwolke ein. Als ich an dem ersten Innenhof vorbeikomme, ruft jemand meinen Namen: «Ya Arita!» Ein unglaublich dicker Mann, der seine Körperfülle geschickt durch eine weit geschnittene, braune Djallaba kaschiert, hebt seinen Stock zur Begrüßung. Seinem scharfen Blick entgeht nichts, und so hat er auch mich sofort wieder erkannt. Yasir kommt auf mich zu und streckt mir seine fleischige Hand entgegen: «Assalam aleikum, ya Arita.» Er packt mich am Arm und zieht mich zu seinem Geschäft. Scheu um sich blickend stehen dort etwa zehn Kamele dicht zusammengedrängt. Um zu verhindern, dass die Tiere weglaufen, hat man jedem einzelnen ein Bein am Gelenk abgeknickt und zusammengeschnürt, sodass es wie ein Stumpf unter dem großen Körper baumelt. Yasir ist ein kleiner Händler mit schlauen Augen in einem jungenhaften Gesicht. Seine imposante Statur und der scharfe Blick flößen Respekt ein, mit seinen leicht bebenden Nasenflügeln erweckt er den Eindruck, als wolle er einen gleich in die Mangel nehmen. Yasir ist einfach gekleidet, er verzichtet auf ein weißes Gewand und Schuhe aus Leopardenfell, wie seine wohlhabenderen Kollegen sie tragen. Er sitzt auch nicht auf einer Holzbank, sondern lässt sich neben mir im Staub nieder. Ein lautes Wort ist genug, um einen Jungen zum Teeholen zu schicken. Yasir löchert mich mit Fragen über meine Reisepläne und meine Kamele. Im letzten Jahr habe ich Gatifa auf diesem Markt gekauft, und ich erzähle Yasir, dass ich mit ihr und Mabrouka eine lange Tour durch die Libysche Wüste machen werde. Von Farafra nach Kharga. Allein. Sieben Monate bleibe ich dieses Mal in der Wüste, meine Stelle in den Niederlanden habe ich dafür aufgegeben. Dass die Beziehung mit Carlo auf dem Tiefpunkt angekommen ist und wir nicht mehr zusammen sind, lasse ich in dem Gespräch unerwähnt. Ein Passant mischt sich in unsere Unterhaltung ein, er will von Yasir wissen, wer ich bin. Zu dritt sitzen wir auf der Erde und schlürfen den heißen Tee, während Yasir dem Mann erklärt, dass ich vor einem halben Jahr auf dem Markt ein Kamel gekauft habe, mit dem ich nun in die Wüste ziehen will. Ich frage ihn, ob hier noch gute Exemplare herumlaufen, aber die meisten Tiere auf diesem Markt haben noch nie einen Sattel gesehen.

Nachdem gestern viele Geschäfte abgeschlossen worden sind, geht es heute etwas ruhiger zu. Die Schlachter sind jetzt in ihren Schlachthöfen an der Arbeit. So hat man genügend Zeit für einen Plausch. Drei Kameltreiber gesellen sich neugierig zu uns. Sie tragen einen Hauch von Wüste in die Runde, drahtige Männer mit funkelnden Augen und schneeweißen, kunstvoll geschlungenen Turbanen. Sie verkaufen Dolche und Schmuck. Ich interessiere mich mehr für Werkzeug, mit dem ich die verschlissenen Fußsohlen der Kamele bearbeiten kann. Einer von ihnen holt einen so genannten *Mochris* zum Vorschein, mit dem man Löcher in die lederartigen Fußsohlen bohrt, um einen kräftigen Lederlappen aufzunähen, wenn der Verschleiß durch das viele Laufen zu heftig geworden ist. Der Mochris wechselt den Besitzer. Einer der Sudanesen, ein älterer Mann, hat schon zahllose Kamelkarawanen vom Sudan nach Ägypten geführt. Er ist ein Chabir und damit der unbestrittene Anführer eines solchen Wüstenkonvois. Die anderen beiden sind seine Helfer. Meistens ist ein Chabir mit vier Helfern und rund zweihundert Kamelen im

Auftrag eines sudanesischen Händlers auf einer der Routen vom Sudan nach Ägypten unterwegs, deren älteste und bekannteste die *Darb el Arba'in*, «Der Weg der vierzig Tage», ist. Schon in der Zeit der Pharaonen wurde diese Straße benutzt. Die Darb beginnt bei Darfur im Westsudan und führt über mehr als tausend vegetationslose Kilometer beim Wadi Halfa bis nach Ägypten hinein. Ursprünglich endete die Darb el Arba'in in Asyut am Nil. Heute biegen die Kamelkarawanen früher in Richtung Fluss ab, um sich im südägyptischen Isna oder Daraw zu sammeln. Bis zu Beginn des 20. Jahrhunderts transportierten die Kamele Elfenbein, Seide, Leder und Gewürze. Auch Sklaven wurden nach Ägypten gebracht. In Asyut und Kairo wurden die bis auf die Knochen abgemagerten Männer, Frauen und Kinder, die die mörderische zweimonatige Tour überlebt hatten, auf dem Sklavenmarkt meistbietend versteigert. Im neunzehnten Jahrhundert wurden riesige Karawanen mit manchmal über zehntausend Kamelen und Hunderten von Sklaven von Darfur auf den Weg nach Ägypten geschickt. Diese Art von Handel gehört der Vergangenheit an, gegenwärtig werden unbeladene Kamele über die Darb el Arba'in getrieben. Die einzige Handelsware sind sie selbst.

Der Chabir zieht mit seiner Peitsche Kreise in den Sand. «Ja», bekräftigt er, «der Weg nach Ägypten ist schwer und in mancher Hinsicht auch gefährlich». Seine rot geäderten Augen blicken mich kurz an. «Es gibt nur wenige Wasserstellen unterwegs, und es ist nicht immer sicher, ob man seine Tiere an ihnen tränken darf. Der Stamm, dem der Brunnen gehört, macht manchmal Schwierigkeiten, wenn zu viele Herden vorbeigezogen sind oder wenn man einfach mehr Geld zahlen soll.» Gestenreich deutet der Chabir an, wie viel von einem Kamel noch übrig bleibt, wenn es unablässig gehetzt wird. Die mörderische Sonne und die lange Strecke ohne Wasser fordern ihren Tribut. Dieses Mal sind ungefähr sieben Kamele gestorben, sagt er.

Ich frage ihn, ob sie unterwegs Probleme mit Banditen hatten. Mir kommen regelmäßig Geschichten über Banden von Kameldieben zu Ohren, die Automatikwaffen besitzen und immer wieder Karawanen überfallen. Die Banditen sind gut organisiert und haben überall ihre Informanten, die ganz genau wissen, wann ein großer Händler eine Karawane nach Ägypten schickt. Karawanen kleinerer Händler werden meistens nicht behelligt, aber von den größeren fordern die Banden Schutzgelder oder Kamele. Auch wenn jeder die Spielregeln insgeheim kennt, gibt es immer wieder Tote und Verletzte, weil alte Fehden ausgetragen oder offene Rechnungen beglichen werden. «Alhamdulillah, Allah sei gelobt, diesmal haben wir kein einziges Kamel an einen Banditen verloren», sagt einer der jungen Helfer, «aber bei einer anderen Karawane wurde ein Kameltreiber durch eine Salve aus dem Gewehr eines Kameldiebs tödlich getroffen – der Teufel soll ihn holen.» Er streift seinen Ärmel hoch und zieht einen prachtvoll verzierten Dolch hervor, der in einer Scheide aus Schlangenhaut und feinem Leder steckt. Der Dolch ist mit einem geflochtenen Lederband an seinem Oberarm befestigt. Fast zärtlich hält er den Dolch in seinen schwieligen Händen. Ob ich ihn nicht vielleicht doch kaufen will. Jetzt kann ich nicht mehr nein sagen. Schließlich erstehe ich auch noch ein ledernes Sattelkissen und eine Peitsche bei ihm. Als ich Anstalten mache zu gehen, fragt Yasir, ob er mir noch irgendwie helfen kann. Einen Packsattel und Agaalen, mit dem ich die Knie der Kamele zusammenbinden kann, werden im Handumdrehen besorgt. Überhäuft mit seinen guten Wünschen, verlasse ich den Markt.

Auf einem Innenhof an der belebten Al-Azhar-Straße parken die fast schrottreifen Dieselbusse der Egyptian Bus Company mit laufenden Motoren. Ein runzliger kleiner Mann mit einer Strickmütze auf dem Kopf sorgt dafür, dass meine Taschen im Gepäckraum des Busses verstaut werden. Ich setze mich auf einen Fensterplatz. Etwa eine Stunde nachdem der Bus das

Gelände der Busgesellschaft verlassen hat, erreichen wir den Stadtrand von Kairo. Ab dort zieht eine monotone und einschläfernde Landschaft an mir vorbei. Das Fenster rahmt eine trostlose Ebene ein, aus der sich kein einziger Berg, Baum oder Strauch erhebt. Ich schiebe die flatternde Gardine vor das Fenster und falle in einen angenehmen Halbschlaf. Als wir in Qasr Farafra ankommen, ist es schon dunkel. Mit steifen Beinen steige ich aus und atme die frische Abendluft ein. Irgendwo brummt ein Generator, der ein paar vereinzelte Glühbirnen zum Leuchten bringt. Das sanfte, gelbliche Licht der Lampen auf den weiß getünchten Lehmmauern weckt in mir ein Gefühl der Verlassenheit, das durchaus angenehm ist. Ich klopfe an die Holztür des kleinen Hotels, die sich mit einem Quietschen öffnet. Von den vier Betten, die nebeneinander in Reih und Glied stehen, kann ich mir eines aussuchen. Da ich das Gästezimmer für mich alleine habe, stelle ich meine Taschen auf und zwischen die Betten. Das kleine Hotel liegt am Rande des Dorfes. Wenn ich durch die Eingangstür ins Freie trete, brauche ich nur die Straße zu überqueren und stehe in der Wüste. Der Wind, die Kälte, die Sterne, die verschwommenen Umrisse der Kalkfelsen – all das weckt Erinnerungen an meine letzten beiden Winter in der Wüste. Damals bin ich mit Carlo und den Kamelen monatelang durch das Gebiet um die westlichen Oasen gezogen. Im vergangenen Winter haben wir kühne Pläne für die nächsten Jahre geschmiedet. Ich hatte mich für ein Leben in der Wüste und mit Carlo entschieden, gemeinsam entwarfen wir riskante Expeditionen und träumten von einem Leben miteinander. Da meine Arbeit mit einer solchen Existenz nicht zu vereinbaren gewesen wäre, habe ich vor kurzem meine Stelle in den Niederlanden aufgegeben. Ein Windstoß jagt mir die Kälte unter den Pullover, fröstelnd kehre ich um. Vor einem Monat hat Carlo unsere Beziehung beendet, kurz vor meiner Abreise nach Ägypten. Er konnte mich nicht so akzeptieren, wie ich bin; meine Freunde, mein Leben in Amsterdam, meine Vergangenheit, nichts fand seine Billigung. Er sagte, er liebe mich mit jeder Faser seines Herzens, sei jedoch nicht fähig, mit mir zusammenzuleben. Ich war geschockt; mein ganzes Leben hatte ich umgekrempelt, alle Sicherheiten über Bord geworfen – und jetzt das. Als ich mich für dieses neue Leben entschied, hatte die Wüste und nicht die Zukunftspläne mit Carlo den Ausschlag gegeben. Ich hatte bereits damit gerechnet, dass unsere explosive Beziehung nicht ewig halten würde, aber das Ende kam schneller, als ich dachte, und das brachte mich aus dem Konzept. Zum Glück ließ mich die Wüste nicht im Stich, sie war nach wie vor verlockend.

Ich gehe in das dunkle Zimmer zurück und taste nach einer Kerze und Streichhölzern. Das Bett knarrt. Zigarettenrauch steigt kräuselnd auf, ich verfolge die Ringe bis an die Zimmerdecke, wo der Lichtschein der Kerze bizarre Schatten auf den Dachbalken wirft. Morgen werde ich meine beiden Kamele wieder sehen, die zwanzig Kilometer entfernt in einer kleinen Oase auf mich warten.

Mein erster Gang führt mich zu dem kleinen Laden von Mabrouk, der nur dann geöffnet ist, wenn der Besitzer Lust und Zeit dazu hat. Ich habe Glück. Mit meinen Einkäufen schlendere ich durch die Straßen von Farafra auf der Suche nach einem Pick-up, der mich und mein Gepäck zu den Kamelen bringt. Die Straße steigt an. Farafra war in früheren Zeiten eine Festung, die in strategisch günstiger Lage auf einen Hügel gebaut wurde. Auf dem Platz vor der Moschee sitzen einige ältere Männer in der Morgensonne. Kinder in Schuluniformen kommen wie die Ameisen aus allen Winkeln und Löchern gekrochen. Schultaschen fliegen durch die Luft, helle Stimmen schallen von den Hauswänden zurück. Über einen Bekannten finde ich ein Fahrzeug mit Chauffeur. Noch am selben Morgen fahren wir zu der kleinen Oase ’Ain Tinin. Auf unserem Weg kommen wir an Gärten mit Dattelpalmen und Gemüsebeeten vorbei. Ihre Eigentümer wohnen in Farafra und machen sich jeden Morgen mit einem Esel oder Moped auf den Weg zu den manchmal weit entfernten Gärten, die im Umkreis einer sprudelnden Quelle liegen. Von allen westlichen Oasenstädten der Libyschen Wüste hat Farafra die wenigsten Einwohner und die kleinsten Ackerflächen. Schon seit Jahrhunderten kommt das Wasser hier nur in raren Mengen aus der Erde, die Farfaroni haben nie im Überfluss gelebt. In Reiseerzählungen aus dem neunzehnten Jahrhundert werden sie sogar als arme Teufel beschrieben. Im Erdreich befindet sich jedoch ein großes Wasserreservoir, und die Regierung hat veranlasst, dass die fossilen Wasservorräte angebohrt werden, um die Wüste um die alten Gärten herum zu kultivieren. Die Experimente zur Gewinnung von neuem Ackerland zeigen bis jetzt noch keinen eindeutigen Erfolg, das überschüssige Wasser aus den Bewässerungskanälen strömt in großen Teichen zusammen, in denen Mücken ihre Eier ablegen. Riesige Mückenschwärme machen ein Wohnen dort unmöglich. Auf dem Weg nach 'Ain Tinin durchpflügen Traktorspuren einen großen Teil der Wüste. Im vergangenen Jahr gab es nur Spuren von Eseln in diesem Gebiet. Die Zeiten ändern sich schnell.

Wir parken das Auto im Schatten eines Aprikosenbaums. Die kleinen Äcker grenzen an eine Düne, Obstbäume spenden göttlichen Schatten. Von hier aus kann ich das Haus auf der Düne sehen. Sollte Carlo auch dort sein? Er ist etwas eher nach Ägypten gefahren und in den letzten Wochen mit seinen und meinen Kamelen durch die Wüste gezogen.

Während ich an grünen Kleefeldern vorbeilaufe, richtet sich mein Blick auf Atejes Haus. Jemand hat das Auto gehört. In einem grell orangefarbenen Kleid kommt Arabya nach draußen. Eine Hand in die Hüfte gestützt und mit der anderen aufgeregt winkend, erwartet sie mich. Sie schließt mich in die Arme, drückt mich an ihren kräftigen Busen. Hinter ihr taucht Carlo auf, mit seinem ewigen Sonnenhut auf dem spärlich behaarten Kopf. Die Begrüßung ist herzlich, wie unter

Amur und Maqfi, sieben Monate alt

alten Freunden, die sich für dieselben Dinge begeistern. Dann gehen wir zu den Kamelen. Drei von ihnen haben in diesem Frühjahr Junge bekommen. Große Fusselbälle auf hohen Stelzen schauen in meine Richtung, als ich mich der Weide nähere. Dunkle Augen mit langen Wimpern folgen neugierig der unbekannten Besucherin. Zögernd kommen sie auf mich zu, bei jedem Schritt wiegt sich auf der Mitte des Rückens, wo einmal der Buckel sein wird, ein Haarbüschel hin und her. Rashid, Mabroukas Sohn, ist der Einzige mit einem weißen Fell. Er ist eine Miniaturausgabe seines Vaters Hassan, der ein Stück weiter stoisch an den Sträuchern herumriecht. Amur und Maqfi sind die Kamelsöhne von Arabella und Sahara, auch ihr Vater ist Hassan. Sie haben die hellbraune Farbe ihrer Mütter geerbt. Graziös wie Rehe stehen Amur und Maqfi mit ihrem wolligen Fell und den verführerisch langen Wimpern nebeneinander. Auf staksigen Beinen hinterlassen sie kleine Abdrücke im Sand. Rashid wirkt neben seinen Halbbrüdern ein wenig kümmerlich. Dass er Hassan, dem einzigen Kamel, das ich nicht besonders mag, aber auch so ähnlich sehen muss.

Der Kleine protestiert, als ich ihn am Kopf streichle, er scheint etwas zickiger zu sein als die anderen. Die erwachsenen Kamele ignorieren mein Erscheinen, sie sind deutlich mehr an dem Grünzeug um sie herum interessiert. Während ich Mabrouka hinter den Ohren kraule, ihre Wangen streichle und ihr liebevolle Worte ins Ohr flüstere, sind ihre Augen auf der Suche nach einem Strauch, den sie zwischen die Zähne nehmen kann.

In der Mandara wartet das Frühstück. Außer Carlo und dem Chauffeur hat Ateje mit seinen beiden Söhnen dort Platz genommen. Arabya tischt ein reichhaltiges Frühstück auf, und wie immer drückt Ateje mir ein Kissen in den Rücken und fordert mich auf, zuzugreifen. *«Tafaddali, Ya Arita, tafaddali!»* Dieses Mal nehme ich mit meinen gerade gelernten arabischen Wörtern vorsichtig am Gespräch teil. Ich frage Ateje, wozu all die Lehmziegel gebraucht werden, die zum Trocknen draußen in der Sonne liegen. Mit den Ziegeln will er das Haus für seinen Sohn Abdel Gadr bauen, sonst wird aus seiner Hochzeit mit der Tochter des Schlachters aus Farafra nichts. Ihrem Vater war das einfache Haus, das dort stand, nicht gut genug. Er verlangt, dass seine Tochter ein Haus mit mehreren Zimmern beziehen soll, also muss angebaut werden.

Arabya räumt ab, und ich folge ihr in die verrußte Küche. Als ich in die Hocke gehe, um die Schalen von dem Tablett zu nehmen, greift sie mir leicht an die Brust. Sie lacht und zeigt viel sagend auf ihren Busen, der viel größer als meiner ist. Ob ich noch etwas aus Holland mitgebracht habe, fragt sie halblaut. Arabya sieht in mir inzwischen offenbar einen Versandhandel, bei dem sie ohne weiteres ihre Bestellungen aufgeben kann.

Wir gehen mit einem Tablett voller Teegläser wieder zu den Männern. Das Gespräch dreht sich um die diesjährige Ernte. Jetzt im Oktober holt Ateje die Dorra vom Feld, stapelt sie in großen Bündeln vor seinem Haus, um die Körner vor dem Verkauf herauszuschlagen. Ich bestelle zweihundert Kilo

– das reicht, um die Kamele die ersten drei Wochen satt zu bekommen. Ateje erzählt, dass für ihn bessere Zeiten angebrochen sind, da er sein Wasser jetzt aus dem staatlichen Brunnen holen darf. Der Brunnen wurde vor Jahren im Rahmen eines ehrgeizigen Landwirtschaftsprojekts auf der Grenze zu seinem Land gebohrt. Da der Hahn jetzt speziell für ihn aufgedreht worden ist, kann Ateje zusätzliche Felder anlegen. Sein Sohn Abdel Gadr besitzt genügend Ackerland, um seine zukünftige Familie ernähren zu können. Bis jetzt musste sich Atejes Familie mit dem Wasser aus dem Brunnen begnügen, das nicht so munter fließt wie das Wasser, das ich am Mittag aus dem rostigen Rohr des staatlichen Brunnens sprudeln sehe. Röchelnd und zischend schießt das warme Grundwasser in einem dicken Strahl aus dem Rohr, dessen durchgerostetes Verschlussventil mit der Aufschrift «open» und «shut» schon jetzt nicht mehr funktioniert. Über Abflusskanäle strömt das Wasser ungenutzt in die Wüste, wo es schnell verdampft, sodass sich unzählige Salzkristalle auf dem Boden abgelagert haben. In einem Sumpfgebiet haben die Mücken freies Spiel. In ein paar Jahren wird 'Ain Tinin nicht mehr das abgelegene Paradies sein, in dem sich die ganze Familie selbst versorgen kann. Der Boden stellt alles bereit, Aprikosen und Apfelsinen, süße und saure Zitronen, Melonen und Oliven. Neben Zuckerrohr werden Erdnüsse, Getreide, Paprika und Kartoffeln, Mais, Tomaten, Gurken und Okra angebaut. Mit ihren Bohnen, der Dorra und Datteln verdienen sie ein wenig Geld, von dem sie Butter und Kleidung kaufen. Mehr brauchen sie nicht. Arabya flicht Körbe und Matten aus Palmblättern. Aus den Fasern der Palme stellt sie Seile her. Das Fleisch läuft sozusagen frei herum, manchmal schießen sie einen Vogel, selbst halten sie Tauben, Ziegen, Hühner und Schafe. Ihre Kuh liefert die Milch, und die Schafwolle wird gesponnen. Zum Kochen verwendet Arabya das Holz der Tamarisken. Auf den Feldern blüht Klee für den Esel und die anderen Tiere.

Ateje ist froh, dass das angrenzende Land bald bebaut wird

und er dann Nachbarn bekommt. Das bringt ein bisschen Leben in die Bude. Die Isolation der Familie wurde schon etwas gemildert, als man sich vor einigen Jahren einen Generator anschaffte, um den kleinen Fernseher mit Strom zu versorgen. Das brummende Ding stört zwar die Ruhe, aber was soll's. Mit dem Fernsehen holt man sich die Welt ins Haus, Präsident Mubarak ist jeden Abend in ihrer Wohnstube zu Gast. Und sie wissen jetzt, dass man in Kairo nicht auf dem Boden, sondern auf Stühlen sitzt.

Ateje und seine Söhne brechen nach dem Frühstück auf, um auf dem Feld zu arbeiten, der Chauffeur fährt nach Farafra zurück, und Carlo und ich beginnen mit den Vorbereitungen für unsere Expeditionen. Hier in 'Ain Tinin trennen sich unsere Wege.

Arabya schickt ihre sechsjährige Tochter zu uns, die allzu gerne wissen möchte, was sich in unseren Taschen verbirgt. Unter einem großen Baum breite ich meine Sachen aus und überlege, was ich in den nächsten Wochen brauchen werde. Die erste Zeit werde ich mit meinen Kamelen in der Farafra-Senke bleiben. Dort gibt es mehrere Wasserstellen und viele Sträucher, sodass wir keine weiten Strecken zurücklegen müssen und ich in aller Ruhe sehen kann, ob ich dem kleinen Kamel auch die größeren Entfernungen zur Dakhla-Oase zumuten kann. Zwischen Farafra und Dakhla wächst kaum ein Strauch, und Wasser gibt es überhaupt nicht. Carlo nehme ich so gut wie gar nicht wahr. Ich bin allein, meine Reise hat schon begonnen. In meinem Kopf hake ich eine Liste von Dingen ab, die ich auf keinen Fall vergessen darf, ich mache mir unzählige Sorgen, was alles schief gehen könnte, und versuche mich zu beruhigen, indem ich alles so gut wie möglich vorbereite. Carlo findet mich distanziert und herrisch, er will mit mir reden, aber ich mag ihm nicht zuhören.

Wir zanken uns um kleine Dinge, bei denen wir eigentlich unsere gegenseitige Hilfe nötig haben. Wie zwei Kapitäne auf demselben Schiff bekämpfen wir die Autorität des anderen. Die Stimmung wird immer gereizter. Mittags liegen wir im Clinch, weil wir uns nicht darüber einig werden können, wie groß die Portion Bohnen sein soll, die die Kamele zu fressen bekommen. Carlos Stirnadern schwellen an, als er sich über einen Sack mit Bohnen beugt. Mit dem Rücken zu mir zischt er, dass ihm mein Gezeter zum Hals heraushängt und ich mir Mabrouka für diese Reise abschminken kann. Das übliche Strickmuster. Wenn ich mir viel Mühe gebe, kennt seine Großzügigkeit keine Grenzen, aber wenn ich seinen Erwartungen nicht mehr entspreche, nimmt er alles wieder zurück. Das ist natürlich gar nicht schön, denn ich brauche Mabrouka. Wir hatten sie seinerzeit von meinem Geld gekauft und verabredet, dass sie Carlo gehören sollte, wenn ich nach Holland zurückginge. Als klar war, dass ich es nicht bei einem Wüstenbesuch belassen würde, einigten wir uns darauf, dass ich über Mabrouka verfügen könnte, wenn ich sie bräuchte. Offiziell kann ich keine Ansprüche geltend machen, weil Carlo den Kauf geregelt hat – und das bricht mir jetzt den Hals. Ich finde es unverschämt, dass Carlo mir am Abend vor meiner Abreise Mabrouka wegnehmen will, aber ich bleibe ruhig, weil ich morgen nicht nur mit Gatifa und Rashid, sondern auch mit Mabrouka aufbrechen will. Ein offener Streit macht die Sache nur noch schlimmer, und ich beschließe, zum letzten Mal die Kröte zu schlucken und die fügsame, liebevolle Frau zu spielen. Da Carlo in seiner Naivität nicht merkt, dass meine Freundlichkeit nur vorgeschoben ist, bringe ich ihn schließlich dazu, mir Mabrouka doch mitzugeben. Dazu muss es allerdings Mitternacht werden, da mir erst am späten Abend bewusst wird, dass die Sache immer noch nicht eindeutig geklärt ist. Da Carlo seinen Schlafplatz bockig in die Nähe der kleinen Kamele verlegt hat, krieche ich schlaftrunken aus meinem Schlafsack und taste mich in der stockfinsteren Nacht zu ihm. Ich wecke ihn leise, aber weil ich mich fast auf seine Brille gesetzt hätte, reagiert Carlo nur mit einem lauten Fluch. Nachdem wir eine halbe Stunde geredet und die Unstimmigkeiten behoben haben, indem wir so tun, als wäre das Ganze nur ein einziges großes Missverständnis gewesen, schlägt die Stimmung um. Und wie manche Frau ihrem Mann wegen einer neuen Couch entgegenkommt, so erschlafe ich mir in dieser Nacht ein Kamel. Mabrouka gehört wieder zu mir.

Bevor die Stimmung erneut kippt, stehe ich am nächsten Morgen so früh wie möglich auf. Gatifa und Mabrouka gebärden sich widerspenstig, als ich sie zu dem Baum bringe, unter dem mein Gepäck steht. Sie spüren, dass sie die Herde verlassen müssen, und protestieren lauthals, als ich die Sattelgurte unter ihren warmen Bäuchen hindurchziehe. Mein Magen krampft sich vor Anspannung zusammen. Der Moment des Aufbruchs ist gekommen. Carlo und Atejes gesamte Familie schauen zu, wie ich die Tiere sorgfältig belade. Das Gewicht ist auf beiden Seiten des Sattels austariert, damit nichts ins Rutschen kommt. Carlo zeigt auf Mabroukas tränende Augen, die völlig verklebt sind. Das habe ich in meiner Hektik gar nicht bemerkt. Sie reagiert äußerst empfindlich auf all die herumwirbelnden Staubkörner. Tränen quellen unter den geschlossenen Augenlidern hervor und laufen in einem schmalen Rinnsal über ihre Wangen. Carlo hält ihren Kopf, während ich ihr die Augentropfen verpasse. Ziemlich aus dem Gleichgewicht gebracht, verabschiede ich mich von jedem. Meine Hände zittern und mein Herz schlägt wie verrückt. Tränen steigen auf, weil ich nicht weiß, wie diese Reise verlaufen wird; ich bin mir nicht sicher, ob ich mit heiler Haut zurückkommen werde, und ich kann nicht ertragen, dass Carlo und ich in einem so wichtigen Augenblick im Streit auseinander gehen. Trotz der frühen Stunde setze ich meine Sonnenbrille auf, um meine Tränen hinter den dunklen Gläsern zu verbergen. Rashid meckert, als ich ihn mit einem Seil an Gatifas Sattel festhake. Gatifa steht mühsam auf und streckt ihre langen Beine. Hinter ihr springt Rashid hin und her. Arabya drückt mich kurz an ihre füllige Brust und gibt mir Allahs Segen mit auf den Weg. Ich tue ihr Leid.

«*Ma'assalama, ma'assalama*, geh in Frieden», rufen sie mir nach, während ich den Kamelen schon hinterherlaufe, um nicht zurückzubleiben. Carlo tanzt um mich herum, sein Gesicht hinter einer Kamera versteckt. «Klick, klick, klick.» Für einen kurzen Augenblick tauchen unsere Blicke ineinander. Dann bin ich weg.

Noch lange sind die Umrisse der Oase zu sehen, als ich von einer Erhebung aus immer wieder zurückblicke. Der Übergang von der bewohnten Welt zur Wüste ist mit wenigen Schritten geschafft. Rashid läuft tapfer mit. Er ist aus meinem Blickfeld verschwunden, die breiten Rücken von Mabrouka und Gatifa haben ihn verschluckt, sodass ich nur seine eifrig trappelnden weißen Beine sehen kann. Der Schatten der Karawane, der schräg auf den Kalkboden fällt, verrät mir, ob der Kleine müde ist. Solange der Schatten seines Stricks noch wie eine Schlaufe auf den Boden fällt, kann Rashid das Tempo mithalten. Nach ein paar Stunden, als er den Kopf hängen lässt, strafft sich das Tau. Ich suche mir einen Rastplatz in der Nähe von einigen Sträuchern, wo die Tiere den Rest des Tages grasen und sich ausruhen können. Es ist viel ruhiger ohne die Kamele, die in 'Ain Tinin zurückgeblieben sind, allerdings macht Rashid einen etwas verlorenen Eindruck. Er vermisst seine beiden Halbbrüder Amur und Maqfi. Die drei waren unzertrennlich, und Rashid sucht nun neue Gesellschaft. Er läuft zu seiner Mutter, aber Mabrouka knurrt und beißt nach ihm; und weil Rashid nicht schnell genug Reißaus nimmt, verjagt sie ihn wie eine lästige Fliege. Seitdem er ihre Milch nicht mehr trinkt, mag sie ihren Sohn offenbar nicht mehr sehen oder riechen. Normalerweise werden Kameljunge rund zwei Jahre gesäugt, aber Ateje hat die Kleinen in diesem Sommer bewusst schon nach fünf Monaten entwöhnt, da die Kamelstuten ansonsten kein Fett in ihren Höckern speichern und keine weiten Entfernungen zurücklegen können. Rashid versucht sein Glück bei Gatifa, aber die grast ungerührt weiter. Ungläubig lässt das kleine Kamel seine Augen von Mabrouka zu Gatifa schweifen und steht eine Weile unschlüssig herum.

Ich schaue mir das Ganze an und fühle mich schuldig, weil ich ihn zu meinem eigenen Vergnügen aus dem Kreis seiner Kameraden gerissen habe.

Wenn die Sonne lange Schatten wirft, locke ich die Kamele zu meinem Lager, indem ich die roten Eimer mit den Dorrakörnern kräftig schüttele. Mit schmatzenden Lippen rücken sie auf ihren zusammengebundenen Vorderbeinen Schritt für Schritt näher. Mit lang gestreckten Hälsen und gespitzten Lippen fressen sie die Eimer im Handumdrehen leer. Wie Staubsaugerschläuche saugen sie mit ihren weichen und behaarten Lippenwulsten die Dorrabällchen hastig auf. Mit einem leichten Stoß in die Seite bringe ich sie zum Sitzen und schlinge ein Seil um ihre gekrümmten Knie, damit sie sich in der Nacht nicht auf den Weg zu ihren Kameraden in 'Ain Tinin machen können. Mit lang gezogenen Klagelauten trauern Gatifa und Rashid den anderen Kamelen nach. Ihr Kummer wird sicherlich noch ein paar Tage anhalten, Kamele sind Herdentiere, die eine Trennung nur schwer verkraften. Mabrouka scheint das nicht so viel auszumachen, aber Rashid und Gatifa kriechen auf ihren zusammengebundenen Knien immer wieder in die Richtung, aus der wir gekommen sind. Den jammernden Rashid binde ich an einem schweren Futtersack fest, aber Gatifa ist einfach nicht zu halten. Immer wieder richtet sie sich auf, dreht sich auf dem losen Kalkboden herum und kriecht in Richtung 'Ain Tinin. Peitschenschwingend bin ich Stunden damit beschäftigt, sie wieder zum Lager zurückzutreiben. Es ist absurd, aber irgendwie fühle ich mich im Stich gelassen und empfinde ihr Verhalten als einen Affront. Zum Glück bleibt sie nach einer Weile dann doch an ihrem Platz, sodass ich in meinen Schlafsack neben dem Futtersack kriechen kann, an dem Rashid festgebunden ist. Ab und zu taucht sein weißer Kopf über der

Tasche auf. Er will schauen, was ich mache, lässt sich über sein flauschiges Fell streichen und schläft schließlich neben mir ein. Es ist eigenartig, diese erste Nacht in der Wüste mit den Kamelen zu verbringen, die lieber nicht hier wären. Ich sehe mich mit den Augen meiner Freunde in den Niederlanden. Eine Frau, die mit Kamelen durch ein fremdes Land zieht. Was will ich hier? Warum zwinge ich die Tiere, mit mir durch eine Landschaft zu laufen, in der es nichts zu essen und zu trinken gibt? Mit dem kläglichen Stöhnen von Rashid und Gatifa im Ohr habe ich Mühe einzuschlafen.

Während der folgenden Tage verschwindet dieses ungute Gefühl nicht. Warum machst du das? Immer wieder geht mir diese Frage durch den Kopf. Seitdem ich nicht mehr mit Carlo zusammen bin, hat die Reise eine andere Bedeutung bekommen. Damals wollte ich als Vorbereitung auf unsere geplanten langen Expeditionen herausfinden, wo meine Grenzen lagen, was ich schaffen oder nicht schaffen würde. Aber warum bin ich jetzt hier?

Der pulvrige Kalk, der das Gehen erschwert, verdrängt meine düsteren Gedanken der letzten Nacht. Es ist heiß, das Laufen ist mühsam, aber wir müssen vorwärts kommen, um eine Wasserstelle zu erreichen. Mit meiner kleinen Karawane bin ich auf dem Weg zu einem Brunnen, der neben einer mächtigen Dattelpalme, Bir Dikka, liegt. *Bir* bedeutet Brunnen und *Dikka* männliche Dattelpalme. An diesem Platz ist mir Mabrouka auf meiner ersten Reise vor zwei Jahren brüllend davongerannt. Um die Mittagszeit erreichen wir den Palmenhain mit der Wasserstelle. Wenn man nicht weiß, wie der Brunnen aussieht, würde man an ihm vorbeilaufen. Es gibt kein Hinweisschild, und die Palmen verdecken die Sicht auf den unauffälligen Deckel. Ich hebe ihn vorsichtig hoch. In zwei Metern Tiefe glitzert dunkles Wasser; der Pegel ist in den letzten Jahrzehnten sehr gefallen. Vor über hundert Jahren schrieb Rolphs, ein deutscher Forscher, der eine dreimonatige Expedition durch die Libysche Wüste leitete, dass das Wasser in Bir Dikka nur anderthalb Fuß – also etwa einen halben Meter – unter dem Boden stehe und sehr süß sei. Anfang 1874 kam er von Farafra aus mit seinen Begleitern hier vorbei. Auch damals war der Brunnen mit einem Deckel verschlossen. Rolphs' Karawane, die aus etwa hundert Kamelen und ebenso vielen Menschen bestand, brauchte zum Wasserholen wesentlich mehr Zeit als ich. Damals muss sich in Bir Dikka ein Riesenspektakel abgespielt haben. Durstige Kamele, die nach Wasser brüllten, Kisten, die unter Schimpfen und Fluchen abgeladen wurden, lautes Geschrei und das Zischen der Peitschenhiebe. Männer schleppten Wassereimer hin und her, da nicht alle Tiere gleichzeitig an den Brunnen geführt werden konnten. Auch das Sortieren des Gepäcks und der Aufbau der Zelte wird einige Zeit gekostet haben. Erst in der Dunkelheit konnte auf großen Feuerstellen das Abendessen zubereitet werden. Die deutschen Forscher schliefen in weißen Einzelzelten und fanden sich in Abendkleidung in dem Zelt von Rolphs ein. Porzellangeschirr, Besteck, Wein und eine gute Zigarre waren selbstverständliches Beiwerk. Das Abendessen war der einzige ruhige Moment nach einem schweren Tag voller Widrigkeiten. Die Kameltreiber aßen und schliefen im Freien, an dem prasselnden Feuer boten die merkwürdigen Sitten der Ausländer ihnen ewig neuen Gesprächsstoff. Von Bir Dikka aus begab sich Rolphs' Expedition in südöstlicher Richtung auf einer alten Karawanenstraße, der Carlo und ich vor zwei Jahren in umgekehrter Richtung gefolgt waren, nach Dakhla. Der Weg führt über kilometerlange, Hunderte von Metern hohe Dünenrücken, wo ein einzelner Stein im Sand schon ein willkommener Blickfang ist. Von dem Palmenhain aus kann man in der Ferne die imposanten zusammengeschmolzenen Dünenhaufen sehen, die sich wie breite Walfischrücken bis zu dem hundertfünfundzwanzig Kilometer entfernten Berg Shaw Shaw ausdehnen.

Das Abendessen brutzelt auf einem Feuer, das ich mit Tamariskenzweigen entfacht habe. Während ich ab und zu die Makkaroni umrühre, schreibe ich die Seiten meines Tagebuchs voll. Die Gewürze verbreiten einen köstlichen Geruch, das Essen ist mir gelungen, und da ich mir den Abwasch sparen kann, bin ich schnell fertig. Um die Kamele zu überraschen, hole ich meine Mundharmonika hervor und improvisiere eine Melodie, die bei Mabrouka ein herzhaftes Gähnen auslöst. Nur Rashid ist ein dankbarer Zuhörer, er spitzt die Ohren und scheint die Geräusche angenehm zu finden. Neugierig reckt er seinen Hals vor, um die Mundharmonika zwischen die Zähne zu nehmen. Wie ein kleines Kind, das seine Umwelt erforscht, indem es sich alles in den Mund stopft, testet auch Rashid seine Welt auf Essbares und nicht Essbares. Schuhe, Steine, meine Djallaba, alles wird beschnüffelt und beleckt. Im Gegensatz zu erwachsenen Kamelen, die etwas Distanziertes an sich haben und den Eindruck erwecken, als könnte sie nichts mehr aus der Fassung bringen, ist Rashid an allem hoch interessiert. Da die beiden großen Kamele nichts von ihm wissen wollen, ist sein Blick auf mich gefallen. Wie ein Küken läuft er mir überallhin nach, nachts schläft er, mit dem Futtersack zwischen uns, neben mir.

Von Bir Dikka führt uns der Weg nach Karawein, einer unbewohnten Oase mit viel Grün, die zwei Tagesmärsche entfernt ist. Im Westen wird Karawein von einer Dünenkette begrenzt, im Osten von einer Felswand, die in der späten Nachmittagssonne purpurfarben leuchtet. Vor gut einem Jahr wurde Rashid am Fuße dieses Felsens geboren. Schon mit anderthalb Wochen musste er hinter der Karawane her nach Farafra laufen. Da Rashid seine Mutter noch nie beladen und mit einem Sattel gesehen hatte, rannte er nach ein paar Kilometern wie ein Besessener zurück, um Mabrouka zu suchen. Diese Szene wiederholte sich noch einige Male, und Rashid kann froh sein, dass man ihn nicht seinem Schicksal überlassen hat, so wie es dem jungen Kamel aus Rolphs' Expedition widerfuhr. Rolphs kam damals von Asyut, und die Karawanenstraße führte über Karawein nach Farafra. Da der Abstieg bei Karawein sehr steil ist, hatten die schwer beladenen Kamele große Mühe, die Strecke zu bewältigen. Da sie ständig nach einem Halt für ihre Füße suchen mussten, verrutschte die Ladung immer wieder. Kaum unten angekommen, brachte eines der Kamele wegen dieser Anstrengung frühzeitig ein Junges zur Welt. Weil es die Karawane aufgehalten hätte, wurde das Tier mitleidslos zurückgelassen. Es hatte in der sengenden Sonne keine Chance zu überleben.

Nachdem wir die letzte Düne erklommen haben, liegt Karawein plötzlich vor uns. Dieses Mal gerate ich beim Anblick so vieler Palmen und Tamarisken nicht in Panik. Mein erster Besuch in Karawein verlief sehr hektisch, weil ich den Brunnen nicht finden konnte. Diesmal richtet sich mein Fernglas auf Anhieb auf den richtigen Punkt, ich weiß jetzt, wo die Wasserstelle liegt. Auch damals hatte ich nicht völlig falsch gelegen, mich jedoch an die Anweisung gehalten, eine halbe Stunde nordwärts nach Wasser zu suchen. Einige Stunden von uns entfernt steht eine hohe Palme, die wie ein Phallus von einer flachen Düne aus in den Himmel ragt. Bir Karawein liegt ganz in der Nähe. Es ist nicht mehr als ein ausgehobenes Loch, das noch immer Wasser enthält, da Bauern aus Farafra die Mulde regelmäßig weiter ausgraben. Alle paar Monate kommen ein paar Männer vorbei, um die Kamele zu zählen und den Brunnen zu kontrollieren. Bei meinem Eintreffen stelle ich fest, dass er nur noch sehr wenig Wasser hat. Nachdem die Kamele ihren Durst gelöscht haben, muss ich eine geschlagene Stunde warten, bis der Pegel wieder so weit angestiegen ist, um einen kleinen Topf füllen zu können. Das Loch ist anderthalb Meter tief und fließt auf einer Seite in einem breiten Rinnsal nach unten ab, damit die frei herumlaufenden Kamele an das Wasser kommen können, ohne sich die Beine zu brechen. Unter den Grünalgen, die auf dem Wasser treiben, wimmelt es von Insektenlarven. Solch ein Tümpel ist eine Welt für sich. Eine Art Hecke aus abgestorbenen Palmblättern verhindert, dass allzu viel Sand in den Brunnen weht; darüber ist horizontal ein Dach aus Zweigen angebracht, um das Wasser vor dem Verdunsten zu schützen.

Die Sonne lässt die Luft vibrieren, alles flirrt und tanzt in der gleißenden Hitze; das grelle Licht und der glitzernde gelbe Sand tun meinen Augen weh, und ich flüchte in den Schatten einer Palme, wo eine kleine hellbraune Schlange aufgeschreckt davongleitet, als ich meine Decke ausbreite. Nachdem sie in den niedrigen Sträuchern verschwunden ist, lege ich mich fast nackt auf das Tuch. Sanft streicht der Wind über meine Haut. Ab und zu hebe ich den Kopf, um zu schauen, wo die Kamele herumlaufen. Weit können sie nicht kommen, weil ich ihre Vorderbeine gefesselt habe. Schlurfend bewegen sie sich auf ihren großen Füßen zwischen den Sträuchern, hier und dort bleiben sie stehen, um an einem stachligen Agoul zu knabbern. Im Gegensatz zu Ziegen fressen Kamele Bäume und Sträucher nicht kahl, sondern lassen einen Rest stehen. Für die Wüstenvegetation ist das von lebenswichtiger Bedeutung, da die nur halb abgefressenen Sträucher wieder nachwachsen können. Nach einer Weile kann ich nur noch den leise brüllenden Rashid sehen. Sicherlich vermisst er die anderen.

Ich öffne die Augen nach einem kurzen Schlaf und fahre sofort hoch. Mein Herzschlag setzt einen Moment lang aus. Über einen nahe gelegenen Hügel stürmen fünf wilde Kamele direkt auf Mabrouka und Gatifa zu. Wenn ein Hengst darunter ist, wird es kritisch. Männliche Kamele sind in der Paarungszeit, im Winter also, unberechenbar und greifen grundlos an. Hassan hat Carlo und mir mehr als einmal nachgesetzt, selbst mit zusammengebundenen Vorderbeinen. Nur mit einer Unterhose bekleidet, renne ich zum Lager. Mein Revolver! Ich wühle hastig in den Taschen herum, bis mir klar wird, dass ich die Tränengaspatronen in 'Ain Tinin vergessen habe. Dann eben die Peitsche. Während ich blitzschnell zu meinen Kamelen renne, registriere ich, dass sich Mabrouka und Gatifa schon schnaubend ihren freien Artgenossen an die Fersen geheftet haben. Es sind zwei große Hengste. Mir bleibt keine Zeit, um darüber nachzudenken, was alles passieren könnte. Ich will meine Kamele wiederhaben und schwinge die Peitsche, um die anderen Tiere auf Distanz zu halten. Es gelingt mir, den Strick an den Köpfen von Mabrouka und Gatifa ein wenig zu lösen und festzuhalten. Während ich daran ziehe, verfluche ich ihre mangelnde Loyalität. Mit wüsten Schreien und Peitschenschwüngen halte ich die anderen auf Abstand, bemerke jedoch in meinem Eifer zu spät, dass meine beiden Kameldamen in einen Galopp verfallen. Ich lasse die Stricke nicht los, renne jedoch wie um mein Leben. Rashid begreift gar nichts und läuft panisch hinter uns her. Mit einem tiefen «hoo, hoo, hoo» kann ich die Tiere schließlich wieder beruhigen. Gleich beim Lager binde ich Mabrouka und Gatifa an Agoulsträuchern fest. Die wilden Kamele umkreisen uns für den Rest des Tages, mal ganz in der Nähe, mal weiter entfernt. Erst gegen Abend verschwinden sie über denselben Hügel, von dem sie gekommen waren.

Wo ich mich in Karawein auch befinde, immer begleitet mich im Osten der Rand des Plateaus. Das Plateau schließt die Farafra-Senke von allen Seiten ein, nur im Süden weitet sich die Landschaft und steigt langsam an, um bei Dakhla wieder Plateauhöhe zu erreichen. Die Farafra-Senke ist weiträumig, hat jedoch nur wenige Brunnen. Das Plateau besteht größtenteils aus Kalk, fast die gesamte Libysche Wüste ist damit bedeckt. Zittel, ein Geologe, der an Rolphs' Expedition teilnahm, schreibt, dass die Libysche Wüste weltweit zu den wenigen Gebieten gehört, wo man übergangslos Sedimente aus der Kreidezeit bis zum Eozoikum ausmachen kann. Hundert Millionen Jahre lassen sich hier wie aus einem Buch ablesen, in dem keine einzige Seite fehlt. Aus allen Zeitaltern kann man zahllose Fossilien finden, von Einzellern in einer Kalkschale bis hin zu kompliziert gebauten Korallen.

In den ersten kühlen Stunden des Tages sieht die Wüste regelrecht frisch aus, das Laufen geht wie von selbst. Ich stehe möglichst früh auf, um schon vor Sonnenaufgang unterwegs zu sein. Die Wüste ist mir vertraut, ich kann sie viel intensiver genießen als auf meiner ersten Tour mit Mabrouka. Zudem ist es angenehmer, mit mehreren Kamelen zu reisen, die Tiere bilden eine Einheit und bringen dadurch mehr Ruhe in die Reise. Aufgeschreckt durch die Karawane, fliegt plötzlich ein großer Vogel aus einem der Sträucher auf. Da man Vögel dieses Formats hier nur sehr selten sieht, lasse ich sofort die Kamele stehen, um ihm zu folgen. Langsam nähere ich mich der Stelle, an der ich ihn zuletzt gesehen habe. Mit dem Fernglas suchen meine Augen die Umgebung ab, und plötzlich sehe ich den Vogel auf einem Kalkbrocken sitzen. Eine wunderschöne Eule schaut mich aufmerksam an. Es ist eine seltene Begebenheit, dass ich ein Tier sehe, denn eine reiche Fauna besitzt dieser Teil der Wüste nicht. Wenn es überhaupt Tiere gibt, kommen sie meistens in der Dämmerung zum Vorschein, sodass ich sie kaum bemerke. Die Eule flattert hoch, um sich ein ungestörteres Plätzchen zu suchen. Durch das Fernglas begleite ich den Vogel, während ich ganz langsam versuche, den Abstand zwischen uns zu verringern. Die Federn seines Brustkleides bewegen sich im Wind. Die Zeichnung des Gefieders ist deutlich zu erkennen, die wachen Augen über dem gebogenen Schnabel sind ständig in Bewegung. Ich kann sogar die einzelnen Federn zählen. Fünf Minuten lang hocke ich dem Vogel so Auge in Auge gegenüber, dann knackt ein Zweig unter meinen Füßen, und die Eule fliegt davon.

Ich kehre wieder zu meiner Karawane zurück, aber in Gedanken bin ich immer noch bei der Eule, die mich fünf Minuten lang hypnotisiert hat. Vor allem das Federkleid bleibt mir vor Augen, die ausgefransten Ränder und die geflammte Zeichnung. In großen, krakeligen Buchstaben schreibe ich im Laufen einen Dreizeiler in mein Notizbuch – ein Versuch, etwas von dieser Begegnung festzuhalten:

Eine Eule streicht ihre braun glänzenden Federn glatt. Dann eine leichte Brise.

Am späten Nachmittag erreichen wir die Vegetationsgrenze. Ich lasse die Kamele noch kurz grasen, bevor wir den pflanzenlosen Teil der Senke durchqueren. In nördlicher Richtung, eingeklemmt zwischen der hohen Felswand im Osten und einem Dünengebiet im Westen, stehen zehn Meter hohe, konische weiße Kalkhügel, die wie erstarrte, lautlose Wächter in Schlachtordnung die Ebene bevölkern. Was sie bewachen, weiß ich nicht, aber ich bekomme eine Gänsehaut, als ich dieses Regiment passiere. Ich habe ein Gefühl, als wenn Verwünschungen gegen mich in der Luft hingen. Wahrscheinlich störe ich. Den Kamelen ist nichts anzumerken, aber auf mich wirken diese Hügel unerbittlich, sogar feindselig, als würde ich sie bei etwas ertappen oder als könnte ich etwas sehen, das nicht für meine Augen bestimmt ist. Und doch stehen dort nur ein paar erodierte Gebilde aus Kalkstein. Mein Weg biegt nach Westen ab, in die Dünen, die mich sehr viel freundlicher empfangen. Wir übernachten in den Armen einer sichelförmigen Düne.

Die warmen Farben der späten Nachmittagssonne hinterlassen eine orangelbe Glut auf dem Sand. Schatten, die immer länger werden, spielen mit den Konturen der umliegenden Dünen, die sich scharf gegen den Purpurhimmel abzeichnen. Die Kraft der Sonne nimmt ab, die überwältigenden Farben am westlichen Himmel gehen innerhalb kurzer Zeit in ein Nachtblau über, das sich in ein tiefes Schwarz mit weißen Tupfen verwandelt. Obwohl die Sonne jeden Abend im Westen untergeht und jeden Morgen wieder am östlichen Horizont erscheint, ist es für mich nach vor wie ein besonderes Schauspiel, das ich immer wieder so gebannt verfolge, als wäre es das erste oder letzte Mal. Man könnte glauben, dass man sich daran gewöhnt, aber dem ist nicht so. Tagsüber ist die Sonne so brutal und blendend, dass man ihre Schönheit erst am Ende des Tages wahrnehmen kann. Dann wünscht man sich, dass sie bleibt, aber provozierend langsam verschwindet sie gerade dann hinter dem Horizont. Noch eine Viertelstunde steht der Himmel in Flammen, dann ist es vorbei. Plötzlich ist man allein, und es ist dunkel. An diesem Abend geht der zunehmende Mond schnell auf. Die alten Ägypter würden sagen, dass die Mondgöttin in ihrem Boot den Himmelsfluss hinabsegelt und sich von ihrem Kampf mit der Sau erholt. Im alten Ägypten betrachtete man den Mond, die Sonne und die Planeten als Götter, die in ihren Segelschiffen nicht gleich schnell auf dem himmlischen Fluss fuhren. Zwölfmal im Jahr starb der Mond, um durch eine Rettungstat der Sonne wieder geboren zu werden. An jedem Fünfzehnten des Monats, bei Vollmond, geschah ein Drama. Dann nämlich stürzte sich eine Sau auf den vollen Mond und warf ihn in den Fluss, in dem er langsam versank und einige Tage spurlos verschwunden war. Daraufhin begab sich die Sonne unverzüglich auf die Suche, um den Mond zu retten, sie fischte ihn aus dem Fluss und brachte ihn zu seinem Platz am Himmel zurück, wo er sich als eine erbärmlich dünne Sichel von dem Gefecht erholte. Von Tag zu Tag gewann er etwas von seinem alten Glanz zurück. Und als er wieder rund und voll war, griff ihn die Sau erneut an, und das Verhängnis nahm wieder seinen Lauf. In der Vorstellungswelt der alten Ägypter waren die Sterne Laternen, die an Stäben an dem eisernen Himmelsdach hingen. Manche verließen ihren Platz nie, andere wanderten zum Rand des Himmels, um für Monate unsichtbar zu werden. Der wichtigste Stern war der Sirius, Sophet, dessen Erscheinen am Horizont nach monatelanger Abwesenheit ankündigte, dass der Nil bald über die Ufer treten würde. Die Göttin des Himmels war Nut, die in einem eleganten Bogen die Erde überspannte. Ihre graziöse Gestalt ist auf vielen Darstellungen in Grabkammern und auf Papyrusrollen zu sehen. Vornübergebeugt berührt sie anmutig mit ihren langen Zehen und Fingern die

Erde im Osten und Westen. Nut wird hin und wieder auch mit einer säugenden Muttersau verglichen, die ihre Kinder frisst, da alle Himmelskörper, die aus ihr geboren werden, am Morgen wieder in ihrem Mund verschwinden. Ich schaue nach oben und stelle mir die Mondsichel in einer *Felukka*, einem Segelboot, vor. Warum eigentlich nicht? Mit einem wohligen Gefühl krieche ich in meinen Schlafsack. Ich drehe die Sternenkarte um und verknüpfe die einzelnen Sterne zu Konstellationen, die auf meiner Karte nach griechischen Göttern benannt sind. Unvorstellbar eigentlich, dass wir noch immer Namen verwenden, die vor langer Zeit von den Griechen geprägt wurden. Im siebzehnten Jahrhundert hatte man noch einmal den Versuch unternommen, die heidnischen Planetenbezeichnungen in christliche umzutaufen, aber Johannes der Täufer und seine Mitstreiter haben sich nicht durchsetzen können.

Es ist erst halb acht abends, aber ebenso gut könnte es schon Mitternacht sein. Die Erinnerung an den zurückliegenden Tag vergeht schnell, und die Nächte erscheinen mir genauso endlos wie die Landschaft. Elf Stunden versteckt sich die Sonne, und während sie in ihrem Boot in die Unterwelt segelt, brauche ich nichts anderes zu tun als zu schlafen – und das tue ich meistens schon ab halb sieben Uhr abends. Wenn ich hin und wieder aufwache, dann schaue ich nach den Sternen oder den Kamelen.

Rashid schubbert sich an mir und holt mich aus einem Traum, in dem ich mit der Straßenbahn durch Amsterdam gefahren bin. Tagsüber ist Amsterdam weit weg, aber in meinen nächtlichen Träumen ist es mir ganz nah. Als ich mich in meinem klammen Schlafsack aufrichte, ist die Straßenbahn schnell verschwunden. Es ist noch stockfinster, aber der Tag ist nicht mehr weit. Nut bereitet sich darauf vor, die Planeten zu verschlingen und die Sonne zu gebären. Während ich den heißen Tee schlürfe, greife ich zur Karte, um mir die heutige Route einzuprägen. Wir gehen zum Wadi el Maqfi, dorthin, wo Saharas Sohn Maqfi vor einem halben Jahr zur Welt gekommen ist. Wadi el Maqfi ist ein Tal mit Sanddünen, mit vom Wind gekrümmten Palmen, mit einer Süßwasserquelle, Gazellen und vielem mehr. Es ist nicht weit.

Mit einer blassen Sonne im Rücken quälen wir uns an diesem Morgen durch den Sand. Auf der anderen Seite des Dünengebietes ist der östliche Plateaurand der Farafra-Senke mit dem Double Peak als Orientierungspunkt zu erkennen. Aus meiner Erinnerung weiß ich, dass ich das Wadi nicht verfehlen kann, wenn ich mich an den Double Peak halte. Die angenehmen Stunden des Morgens sind schnell vorüber, die blasse Sonne wirft inzwischen gelbe Flammen, und lästige Fliegen stören die Ruhe. In irritierenden Zickzackkursen summen sie um meine schweißbedeckte Stirn. Um die Hände zum Totschlagen der dicken Fliegen frei zu haben, schaue ich nicht mehr auf die Karte und den Kompass; es liegen nur noch anderthalb Stunden Fußmarsch vor mir, und ich kenne den Weg. Rashid ist müde, aber er muss noch ein wenig durchhalten. Drei Stunden später ist das Wadi noch nirgends zu sehen, und ich weiß eigentlich nicht genau, wo wir sind. Ich bilde mir ein, die Situation in den Griff zu bekommen, indem ich einer alten Kamelspur folge, die zufällig unseren Weg kreuzt. Die Spur endet im Nichts, und die Kamele müssen dafür büßen. Ich treibe sie von links nach rechts, reiße immer ungeduldiger an ihrem Strick und brülle sie an, sich zu beeilen. Wie ein kopfloses Huhn renne ich orientierungslos hin und her. In einem klaren Moment wird mir bewusst, dass dies die reinste Panik ist, dass ich sofort eine Pause machen muss, um viel zu trinken und im wahrsten Sinne des Wortes wieder einen kühlen Kopf zu bekommen. Unwirsch lade ich die Kamele ab, Rashid lässt sich auf der Stelle vor Erschöpfung in den Sand sinken. Vor lauter Nervosität begreife ich die Aufzeichnungen von den Zeitangaben und dem Kurs, die ich vor einigen Stunden in mein fleckiges Notizbuch eingetragen habe, nicht mehr. Ich bin ungeheuer sauer, dass ich mich auf dieser kurzen

Strecke verlaufen habe. Während Rashid jammert, starren Mabrouka und Gatifa seelenruhig vor sich hin. Sieh zu, wie du zurechtkommst, scheinen ihre Blicke zu sagen. Nachdem ich eine Stunde mit meinem Fernglas die Umgebung abgesucht habe, meine ich zu wissen, wo es langgeht. Die Sonne ist schon lange untergegangen, als wir die Palme mit dem Brunnen erreichen. Beim Abladen meckere ich stumm über das ewige Getue mit den schweren Taschen. Die schwerste wiegt fünfundvierzig Kilo, und alles in allem wuchte ich jeden Tag viermal etwa zweihundertfünfzig Kilo, rauf und runter. Zum Glück schrumpfen die Nahrungs- und Wasservorräte mit der Zeit.

Wenn ich in einem Gebiet umherstreife, wo es für die Kamele etwas zu fressen gibt, habe ich an einem Tag wie diesem das Gefühl, dass ich mich dem Willen der Tiere fügen muss statt umgekehrt. Immer gehen die Kamele vor, immer bleiben sie dort stehen, wo es für sie etwas zu fressen gibt. Und das bedeutet bücken, aufstehen, schleppen. Bücken und Aufstehen, um ihnen das Gepäck abzunehmen, ihnen die Knie zusammenzubinden und wieder zu lockern, die Beine zu fesseln und wieder zu lockern und wieder festzuziehen, je nachdem, wie weit sie sich entfernen und zurückgetrieben werden müssen. Meistens mache ich das gern, aber manchmal wird es mir einfach zu viel. Die langen Strecken gehen mir ganz schön an die Substanz, nach einem schweren Tag bin ich so steif, dass ich mich kaum noch bücken kann. Wenn ich dann einen schweren Futtersack heben muss, habe ich Angst, nach einer falschen Bewegung nicht mehr hoch zu kommen.

Nachdem wir in 'Ain el Maqfi eingetroffen sind, fasse ich keine Tasche mehr an und bewege mich nicht mehr vom Fleck. Die Palmblätter über meinem Kopf filtern die einfallenden Sonnenstrahlen und fächeln mir Kühle zu. Den Kamelen gefällt es hier, sie grasen auf einer Agoulweide. Um die Mittagszeit lassen sie sich nieder, um die größte Hitze vorübergehen zu lassen. Mit seinem weißen Fell sieht Rashid aus wie ein von der Wäscheleine gewehtes Laken, das sich von Strauch zu Strauch bewegt. Nach wie vor lassen ihn die Damen links liegen, und am liebsten wäre es ihnen, wenn ich ihrem Beispiel folgen würde. Als ich im frühen Morgenlicht mit meiner Kamera um ihn herumtanze und einen ganzen Film verknipse, werde ich von der eigensinnigen Gatifa energisch in die Schranken gewiesen. Zuerst verscheucht sie Rashid, und als ich hinter ihm herlaufe, heftet sie sich an meine Fersen. Während ich mich voll auf meine Kamera konzentriere und die beste Position suche, stupst sie mich von hinten mit dem Maul. Ein sanfter Hinweis, dass es nun aber genug ist.

Nach einer Runde um die Sandsteinfelsen, in die ein paar *Wasms*, Stammeszeichen der Beduinen, eingeritzt sind, kehre ich zu meinem Platz zwischen den Palmen zurück. Da ich von hier aus die Kamele nicht im Auge habe, ziehe ich an den Rand der Weide unter ein paar Tamarisken. Sehr viel Schatten gibt es hier nicht, nur ein schmaler Streifen bedeckt meinen Kopf, während der Rest meines Körpers in der Sonne brät. Benommen von der Hitze beobachte ich die Kamele, die von einem Strauch zum anderen trotten und grasen. Ihr einziger Lebenszweck scheint darin zu bestehen, sich den Bauch voll zu schlagen. Der Anblick der drei dumpf fressenden Kamele, die jetzt träge in der Mittagssonne stehen, macht mich depressiv. Sie stehen auf der Weide und grasen, weil es etwas zum Grasen gibt. Sie haben keinerlei Erwartungen an den nächsten Tag, keine unerfüllten Wünsche. Die drei Kamele, die meist an einem Strick hinter mir herlaufen, sind für mich heute zu Fremden geworden. Sie teilen dort auf der Weide etwas miteinander, zu dem ich keinen Zugang habe. Sie genügen sich selbst, mich brauchen sie nicht, und so fühle ich mich eben auch vollkommen überflüssig. Lustlos und schwerfällig raffe ich mich auf und lerne ein paar arabische Wörter. Da ich mir jedoch nichts merken kann, greife ich zu meinem Skizzenblock, aber auch das kann ich in der Hitze vergessen. Ratlos wasche ich ein paar Slips, der Tag ist verdorben.

Ich fühle mich verloren und weiß nicht mehr, warum ich hier bin und was ich hier soll. Erst zwei Wochen bin ich allein unterwegs, drei Wochen liegen noch vor mir. Will ich wirklich so lange ganz allein umherziehen? Warum in Gottes Namen? Die Hitze erstickt jede Bewegung und jeden fruchtbaren Gedanken. Ich lasse die Unterhosen im Wasser einweichen und verkrieche mich unter einem Palmstrauch, der mir zur Hälfte Schatten bietet. Sofort ziehe ich dicke Fliegen an, die das Salz auf meiner Haut aufsaugen wollen. Auch wenn ihr Krabbeln unangenehm ist, so geben sie mir zumindest das Gefühl, einen Körper zu haben. Ohne die Fliegen würden sich die Konturen meiner Arme und Beine zu einer formlosen Masse verflüchtigen. Warum fühle ich mich gerade jetzt so schlecht und nicht schon gestern oder vorgestern? Wahrscheinlich hat es damit zu tun, dass ich mich auf einer einfachen Strecke verlaufen habe, aber es ist auch die Einsamkeit, die auf meine Stimmung drückt. Ich wäre gern zufrieden mit dem, was es gibt, so wie die Kamele. Einfach auf dem Meer zu treiben, das wünsche ich mir jetzt, auch wenn es nur für wenige Augenblicke wäre. Ich denke noch zu viel darüber nach, dass ich mich nützlich und sinnvoll beschäftigen müsste, und halb bewusstlos unter einem Strauch zu liegen, verträgt sich damit nicht. Die Momente, in denen die Zeit an Bedeutung verliert und mich ein ganz simples Glücksgefühl überkommt, gibt es durchaus, aber dies geschieht meist während des Laufens. Wenn ich stundenlang gehe, ständig einen Fuß vor den anderen setze, gerate ich in einen Trancezustand, in dem meine Fußstapfen meinen Geist wie eine Gebetsmühle in eine andere Dimension versetzen. Was mir unter diesem Strauch fehlt, ist Bewegung. Ich muss unterwegs sein. Bewegung ist der Herzschlag einer Karawane. Nur vorwärts im Takt der Kamelschritte, um anzukommen und wieder aufzubrechen, ohne lange an einem Platz zu verweilen. Ich bin eine Nomadin geworden und brauche die fließende Bewegung der Karawane, um meinen Gedanken freien Lauf lassen zu können.

Gegen drei hole ich die Kamele von der Weide und breche auf. Das Hauptwadi liegt noch eine halbe Stunde entfernt, dort will ich übernachten. Unsere Fußspuren vom Tag zuvor sind noch zu sehen, und da ich keine Lust habe, ihnen zu folgen, lasse ich einen Hügel links statt rechts liegen. Es ist nur eine halbe Stunde bis zu den nächsten Palmen, und ich wundere mich, dass sie nach einer guten Stunde immer noch nicht in Sicht sind. Das Unglaubliche ist geschehen: Auf einem Stück, das nicht länger als eine halbe Stunde ist, bin ich vom Kurs abgekommen. Und zwar erheblich, stelle ich fest, als ich genau in entgegengesetzter Richtung einen Streifen aus Sanddünen auftauchen sehe. Ich hätte es wissen müssen: Die Hügel bilden ein undurchschaubares Labyrinth, sie sind tückisch, weil sie keinen Überblick bieten. Auf mein Gefühl sollte ich mich nicht mehr verlassen. Ich bin tief beschämt. Wie soll ich in Gottes Namen jemals nach 'Ain Amur kommen, wenn ich mich schon auf einer so einfachen Strecke verlaufe? Ab jetzt nehme ich mir vor, jede Kursänderung, auch wenn sie nicht länger als eine Minute dauert, aufzuschreiben. Wenn ich noch einmal einen so dummen Fehler mache, sollte ich die geplante Tour besser vergessen, denn die ist um einiges gefährlicher und schwieriger als dieser Abschnitt. Ich kehre den Sanddünen den Rücken, und es gelingt mir endlich, das Hauptwadi zu finden. Zufrieden heftet sich mein Blick auf einen malerischen Palmenhain auf einem zartgelben Sandhügel. Wenigstens ist der Platz, an dem wir übernachten werden, schön. Im letzten Licht des Tages erreichen wir die Palmen. Wie vom Blitz getroffen bleibe ich stehen. Vor mir im Sand zeichnen sich meine eigenen, nur wenige Stunden alten Fußspuren ab. Offensichtlich bin ich im Kreis gelaufen. Ich kann nur noch wahnsinnig lachen. Mein Gott, wir sind wieder dort angelangt, von wo aus wir aufgebrochen waren – aber immerhin hat sich die Karawane bewegt.

Wadi el Hennis liegt nicht weit vom Wadi el Maqfi entfernt, auf meinem Weg nach Farafra komme ich dort vorbei. Beide Wadis sind ungefähr acht Kilometer lang und liegen in einem Tal, das vor Millionen Jahren von Flüssen gegraben wurde. Obwohl Hennis nur fünf oder sechs Kilometer von Maqfi entfernt liegt, ist es von dort aus nicht zu sehen. So weit das Auge reicht, erstreckt sich zwischen den beiden Wadis eine von scharfkantigen Kalkschollen bedeckte Ebene. Ich habe den Eindruck, als wäre zwischen dem Plateaurand und der Stelle, an der ich stehe, überhaupt kein Platz mehr für ein fruchtbares Tal. Das wäre nun wirklich mehr als schlimm, wenn ich mich zum dritten Mal verlaufen würde, und so schaue ich alle paar Minuten auf die Karte und peile mit meinem Kompass die Richtung an. Nichts weist darauf hin, dass hier irgendwo ein breites Wadi liegt. Was ich wohl sehe, ist die pastellfarbene, dreihundert Meter hohe Kalkwand, die aus der Ferne einer Riesenstadt ähnelt, in der von Meisterhand über Millionen Jahre der Kalk so lange abgeschmirgelt und geglättet wurde, bis Kathedralen und Schlösser in Rosé und Zartblau zum Vorschein kamen. In Wirklichkeit stehen vor der Wand nur viele einzelne bizarre Kalkhügel. Sie bilden eine Geisterstadt, in der man endlos zwischen den Palästen, Kathedralen, Springbrunnen und Skulpturengärten umherlaufen kann, ohne sich auch nur eine Sekunde zu langweilen. Genau vor den Toren der Stadt entdecke ich das Wadi el Hennis. Die Wipfel einiger Palmen verraten, wo das Tal liegt. Als ich mit den Kamelen in das Wadi hinein will, stoße ich auf eine Latte, die jemand in den Boden gerammt hat. Es ist eine lange Latte mit roten und weißen Streifen. Die Welt der Straßenbauer, Landvermesser und Agraringenieure rückt bis an die Pforten des Paradieses vor. Vor einiger Zeit sprach ich mit einem Ingenieur, der in Farafra arbeitete und mir erzählte, dass die Wadis und Karawein landwirtschaftlich genutzt werden sollen. Ich hatte ihn ungläubig angeschaut, erschrocken über diese Aussicht. Aber weil Ägypten nun mal Ägypten ist, nahm ich an, dass diese Veränderungen noch eine Weile auf sich warten lassen würden. Diese Messlatte sagt allerdings etwas anderes. Es wird nicht mehr allzu lange dauern, und die Asphaltierraupen werden schwarze stinkende Haufen Teer über diesen Teil der Wüste ausspucken, um Straßen für die Ägypter anzulegen, die aus dem übervölkerten Niltal hierher kommen.

Vor einem Monat hatte ich in mein Tagebuch ein Zitat aus *Zehntausend Jahre Sahara* von Henri Hugot und Maximilien Bruggmann übernommen. Dieses Buch beschreibt die Sahara, wie sie vor zehntausend Jahren war, als ein verloren gegangenes Paradies, auf das die Worte von Antoine de Saint-Exupéry zutreffen: *«Wir lebten vom Zauber des Sandes, andere werden Erdölquellen darin erbohren und sich mit Handel bereichern. Aber sie kommen alle zu spät. Die verbotenen Palmenwälder, der niemals zuvor betretene Muschelsand haben uns ihr Bestes gegeben.»*

Ich hatte die Sätze auf Deutsch aufgeschrieben, weil sie mich ansprachen. Das Zitat wird zur Prophezeiung, wenn man «Erdöl» durch «Landwirtschaft» ersetzt.

Es fällt schwer, so gelassen wie Saint-Exupéry zu reagieren, und ein Tritt gegen die Latte ist die einzige Antwort, die mir einfällt. Ich kann das Weltbevölkerungs- und Ernährungsproblem noch so nuanciert betrachten, aber mir will einfach nicht einleuchten, warum die schönsten Flecken auf der Erde Menschenmassen geopfert werden müssen, die sich so hemmungslos vermehren wie Algen in einem überdüngten Wassergraben. Diese Massen ersticken jegliches andere Leben auf diesem Planeten, und zwar aus dem einen Grund, dass die Kinder ihrer Kinder auch wieder Lebensraum brauchen. Dass all das die Folge ist von Armut, mangelnder Bildung und einer ungerechten Verteilung zwischen Arm und Reich, ist mir in diesem Moment egal. Ich habe es allmählich satt, immer begreifen zu müssen, wie eins mit dem anderen zusammenhängt, weil ich feststelle, dass bei aller Einsicht letztendlich nichts übrig bleibt von der wenigen unberührten Natur, die es noch gibt. Ich trete noch einmal gegen den gestreiften Pfahl und laufe in das Tal hinein, wo Lehmhügel mit smaragdgrünen Adern, Palmenhaine und Tamarisken den Schmerz ein wenig vergessen machen. Zwischen den Agoulsträuchern entdecke ich Kamelspuren und die herzförmigen Abdrücke von Gazellenhufen. Eine blasse Eidechse huscht rasch in die Sträucher, als ich mein Lager aufschlage. Mit Rashid im Schlepptau streife ich an diesem Nachmittag mit Kamera und Skizzenblock durch das Wadi, auf der Suche nach Pflanzenarten, die es bald nicht mehr geben wird, wenn über kurz oder lang glänzende Traktoren das Gebiet einebnen und in rechteckige Ackerflächen einteilen. Vielleicht wird eine einsame Dattelpalme oder Tamariske die Attacke überleben, aber von der ursprünglichen Vegetation wird nicht viel übrig bleiben. Außerdem bleibt abzuwarten, wie erfolgreich das Projekt sein wird, weil die meisten Agraringenieure noch nie über den Rand ihres Schreibtisches hinausgeschaut haben. Das Wissen, das es von alters her in Ägypten auf dem Gebiet der Landwirtschaft gibt, gründet sich in erster Linie auf Erfahrungen im Niltal. Dort strömt das Wasser seit dem Bau des Assuan-Staudammes unaufhörlich über Bewässerungskanäle in die Ebenen zu beiden Seiten des Nils. Die Ingenieure begreifen die Wüste zu wenig, um großflächig und längerfristig eine erfolgreiche Landgewinnungspolitik zu betreiben, aber das scheint niemanden abzuschrecken.

Der einzige Brunnen, den das Wadi el Hennis besitzt, liegt nicht in dem Tal, sondern auf einem Hügel mit einer hohen Palme, etwas außerhalb des südlichen Ausläufers. In dem dichten Gestrüpp, das die Palme umgibt, haben Farfaroni ein Loch gegraben, in dem sich Süßwasser sammelt, das über einen kurzen unterirdischen Kanal in ein Becken mündet, aus dem Tiere trinken können. Der Brunnen ist alt, *romani*, und der Hügel so übersät mit roten Scherben, dass er aus getrocknetem Ton geformt zu sein scheint. 'Ain el Wadi, so der Name des Brunnens im Wadi el Hennis, war ein Rastplatz für Karawanen, die auf dem Weg nach Bahariya waren oder von dort kamen. Jetzt kommen hier nur noch Jäger vorbei.

Rundum verstreut liegen verrostete Dosen Ful oder Corned Beef – die Standardnahrung der Ägyptenreisenden. Mabrouka und Gatifa stampfen und schnauben, als wir uns dem Brunnen nähern. Bei dem geringsten Geräusch werden sie sofort nervös, ich kann sie fast nicht aus den Augen lassen, um einen Eimer Wasser aus dem Brunnen zu holen. Kleine Ameisen foltern die Kamele und treiben sie mit ihrem Gekrabbel und den gemeinen Bissen fast zum Wahnsinn. Die Kombination von Ameisen, Fliegen und raschelnden Palmblättern macht die Tiere so fahrig, dass mir nichts anderes übrig bleibt, als das Gepäck abzuladen und die Kamele fest anzubinden, bevor ich sie tränke. Hastig und mit unruhig rollenden Augen schlürfen sie das Wasser aus den Eimern. Viel trinken sie nicht. Schnell hole ich für mich selbst Wasser aus dem Loch in den Palmbüschen, an denen ein paar halb vertrocknete und verschrumpelte Datteln hängen. Zum ersten Mal stoße ich in der Wüste auf etwas Essbares. Während ich versuche, die scharfen Stacheln zu meiden, fuchtle ich mit einem Stock so lange in der Dattelpalme herum, bis die braunen Kugeln auf dem Boden aufschlagen. Ich will sie im Schatten der Palme essen, aber ich habe mich kaum gesetzt, als ein gefährliches Zischen an mein Ohr dringt. Ich habe zwar noch nie eine Klapperschlange gesehen, aber das Reptil, das einen Meter von mir entfernt drohend seinen gedrungenen Kopf hebt, muss eine Hornklapperschlange sein. Sie ist nicht lang, höchstens einen halben Meter, aber ein einziger Biss ist tödlich. Nachdem die Klapperschlange friedlich das Feld geräumt hat, fange ich an, hektisch in meinem Buch *Biologie der Sahara* zu blättern. Eher erregt als erschrocken lande ich bei der Hornklapperschlange. Laut der Beschreibung beißt das Tier gnadenlos zu, wenn es sich gestört fühlt. Ich habe also Glück gehabt. Im Winter sind Schlangen weniger aktiv, aber vorsorglich suche ich, bevor ich mein Lager aufschlage, den Boden nach den unverkennbaren s-förmigen Spuren ab, die eine Klapperschlange hinterlässt. Manche Beduinenstämme schreiben der Klapperschlange magische Kräfte zu. Murray, ein britischer Kartograph, der viel Zeit in der Wüste verbrachte, berichtet von dem Ababda-Stamm, bei dem es Sitte war, sieben Kamelkotkugeln neben eine tote Klapperschlange zu legen, die im Sand vergraben wurde. Andernfalls müsste Allah einen Engel schicken, um das Grab der Schlange zu bewachen. Die Ababda dachten wahrscheinlich, dass die Schlange sonst wieder zum Leben erweckt werden würde. Die Sinai-Beduinen taten angeblich dasselbe, um zu verhindern, dass die Familie der Klapperschlange Rache nimmt. Der Kot diente als eine Art Schmerzensgeld.

Von 'Ain el Wadi aus laufe ich mit der Karawane in zwei Tagen nach Qasr Farafra, wobei ich durch dicken Kalksand wate, der uns nur langsam vorwärts kommen lässt. An manchen Stellen ist der Boden mit sandigen Blumenmustern und feinem Pyrit, einem oxidierten Eisenkies, bedeckt. Ursprünglich waren die Pyritteilchen in dicken Kalkschichten eingelagert, aber durch das Schleifen des Windes wurden sie befreit, und nun liegen sie überall herum. Ahmed Fakhry, ein berühmter Ägyptologe, der in den dreißiger Jahren als einer der Ersten ernsthafte archäologische Studien in den Oasen betrieb, äußerte die Vermutung, dass dieses Pyrit jenes Mineral sein könnte, das Ramses II. laut einer Inschrift am Tempel von Luxor vor mehr als dreitausend Jahren aus Farafra holen ließ. Obwohl Farafra eine unbedeutende kleine Oase war und immer noch ist, wird sie doch schon in sehr frühen altägyptischen Schriften genannt. Schon während der fünften Dynastie (2400 v.Chr.) findet Farafra in den Texten als «das Land der Kuh» Erwähnung. Ein Name, der wahrscheinlich auf eine Gottheit verweist, die mit einer «Kuh» assoziiert wird – beispielsweise Hathor, die Göttin des Tanzes, der Musik und der Liebe, die zwischen den beiden Kuhhörnern auf ihrem Haupt eine Sonnenscheibe trägt.

Ich stecke mir ein paar besonders schöne Pyritstücke in die Tasche, ansonsten ist hier nicht viel zu sehen oder zu holen. In ruhigem Tempo setzen wir die Reise fort, meine Gedanken haken sich wie von selbst an dem Thema Einsamkeit fest. Jetzt, wo ich wieder in Bewegung bin, ist das Gefühl der Einsamkeit verschwunden, aber es nagt an mir, dass ich mich so verlassen gefühlt habe, nur weil der tagtägliche Rhythmus von Aufbrechen und Umherziehen einen Tag lang unterbrochen war.

Nicht sichtbar sein – vielleicht ist das der Grund, warum ich mich unglücklich fühle. Ohne Menschen um mich bin ich nicht sichtbar, und im Wadi el Maqfi wurde dieses Gefühl noch dadurch verstärkt, dass die grasenden Kamele mich auch nicht mehr wahrnahmen. Ich kann hier weinen oder lachen, herumspringen oder einen Kopfstand machen, in keinem Blick lese ich Billigung oder Missbilligung, Mitleid oder Bewunderung. Offenbar ist mein Selbstbild durch andere entstanden, und diese anderen fehlen nun. Mein Tun und Lassen löst hier keinerlei Reaktion aus, es gibt niemanden, in dem ich mich spiegeln könnte. Wer bin ich ohne die anderen? Es ist gewöhnungsbedürftig, nicht indirekt, sondern direkt nach mir selbst zu schauen und aus der formlosen Masse, die im Wadi el Maqfi unter den Sträuchern lag, ein Bild zu formen.

Als wir uns Farafra nähern, ist die Einsamkeit kein Thema mehr. Ich habe ein etwas ungutes Gefühl, wenn ich an die Begegnung mit den rucksackbepackten Artgenossen denke, die ich dort treffen werde. Es ist mir schon einmal passiert, dass sie mich – statt freundlich zu grüßen – vollkommen ignorierten, als ich dort mit Mabrouka ankam.

Vielleicht ist der Anblick einer Frau mit einem Kamel für einen Reisenden, der sich selbst nicht zu der Kategorie «normaler Tourist» zählt, mehr, als er vertragen kann. Denn schließlich treibe ich es noch abenteuerlicher als sie. Ich überlege, meine Djallaba gegen ein T-Shirt und eine Hose einzutauschen, um weniger eigenartig zu wirken, lasse diesen Gedanken jedoch schnell wieder fallen. Aus den flirrenden Luftschichten tauchen die Gärten von Farafra vor mir auf. Auch wenn die Entfernung nicht der Rede wert scheint, habe ich bestimmt noch einen zweistündigen Fußmarsch vor mir, bevor ich die Piste erreiche, die zu dem Dorf führt, wo ich in Sa'ads Restaurant einkehre. Sa'ad, den ich in der Oase kennen gelernt habe, will mit seinem Restaurant Touristen anlocken, aber bisher finden sie nur sehr vereinzelt den Weg zu ihm. Die Regierung versucht, durch gute Straßen und Busverbindungen mehr Ausländer in die Oasen zu locken, und wenn dieses Konzept aufgeht, hat Sa'ad bald gute Karten. Und mit ihm die geilen jungen Männer aus dem Dorf, die von blonden Touristinnen träumen und bei Sa'ad herumhängen, während ihre Ehefrauen zu Hause vergeblich auf sie warten.

Ich freue mich auf ein Omelett mit Marmelade, eine Fanta und viel *Gersey's*, die ägyptische Variante von Kokos in Milchschokolade. Die Kamele binde ich bei der Steinmauer vor dem Restaurant an. Mit Wasser und Stroh geben sich die Tiere vorläufig zufrieden. Drei deutsche Mädchen halten sich ängstlich an ihrer Reisebibel fest, als ich in meiner staubigen und zerknitterten Djallaba an ihnen vorbeirausche. Zum Glück sitzen drinnen auch noch ein paar nette Leute, mit denen ich ins Gespräch komme. Nach anderthalb Stunden pfercht Sa'ad alle anwesenden Touristen in einen Toyota Pick-up, um sie zu einer heißen Quelle zu fahren. Ich breche in die entgegengesetzte Richtung nach 'Ain Tinin auf. In einem verwilderten und verlassenen Garten warte ich im Schatten einer Dattelpalme die schlimmste Mittagshitze ab. 'Ain Tinin ist von hier aus schon zu sehen. Dieses Mal kann ich die im Wind schwankenden Bäume am Horizont von begeistert winkenden Menschen unterscheiden. Das hoffnungsfrohe Gefühl der Verliebtheit, mit dem ich vor zwei Jahren auf 'Ain Tinin zugelaufen bin, ist nicht mehr vorhanden. Erinnerungen an jene Zeit hinterlassen ein bitteres Gefühl. Es hätte so schön sein können, aber aus unseren großen Träumen ist nicht viel geworden.

In 'Ain Tinin bereite ich die nächste Etappe nach Dakhla vor. Arabiyas kleine Tochter hüpft und springt neben mir her, während sie mir hilft, die leeren Kanister und Eimer zum Brunnen zu bringen. Mit Mühe schleppe ich sie gefüllt wieder zurück. Arabiya wäscht in der Dämmerung meine Sachen. Mit flinken Bewegungen knetet sie die Kleidungsstücke, spült sie aus und seift alles noch einmal ein. Ob Carlo die hübschen Unterhosen jemals zu Gesicht bekommen hat, fragt sie mich verschmitzt. Sie will wissen, ob wir miteinander schlafen, auch wenn wir nicht verheiratet sind.

Da ich mich nicht an dieses heikle Thema heranwage, tue ich, als würde ich sie nicht verstehen. Wäre mein Arabisch besser, würde ich diese Chance für einen Erfahrungsaustausch nutzen. Von Freunden, die in Ägypten leben, weiß ich, dass die Frauen untereinander oft über ihr Liebesleben reden und sich bei den anderen beklagen, wenn ihr Gatte den ehelichen Pflichten nicht nachkommt. Miteinander zu schlafen wird als Beweis dafür gesehen, dass man dem Ehemann gefällt, und das wiederum bedeutet, dass sein Auge nicht so schnell auf eine andere Frau fallen wird. Jede Frau sieht mit Angst dem Tag entgegen, an dem ihr Mann sich eine Zweitfrau nimmt – was im Übrigen in den letzten Jahren seltener geworden ist. Ich würde Arabiya auch gerne fragen, was sie vom ehelichen Liebesleben hält. Die Klitorisbeschneidung bei jungen Mädchen ist in Ägypten eine weit verbreitete Praxis, die sicherlich in den Dörfern fast jedes Mädchen trifft. Bleibt danach überhaupt noch so etwas wie sexuelles Empfinden? Eine sexuell aktive Frau wird als Bedrohung erfahren, sie gefährdet die bestehende Ordnung. Mit der Klitorisektomie sollen die Lustgefühle eingedämmt werden. Die Frau muss im Zaum gehalten werden, ansonsten würde der Mann zu sehr ihrer Anziehungskraft erliegen. Dafür kann er nichts, das liegt eben

Scheich Ateje und Arabiya vor ihrem Haus in 'Ain Tinin

in seiner Natur. Der Koran schreibt die Entfernung der Klitoris nicht vor, für den Propheten Mohammed sind Lust und Begehren nichts Verwerfliches und die Freuden des Liebeslebens ein Vorgeschmack auf die Freuden des Paradieses. Allerdings muss die Lust in geordnete Bahnen gelenkt werden und darf kein Chaos erzeugen; deshalb ist der Geschlechtsverkehr auch ausschließlich Eheleuten vorbehalten. Aber wie können Frauen Lust empfinden, wenn sie so prüde erzogen werden und ihnen die Klitoris entfernt wird? Was bleibt den Frauen, wenn sie sich ihrem Mann hingeben? Werden ihre sexuellen Bedürfnisse berücksichtigt, oder müssen sie sich mit der schnellen Befriedigung ihres Mannes begnügen? Wenn Frauen nicht auf ihre Kosten kommen, wie äußern sich die unterdrückten Gefühle dann? Wenn ich all die verschleierten Frauen in ihren schwarzen Gewändern herumlaufen sehe, die tunlichst vermeiden, auch nur einen Zentimeter Haut preiszugeben, dann wundere ich mich doch sehr über eine Gesellschaft, in der die Angst der Männer vor Frauen so groß ist, dass sie sie wegsperren, unterwerfen und verstümmeln.

Vor zwei Jahren, als ich zum ersten Mal in 'Ain Tinin unter einem Baum übernachtet habe, bildete ich mir ein, etwas von dem Liebesleben in dieser abgelegenen Oase aufzuschnappen. Ich glaubte in jener Nacht meinen Ohren nicht trauen zu können – die kleine Oase schien von den Lustschreien einer Frau geradezu aus den Fugen zu geraten. Der Lärm kam aus dem Haus von Arabiyas einzigen Nachbarn. Es nahm einfach kein Ende. Für mein Gefühl trieben sie es reichlich toll. Unmöglich, die Lustschreie zu überhören, an Schlaf war nicht zu denken. Für mich waren die schüchterne Nachbarin, wie ich sie tagsüber erlebte, und diese entfesselte Frau, die ungeniert ihre Lust herausschrie, einfach nicht auf einen Nenner zu bringen. Es musste noch eine weitere Nacht vergehen, bis ich begriffen hatte, dass es nicht die Nachbarin war, die sich so gehen ließ, sondern die Ziege in ihrer Scheune vor dem Haus.

Nachdem die Lehmmauer auf der Südseite des Hauses den ganzen Nachmittag der prallen Sonne ausgesetzt war, strahlt sie jetzt eine angenehme Wärme aus. Die Familie hat sich vollzählig vor der Mauer versammelt. Ateje hat gerade sein Gebet beendet und trägt ein paar Matten und Kissen herbei. In der hereinbrechenden Dunkelheit lasse ich die Eindrücke dieses Tages auf mich wirken. Im Dunkeln muss man nicht so viel reden, jeder ist mit etwas anderem beschäftigt. Shams röstet Maiskolben auf einem tönernen Dreifuß, unter dem ein Feuer aus Spänen und Zweigen lodert. Die gelben Flammen lecken sanft an den Kolben. Sein Bruder ist mit einer Öllampe beschäftigt, und als Krönung des Abends erweckt ein stotternder Generator den kleinen Schwarzweißfernseher zum Leben. Das blaue Flackern stört niemanden, der rauschende Fernseher bildet eine angenehme Geräuschkulisse im Hintergrund. Wenn die Unterhaltung erstirbt, starren wir gemeinsam auf den Bildschirm, bis jemand den Gesprächsfaden wieder aufgreift. Zwischendurch serviert Arabiya das Abendessen, Brot mit *Molochia* und *Okras*. Die Vögel, denen Arabiya heute

Nachmittag mit einem «*bismallah*» den Hals umgedreht hat, werden uns jetzt vorgesetzt. Mit den gerösteten Maiskolben und den großen, saftigen Melonen, die zum Nachtisch hervorgezaubert werden, ist es ein würdiges Abschiedsmahl. Arabiya verpasst ihrer kleinen Tochter einen liebevollen Klaps, die Schale mit den Essensresten muss in die Küche gebracht werden. Unwillig steht das schmale Mädchen auf und verschwindet schmollend mit der Schale auf dem Kopf in Richtung Küche. Als Nachzügler und Mädchen muss sie in einem Haushalt mit lauter Brüdern einiges einstecken, aber mir fällt auf, dass sie seit dem letzten Jahr aufmüpfiger geworden ist. Sie setzt sich öfter zur Wehr und macht einen selbstbewussteren Eindruck. Als sie mit einer Teekanne und drei Trinkbechern aus Metall zurückkommt, holt Ateje sie mit einer fast entschuldigenden Geste zu sich und legt ihr eine Decke zum Schlafen über. Shams hält ein kleines Feuer aus trockenen Palmblättern am Leben, um die Mücken zu vertreiben. Es scheint, als hätte man alles arrangiert, um mir das Idealbild des idyllischen Lebens in einer kleinen Oase zu präsentieren. Eine Bilderbuchfamilie im flackernden Schein des Feuers, die sich an einem schönen Oktoberabend an der warmen Außenwand ihres Hauses zusammengefunden hat. Aber niemand findet etwas Besonderes daran, für sie ist das völlig normal – sie kennen es nicht anders. Mit einem «*masa' al-chair*» erhebe ich mich von den Kissen und begebe mich im Licht der Sterne zu meinen Kamelen. Rashid schläft oft hinter mir und kommt im Laufe der Nacht meinem Kopf immer näher. Ich merke erst dann etwas, wenn er seinen Kopf hart an meinem Gesicht reibt. Eine etwas brutale Art, jemanden zu wecken. Mit offenen Augen warte ich darauf, dass die Sonne aufgeht. Eine Stunde vor ihrem Erscheinen nimmt der Himmel im Osten allmählich andere Farben an, ich bringe die Kamele schon einmal auf die Weide, damit sie vor unserem Aufbruch noch möglichst ausgiebig grasen können.

Vor meiner Abreise fragt Arabiya, ob ich ihr aus Dakhla ein

«radi» mitbringen würde. «Ein ‹radi›, was ist das?», frage ich. Ein radi? Radi! Sie nickt und hält eine Hand ans Ohr. Ach so, ein Radio. Arabiya kann wirklich nie genug bekommen.

Am Nachmittag verabschiede ich mich von allen. Wir laufen nur ein paar Stunden, damit sich die Kamele langsam an ihre schwere Last gewöhnen können. Ab 'Ain Tinin nehme ich einen Karawanenweg nach Süden. Die blassen Pfade winden sich wie zarte Fäden vor uns. Carlos zwei Wochen alte Spuren sind noch deutlich zu sehen. Für einen kurzen Moment wirken sie beruhigend, aber das geht schnell vorüber. Schon bald sehe ich in den Spuren Carlo selbst laufen, und unbewusst stoße ich ihn wütend zur Seite.

Auf diesem Abschnitt meiner Reise habe ich von Anfang an ein anderes Gefühl als während der zurückliegenden beiden Wochen. Damals war ich noch in einer Art Übungsphase, wo ich mir kleine Fehler erlauben durfte, jetzt darf nicht mehr viel schief gehen. Mit dem Wind treibt mich der Geruch der Kamele vorwärts, ein Gemisch aus Schweiß und Urin hängt wie eine Nabelschnur zwischen mir und den Tieren. Die Welt schrumpft an diesem Nachmittag auf einen kleinen Haufen lebendige Wesen zusammen. Mit 'Ain Tinin ist auch die Außenwelt für mich verschwunden, alles dreht sich nur noch um Rashid, Mabrouka und Gatifa und darum, den richtigen Weg zu finden. Es ist phantastisch, die Welt auf so kleine Proportionen zu beschränken, in der engen Gemeinschaft von drei Kamelen zu leben und kein anderes Ziel zu haben, als von Farafra nach Dakhla zu kommen. Um halb sechs bleibe ich zwischen Geröllmassen stehen, um nach einem Fleckchen Sand Ausschau zu halten. Meine Augen suchen die Umgebung ab, vergeblich, wir müssen noch ein Stück weiter. Als ich mich zu den Kamelen umdrehe, um sie mit einem Schnalzen wieder anzutreiben, sehe ich nur Luft. Die Damen haben sich schon niedergelassen, offensichtlich haben sie genug für heute. Also übernachten wir mitten auf der Karawanenroute. Nach dem

Essen strecken Mabrouka und Gatifa ihre langen Hälse so weit vor, dass ihre Unterkiefer den Boden berühren, die Augen sind geschlossen und die fleischigen Oberlippen platt auf den Boden gedrückt. Es sind die einzigen Augenblicke des Tages, wo sie sich mit geschlossenen Augen ausruhen und vor sich hindösen. Ihre lang gestreckten Köpfe und die platt gedrückten Oberlippen geben ihnen etwas Rührendes, sie erinnern mich an den Hund Pluto in den Donald-Duck-Comics. Ab und zu beben die Schnurrhaare, vielleicht träumen sie. Als sie die heiseren Klänge meiner Mundharmonika hören, drehen sie die Ohren in meine Richtung und heben den Kopf. Den Rest des Abends sitzen sie aufrecht, um in einem genauen Rhythmus das Futter wiederzukäuen, das mit einem unüberhörbaren Rülpsen noch einmal nach oben geholt wird.

Von jetzt an beginnen unsere Tage früh. Da es für Rashid besser ist, möglichst viel in den kühlen Morgenstunden zu laufen, sind wir schon vor Sonnenaufgang unterwegs. Es gibt nichts Herrlicheres, als sich in der morgendlichen Dämmerung die Muskeln warm zu laufen, wenn alles noch den Geruch der Nacht trägt und die Landschaft in Pastellfarben gehüllt ist. Später am Morgen verändern sich die Farben, sodass man meinen könnte, ein überbelichtetes Foto vor sich zu haben. Selbst Ende Oktober ist die Sonne noch unerbittlich.

Die Landschaft, die wir in den ersten Tagen durchqueren, ist ziemlich trostlos, überall liegen graue und braune Steine auf dem Boden verstreut. Dass die einzelnen Brocken so gleichmäßig über die ganze Fläche verteilt sind, ist kein Zufall. Das Gestein lag früher in einer breiten Sedimentschicht, aber der Wind hat so lange den Kalk und den Sand weggeblasen, bis es freigelegt wurde. Und Steine rollen von selbst in einen gleichmäßigen Abstand zueinander, wenn jede Unebenheit zwischen ihnen verschwunden ist. Die endlos erscheinende, eintönige Ebene macht die Mittagshitze schwer erträglich. Wie bei Qasr Farafra ist auch hier der Boden weich von dem pulvrigen Kalk, und ich bin froh, dass wir uns wenigstens in den

Furchen eines Karawanenweges befinden. Wir laufen ziemlich flott, um die öde Landschaft so schnell wie möglich hinter uns zu lassen. Meistens schaffen wir fünf Kilometer in der Stunde, aber Rashids kleine weiße Beine müssen viel zu schnell traben, um diese Geschwindigkeit durchzuhalten, sodass wir es jetzt etwas langsamer angehen lassen. Der Kleine macht sich unterwegs kaum bemerkbar, er meckert nur kurz, wenn wir anhalten oder wieder weiterlaufen. Wenn wir jedoch nach vier Stunden eine Pause machen, setzt er sich sofort ab. Er lässt sich nieder, legt den Kopf auf den Boden und döst die erste Stunde vor sich hin. Heute ist die Luft bleischwer vor Hitze. Nirgends Schatten, kein Windhauch. Die lange Pause um die Mittagszeit mag für Rashid gut sein, mir bringt sie nicht sehr viel Erholung. Wenn ich auf dem Boden liege, ist die Hitze noch größer als beim Laufen. Die Temperatur kann am Boden auf fünfundsechzig Grad steigen, und mir fällt nichts anderes ein, als mir ein Tuch um den Kopf zu wickeln und geduldig Stunde um Stunde in der Sonne zu braten, bis wir wieder aufbrechen können. Die einzigen Tiere, die sich in dieser Mittagshitze wohl zu fühlen scheinen, sind sandfarbene Insekten, die auf ihren langen Beinen über den Boden rennen. Die langen Beine sorgen dafür, dass die Wärme ihnen nichts anhaben kann. Andere Insekten, die tagsüber aktiv sind, bevorzugen niedrigere Temperaturen. Wenn die Hitze zunimmt, graben sie sich eine kleine Höhle in den Sand und warten dort darauf, dass es kühler wird.

Die Überlebensstrategie der Insekten bringt mich auf eine Idee. Ich richte mich etwas auf und spanne ein Tuch über ein paar aufeinander gestapelte Taschen. Ziemlich angeschlagen rappele ich mich nach drei Stunden wieder auf. Rashid stöhnt, aber ich will noch zwei Stunden laufen. Während des Aufladens schießt mir plötzlich ein solcher Schmerz durch den Unterleib, dass ich fast den schweren Futtersack fallen lasse. Meine Hände tasten vorsichtig nach der Ursache des Schmerzes. Es scheint, als hätte ich Krämpfe im Beckenbodenbereich.

Wahrscheinlich presse ich zu stark mit meinem Unterleib, wenn ich die bleischweren Taschen hebe. Nachdem ich mich eine Woche lang mit dem Heben etwas vorgesehen habe, kommt es nicht mehr vor.

An diesem Nachmittag passieren wir zwei riesige Steinhaufen, die mir bis zu den Schultern reichen. Sie bestehen aus Steinbrocken, die von den vorbeiziehenden Karawanen einer nach dem anderen auf die Haufen geworfen wurden, bis zwei steinerne Riesenbrüste entstanden, die den Reisenden schon von weitem in die richtige Richtung lotsen. Kurz nachdem wir diese gigantischen Brüste hinter uns gelassen haben, verschwinden die Karawanenspuren einfach im Sand, verschluckt von Wanderdünen, die amöbengleich alles verschlingen, was sich ihnen in den Weg stellt. Plötzlich habe ich keinen Anhaltspunkt mehr. Es scheint mir nicht allzu schwierig, die Spur wieder zu finden, aber man kann Stunden neben einem Karawanenweg laufen, ohne es zu merken. Zur Sicherheit halte ich den südlichen Kurs bei, auf dem wir fast schon den ganzen Morgen unterwegs sind, und nach einer halben Stunde werden zu meiner Erleichterung die Karawanenspuren wieder erkennbar. Am Ende dieses Tages muss ich mich mit einer buckligen Matratze abfinden, denn der Boden ist noch immer mit kantigen Steinen übersät.

Nachdem die Sonne aufgegangen ist, tauschen wir die überschaubare Ebene gegen hohe Hügelketten ein. Nach allen Seiten versperren sie mir den Blick, aber wenn der Karawanenweg mich im Stich lässt, helfen mir die steinernen Wegweiser weiter. Wenn ich einmal Vertrauen zu meinem Spürsinn gefasst habe, gefällt es mir hier in den Hügeln recht gut. Nach unzähligen Windungen durch dieses Labyrinth stehen wir plötzlich vor einem tiefen, ausgewaschenen Wadi voller stachliger Agoulsträucher. Auf einem Sandstreifen nehmen wir vorsichtig den Abstieg in Angriff. «Ho, ho, ho», rufe ich beschwörend, während ich das Tau der Damen kurz halte. Sowohl Mabrouka als auch Gatifa lassen sich bei einem Abstieg durch das Geräusch scheuernder und baumelnder Taschen leicht irritieren. Als ob sie nicht begriffen, dass sie es sind, die dieses Geräusch verursachen, jagen sie immer schneller und in stets größeren Schritten den steilen Abhang hinunter, weg von dem teuflischen Geklapper, das ihnen so dicht auf den Fersen sitzt. Wenn ich sie nicht mit einem Strick im Zaum halte, gehen sie durch. Mit ihren großen Leibern und den arroganten Köpfen erwecken Kamele den Eindruck, über alles und jeden erhaben zu sein, aber in Wirklichkeit genügen schon ein paar Ameisen oder aneinander schlagende Taschen, um sie völlig aus dem Konzept zu bringen. Unten im Wadi lasse ich sie grasen. Ich laufe zurück zu dem Sandstreifen, wo ich unendlich viele Tonscherben gesehen hatte. Auf den Knien drehe ich die gelben und roten Scherben um, es sind die Reste von Keramikkrügen. Manche der Scherben sind mit dunkelroten und gelben Blumenranken verziert. Ganz selten finde ich eine mit eingravierten Buchstaben. In römischer Zeit wurden Scherben dazu benutzt, kurze Mitteilungen oder Rechnungen zu notieren, sie waren viel billiger als Papyrus. Beschriebene Scherben, *Ostraca*, bilden zusammen mit Texten auf Hauswänden, Tempeln und römischen Befestigungsanlagen eine reiche Informationsquelle über die Zeit der Römer in Ägypten. Aus Steuerforderungen, die oft auf den Tonscherben zu finden sind, lässt sich viel über die wirtschaftlichen Aspekte des Lebens ableiten, über Produkte, die hergestellt wurden, über den Handel und das Transportwesen, über Berufe, Sklaven und andere Arbeitskräfte. Auf den Ostraca in dem Wadi stehen nur ein paar griechische Buchstaben, die mir nichts sagen. Was mich weitaus mehr beschäftigt als die Schriftzeichen auf den Scherben, ist der Umfang des Scherbenberges. Seine Größe wirft Fragen auf. Da der Abhang sehr steil ist, sind viele Krüge wahrscheinlich während des Abstiegs zerschellt. Möglich ist jedoch auch, dass dieser Platz eine Rast- oder Wasserstelle markiert. Die arabischen Führer, die den Ägyptologen Winlock 1908 auf seiner Reise von Dakhla nach

Unzählige Scherben von Keramikkrügen verweisen darauf, dass hier einmal eine Wasserstation, *Mahatteh,* gewesen sein könnte

Kharga begleiteten, hatten einen Namen für solche Plätze – sie nannten sie *Mahatteh.* In früheren Zeiten pausierten Karawanen an einem Mahatteh. Die schweren leeren Wasserkrüge ließen sie anschließend als überflüssig gewordenen Ballast zurück. Es ist durchaus denkbar, dass sich an diesem Ort eine Wasserstation befunden hat. Das Wadi liegt zwei lange Tagesreisen von Farafra entfernt – genau die Zeit, die Esel bei nicht allzu großer Hitze ohne Wasser laufen können. In diesem Canyon wurden sie mit dem Wasser aus den mitgenommenen Krügen getränkt und konnten sich zudem an den Sträuchern den Bauch voll schlagen.

Auf dem Plateau, ganz in der Nähe des Sandstreifens mit den Tonscherben, suche ich nach weiteren Ostraca, werde aber nicht so recht fündig. Während ich suchend herumlaufe, fallen mir Feuersteinsplitter auf, die ich zuvor noch nicht gesehen habe. Sie liegen überall herum. Eine Rundung verrät, dass sie von einem größeren Stück stammen, das jemand mit geübten Schlägen bearbeitet hatte.

Auf den Knien krieche ich wie ein Staubsauger herum, von rechts nach links schwenkend, bis alle Steine auf dem Boden zu tanzen scheinen. Unter den Abertausenden suche ich das eine Stück, das zu einer Pfeilspitze oder zu einem Faustkeil geformt worden ist. Ich spüre einen stechenden Schmerz im Rücken und stehe auf, um meine Glieder zu strecken. Ein paar Meter hinter mir wartet Rashid auf mich. Sobald er begriffen hat, dass ich ihn sehe, dreht er seinen Kopf weg – damit ich um Gottes willen nicht auf die Idee komme, er stünde wegen mir dort.

Nach langem Suchen halte ich ein wunderschön bearbeitetes Oval von etwa zwei Zentimetern Länge in meinen Händen. Es läuft an den Enden spitz zu, während die Kanten mit feinen und präzisen Schlägen so lange bearbeitet worden sind, dass die Oberfläche fast glatt erscheint. Die perfekte Pfeilspitze aus Stein, die ich zwischen Daumen und Zeigefinger halte, hat einmal, festgebunden mit einer Lederschnur, am Ende eines hölzernen Wurfspießes gesteckt. Es ist schwer, anhand einer einfachen Pfeilspitze eine ganze Geschichte zu rekonstruieren, aber vielleicht hat ein Jäger vor Tausenden von Jahren am Oberlauf dieses Wadis bei der Verfolgung einer Gazelle seinen Speer verloren. Sie liegen fast überall in der Wüste herum, diese steinernen Werkzeuge. Es ist erstaunlicher, nicht auf sie zu stoßen. Aber trotzdem, was sagen Steine, Messer, Schabwerkzeuge und Pfeile über das Leben aus, wie es sich in den letzten hunderttausend Jahren abgespielt hat? Welche Vorstellung können wir uns von den Gedanken und Gewohnheiten unserer Vorfahren machen, die inmitten einer willkürlichen, unbeherrschbaren Natur lebten? Als Jäger und Sammler waren sie in jeder Hinsicht abhängig von den Launen des Klimas, von der Jagd und von Pflanzen. Sie konnten nichts in die eigene Hand nehmen, außer einem Faustkeil oder einem anderen Werkzeug. Das Paläozoikum – das Zeitalter bevor der steinzeitliche Mensch begann, Ackerbau zu treiben und wilde Tiere zu domestizieren – ist in ein geheimnisvolles Dunkel gehüllt. Erst in den letzten zwanzig Jahren hat man durch Ausgrabungen etwas mehr über den Steinzeitmenschen erfahren, der gegen Ende des Paläozoikums, also vor circa dreißigtausend Jahren, in Ägypten am Ufer des Nils und in den Oasen lebte. Während zehn- bis zwanzigtausend Jahre lang in dieser Region ein relativ feuchtes Klima herrschte, wurden die Niederschläge in der Folgezeit immer geringer und somit auch die Lebensbedingungen zunehmend schlechter. Ausgrabungen haben gezeigt, dass vor dreißigtausend Jahren viele neue Möglichkeiten der Bearbeitung von Steinen ausprobiert wurden. So entstanden die ersten Mikrolithen – winzig kleine, zurechtgeschlagene Steinstücke. Dies hatte Einfluss auf die Jagd, da die Wurfspeere durch die kleinen Pfeilspitzen zielgenauer wurden. Es bildeten sich soziale Gruppen heraus, die von den Archäologen nach der Art ihrer Werkzeuge unterschieden werden. Die allgemeine Vorstellung, dass die Menschen jener Zeit sehr primitiv und unterschiedslos waren und nur über äußerst grobe Werkzeuge verfügten, deckt sich scheinbar nicht mit den Funden. Auch damals gab es schon soziale und – vermutlich – kulturelle Unterschiede. Manchmal gab es in ein und demselben Gebiet mehrere soziale Gruppen, die sich offensichtlich nicht im Wege waren, da man zur Herstellung von Werkzeugen unterschiedliche Steinarten benutzte und die jeweiligen Gruppen sich bereits spezialisiert hatten. Die Werkzeuge und Siedlungen sind die einzigen Hinweise, die uns ein wenig Aufschluss über die Menschen jener Zeit geben. Über ihr Denken ist nichts bekannt, aber es ist wahrscheinlich, dass der Magie eine Schlüsselrolle zukam. Magie war in der Sahara allgegenwärtig, und auch heute hat sie noch eine große Bedeutung. Es ist die einzige Macht, die ein Mensch anrufen kann, um eine alles beherrschende Natur zu beschwören. Mit Amuletten, Zaubersprüchen und Opferritualen versuchte man, die Welt des Übernatürlichen in den Griff zu bekommen. Magische Gebräuche sind hartnäckig, auch in unserer Zeit gehören sie im islamischen Ägypten zum Alltagsleben.

Eine Abbildung von einer Addax-Antilope auf einem Felsstück in einer Tropfsteinhöhle

Im Neolithikum beginnt der Mensch, sich die Natur nutzbar zu machen, indem er Pflanzen anbaut, statt sie in der Natur zu sammeln, und Tiere in Herden zu halten, statt nur nach ihnen zu jagen. In dieser Zeit wurde das Fundament für das dynastische Ägypten gelegt. Die fein bearbeitete Pfeilspitze, die ich gerade gefunden habe, stammt aller Wahrscheinlichkeit nach aus dem Neolithikum, einem Zeitalter, in dem die Menschen durch die zunehmende Trockenheit gezwungen waren, auf der Suche nach Wasser umherzuziehen. Auf diesem Plateau, einige Tagesmärsche in Richtung Norden, gibt es eine Grotte, in der einmal Wasser gestanden hat. Es ist eine Tropfsteinhöhe, in der Carlo und ich gewesen sind. Wir fanden in ihr unbekannte Felszeichnungen von Antilopen und Straußen. Der Boden war mit einer feinen, sehr rissigen Lehmschicht bedeckt. Die Grotte war riesig und eindrucksvoll wie eine Kathedrale. Bizarre, dicke Kalkzapfen hingen zu Dutzenden wie Orgelpfeifen von der Decke. Wie die Jahresringe eines Stammes das Alter des Baumes verraten, kann man auch an diesen Stalaktiten anhand der Kalkschichten, die sich durch das saure Regenwasser abgelagert haben, das Alter ablesen. Dies sagt auch etwas über die Entstehungszeit der Höhlenmalereien aus. Eine ungewöhnliche Chance für Forscher der Frühgeschichte, denn in ganz Ägypten sind kaum Grotten zu finden, geschweige denn mit gut erhaltenen prähistorischen Zeichnungen.

Mit Rashid im Schlepptau laufe ich an den steilen Kalkwänden der Schlucht entlang, in der Hoffnung, Felszeichnungen zu entdecken. Einen Kilometer von unserem Lager entfernt, in einer Krümmung des Canyons, kommen uns Gatifa und Mabrouka entgegen. Sie sind weit abgeschweift, als sie den Büschen folgten, die in dem Flussbett wachsen. Der unterirdische Wasservorrat wird von Wasserläufen gespeichert, die ab und zu, wenn in der Umgebung Regen gefallen ist, gurgelnd durch die Schlucht schießen. Die Wassermassen, die hier zuletzt entlangströmten, haben eine scharfe Spur in den lehmigen Boden gezogen, die Füße der Kamele haben tiefe Abdrücke hinterlassen. Ich binde die Kamele los, in der engen Schlucht verliere ich sie nicht aus den Augen, und in wildem Galopp rennen sie zum Lager zurück. Gatifa voraus, wobei sie von Zeit zu Zeit nach allen Seiten ausschlägt. Mabrouka ist ein wenig verhaltener, aber Rashid lässt sich von Gatifas Wildheit anstecken, offensichtlich ist er froh, dass endlich einmal wieder etwas Spannendes passiert. Eine Eidechse rettet auf flinken Füßen ihr nacktes Leben, Lehmbrocken fliegen durch die Luft, als wir ausgelassen durch die Schlucht stürmen. «Juhu», der Schrei kommt als mehrfaches Echo von den Felswänden zurück. Mit einer Portion Dorrakörnern bringe ich die Tiere wieder zur Ruhe, sie grasen weiter in der Nähe, während ich noch eine Stunde die Gegend erkunde.

Der schmale Karawanenweg, den ich gestern als dünnen Kreidestreifen Richtung Horizont verlaufen sah, erweist sich als schwer begehbar. Immer wieder wird die Route unterbrochen. Manchmal kann ich mich über Dutzende von Metern an einer ausgewaschenen Furche im Boden orientieren, aber viel häufiger muss ich mich an Zeichen halten, die nur ein wirklich Kundiger lesen kann. Dann laufen wir wiederum eine ganze Weile im Kreis, bevor ich einen vagen Hinweis in Form eines aufrecht stehenden Steins, einer Scherbe oder eines alten Kamelkothaufens finde. Wenn ich einen solchen Haufen aufbreche, finde ich in seinem Inneren immer Dorrakörner – und das sagt mir, dass sie von Carlos Kamelen stammen. Beduinen würden niemals etwas so Kostspieliges und Überflüssiges an ihre Tiere verfüttern. Das Gelände ist hügelig und von Wadis durchschnitten, es ist wunderbar, hier zu laufen, aber es gibt nirgends einen Punkt, an dem ich mich orientieren könnte. Je undeutlicher die Route wird, desto mehr verflüchtigt sich auch das sichere Gefühl, das mich in den letzten Tagen begleitet hat. Mein Kompass ist mit meiner Hand verschmolzen, die Karte ist schweißgetränkt und völlig verstaubt, und in meinem Kopf kreisen unaufhörlich die Gedanken. Wenn nach einer Zeit des Umherirrens wieder ein paar Meter Karawanenspur auftauchen, ist die Freude groß. Um die Zeit, als Rashid den Kopf hängen lässt und wir eine Pause einlegen müssten, passieren wir eine Schlucht, in der die Hitze schwer zwischen den Kalkwänden steht. Zu meiner Freude entdecke ich einen schmalen Schattenstreifen unter einem abbröckelnden Felsvorsprung. Wie an den Kothaufen zu erkennen ist, schläft hier regelmäßig eine Gazelle, aber an diesem Nachmittag quetsche ich mich zwischen den Sand und Kalk, nur die Kamele schmoren in der Sonne. Da die Hitze jegliche Aktivität lähmt, nehme ich nur hin und wieder einen Schluck aus dem Kanister und werfe einen trägen Blick auf die Kamele. Am Nachmittag laufen wir so lange, bis wir ein paar Sträucher finden. Aber die Kamele weigern sich, davon zu fressen, sie sind wählerisch und fressen nicht von Sträuchern, die sie nicht kennen. Beduinen wäre das sofort klar gewesen.

Joe Hobbs, ein amerikanischer Geograph, der in den achtziger Jahren bei den Ma'aza-Beduinen in der östlichen Bergwüste Ägyptens lebte, war erstaunt über die guten ökologischen Kenntnisse seiner Gastgeber. Nomaden, deren Lebensraum die Wüste ist, müssen über die Tiere und ihre Gewohnheiten Bescheid wissen, um sie jagen zu können. Und, wie einer von ihnen so treffend sagte, «um hier zu leben, muss man sich auskennen». Das Wissen über Pflanzen, Tiere, Sterne und Geographie wird von alters her vom Vater an den Sohn und von der Mutter an die Tochter weitergegeben.

Gatifa wendet sich langsam von den Sträuchern ab und setzt sich, gefolgt von Mabrouka, in meine Richtung in Gang. Ob ich wohl so freundlich wäre, den Futtersack aufzuknüpfen?

Nach dem Essen studiere ich die Aufzeichnungen in meinem Notizbuch und berechne die zurückgelegte Strecke. Anschließend markiere ich mit dem Bleistift die Stelle auf der Karte, an der wir eigentlich sein müssten, aber wenn ich mich umschaue, kann diese Position nicht stimmen. Laut Karte müssten wir schon das große Massiv, hoch oben auf dem Plateau, hinter uns gelassen haben, aber in Wirklichkeit liegt es noch in weiter Ferne. All die Linien und dunklen Flächen sind schwer zu interpretieren, und je länger ich mich damit beschäftige, desto größer werden meine Zweifel. Ich blase dem Lagerfeuer neues Leben ein, um mir in dem völlig verrußten Topf, an dem die Flammen gierig emporzüngeln, einen Nachtisch aus Milchreis zu kochen. Morgen werde ich von selbst merken, ob wir uns tatsächlich verlaufen haben. Das Wadi ist so verlassen, dass ich mich sicher und geborgen fühle, das Feuer wird hier keine unerwünschten Besucher anlocken. Ausgestreckt liege ich auf meinem Schlafsack neben den glimmenden Holzspänen. Milchweißes Mondlicht streicht über den Boden des Wadi und erreicht das erlöschende Feuer. Die Holzreste verbreiten einen intensiven Geruch, der Rauch beißt in den Augen. Vom Wind abgekehrt, blicke ich unverwandt zum Mond hinauf, langsam, aber sicher treibe ich der Mondsichel entgegen. Höher und höher, bis unter mir nur noch winzige Punkte zurückbleiben. Hoch über der Erde schwebend, überkommt mich das Gefühl tiefster Verlassenheit. Die Tränen haben einen langen Weg hinter sich, sie sind mindestens zwanzig Jahre alt. Traurige Erinnerungen, die ich völlig verdrängt hatte, kommen hoch. Ergeben lasse ich es zu, warum soll ich sie zurückweisen, nachdem sie eine so lange Reise hinter sich haben.

Die ersten beiden Stunden erscheinen mir endlos, als wir das Bergmassiv überqueren. Auf dem höchsten Punkt erspähe ich mit einem geübten Blick einen kleinen Buckel, einen Wegweiser aus Stein, der von den Landvermessern der British Survey errichtet wurde und auch auf meiner Karte eingezeichnet ist. Eine halbe Stunde später sehe ich einen weiteren und kann jetzt meine Position bestimmen, die auf den Millimeter genau mit meinen Berechnungen übereinstimmt. Mein Selbstvertrauen bekommt einen Riesenschub.

Die britischen Landvermesser haben die beiden Massive – tatsächlich sind es zwei – nicht an der richtigen Stelle eingezeichnet, es sei ihnen verziehen. Ich bin den Briten schon dankbar für die soliden Steinmännchen, die sie auf vielen Hügeln platziert haben und die mir nach fünfzig Jahren immer noch den Weg weisen. Einer der Männer, der in der ersten Hälfte des 20. Jahrhunderts im Auftrag der British Survey half, Ägypten zu kartieren, ist Murray. Er schreibt, dass es ihn immer wieder anrührte, wenn er auf *Alamaten,* steinerne Wegweiser, stieß, die vor Hunderten, manchmal sogar vor Tausenden von Jahren von Menschen errichtet worden waren, und dass es ihn zutiefst befriedigte, selbst auch ein paar zu bauen. Und jetzt sage ich dasselbe über seine Arbeit. Murray war ein sehr vielseitiger Mensch, der ein großes Interesse an der Geschichte der Wüste und ihrer Bewohner hatte. Nachdem er länger als ein Vierteljahrhundert in Ägypten gearbeitet hatte, verfasste er eine prachtvolle Studie über die ägyptischen Beduinen: *Sons of Ishmael.* Er organisierte kleinere Wüstenexpeditionen, um in verlassenen Goldminen oder Steinbrüchen auf Spurensuche zu gehen, er forschte nach vergessenen Karawanenrouten und schrieb eine Vielzahl von Artikeln. In einer seiner Darstellungen befasst er sich mit den römischen Wasserstationen an den Handelswegen in der Arabischen Wüste zwischen dem Roten Meer und dem Nil. Auch wenn Murray, wie die meisten Wüstenkenner und Forscher, deren Reiseberichte und Bücher ich verschlungen habe, schon lange tot ist, bleibe ich mit ihm und einigen anderen in einem Dialog, als ob es weit entfernte Freunde wären, mit denen ich notgedrungen nur in Gedanken oder auf dem Papier kommunizieren kann.

Der Karawanenweg, der den ganzen Morgen so gut wie unsichtbar war, wird breiter und gabelt sich. Genau an der Gabelung liegt eine Moschee für Reisende, die von großen, fein säuberlich angeordneten Steinen umschlossen wird. Die rechte Abzweigung des Karawanenweges muss bis zum Rand des Kalkplateaus führen, wo in der Tiefe Dakhla ruht. Von dort aus sind es noch einige Tagesreisen bis zu der Stelle, wo ich hoffentlich einen geeigneten Abstieg finde. Das wird die zweitschwerste Aufgabe auf meiner Tour sein, ähnlich wie meine Suche nach 'Ain Amur. Im letzten Jahr hat Carlo mich in ein Dorf in Dakhla mitgenommen, um mir den Pass zu zeigen, über den ich jetzt den Abstieg wagen muss. In diesem Dorf wohnt die Familie von Abdel Hamid, jenem Mann, der auf meinem ersten Trip das Plateau am Steep-Camel-Pass erklommen hatte, um Carlo das geliehene Geld zurückzugeben. Wir hatten den alten Mann damals gefragt, ob ich mich ein paar Tage in seinem Haus erholen könnte, wenn ich im nächsten Jahr allein vorbeikommen sollte. Abdel Hamid hatte versucht, mir die Idee auszureden, allein durch die Wüste zu ziehen, aber als das nicht gelang, breitete er seine Arme aus: Sein Haus war mein Haus.

Das einzige Hindernis auf dem Weg zu Abdel Hamid ist die feindselige Wand, an der wir absteigen müssen. Viehschmuggler, die mit allen Wassern gewaschen sind, kennen eine Route, auf der sie ihre Tiere in eisigen Winternächten hochjagen, um sie über die Hochebene ins Niltal zu bringen. Gegen Bezahlung hatte einer von ihnen Carlo und mir den Pass gezeigt. Mit meinem Fernglas war ich dem Finger gefolgt, der auf einen leicht gewellten Sandstreifen wies, der mit Milliarden Quarzkörnern die Unebenheiten des tückischen Felsrandes auffüllte und wie ein Schmuckband von der steilen Felswand nach unten verlief. Dieses Bild hat sich in mein Gedächtnis eingegraben. Selbst mit geschlossenen Augen sehe ich die Kurven vor mir, in denen die lange Sandbahn nach unten verläuft, um sich an den drei Hügeln in der Senke vorbeizuschlängeln. Aber da ich dieses Mal von unten komme und nicht von oben, ist es somit schwieriger, den Pass zu finden. Auf dem Plateau gibt es unzählige Schluchten, und die Kunst besteht darin, die richtige zu erwischen. Es gibt keine Schilder, auf denen «Geh zurück» steht, ein Abstieg endet in einer Katastrophe, wenn sich auf halbem Wege herausstellt, dass die Sandbahn nicht durchgängig ist. Die Felsen sind zu steil, um herunterklettern zu können. Man kann auch nicht einfach wieder umkehren, weil die Kamele eine steile Wand zwar hinunter-, aber nicht hinaufkommen. Es ist sehr beruhigend, dass ich mich bis jetzt in dieser Gegend nicht verirrt habe, andernfalls würde ich nicht zu hoffen wagen, irgendwann einmal in den Genuss von Abdel Hamids Gastfreundschaft zu kommen.

Diese Nacht verbringe ich zwischen spitzen Kieselsteinen und in pulvrigem Muschelkalk. Die Kamele nehmen ein Sandbad, sie wälzen sich auf die Seite und scheuern sich behaglich auf dem Boden, sodass der feine aufgewirbelte Staub in einer dünnen Schicht das ganze Lager überzieht. Ich bin zu müde, um den beißenden Staub wieder abzuklopfen.

Erst am nächsten Tag führt die Route an den brüchigen Rand des Kalkmassivs, der Wind pfeift uns um die Ohren, ich habe das Gefühl, auf einem fliegenden Teppich durch die

Lüfte getragen zu werden. Unvermittelt stehe ich am Rand des Abgrunds, die Kamele schrecken zurück, so überwältigend und Schwindel erregend ist der Blick in die Tiefe.

Mit zittrigen Beinen sitze ich auf einem Felsvorsprung. Unter mir erstrecken sich ausgedehnte Felder. Schwalben segeln vorüber und spielen übermütig mit dem Wind. Eine Zeit lang laufe ich mit den Kamelen am Rand entlang. In der Talsenke liegen zahllose Hügel, sie ziehen sich, immer kleiner werdend, bis in das flache Hinterland, über dem ein grüner Schleier liegt. Der Pfad hört auf, aber die Route muss in ein Tal führen. Mit dem Blick auf den Kompass laufe ich weiter, schon bald liegen faustgroße braune und schwarze Steine auf unserem Weg. Ein kleiner Sandfleck ist ein Lichtpunkt in dieser trostlosen Gegend, die sehr an den Lagerplatz einer Stahlfabrik erinnert, wo Berge von Kohle und Eisenerz entsorgt wurden.

Ich habe Blasen an den Füßen von dem Gestolper über die Steine und mache mir Sorgen über die weichen Fußsohlen von Rashid, die durch das Rutschen über den rauen Untergrund schnell abgewetzt werden. Obwohl ich gelernt habe, kaputte Kamelfußsohlen zu reparieren, stelle ich es mir furchtbar vor, bei einem so jungen Tier Hand anzulegen. Indem ich mich auf meine Schritte konzentriere, gerate ich langsam in eine Art Trance. Schweigend laufe ich, ohne groß nachzudenken, weiter, der graue Schutt nimmt kein Ende. Nach einer Ewigkeit geben die Kohlenberge den Blick frei auf ein traumhaftes Tal, das, in Purpur und Gelb schimmernd, vor mir liegt. Es grenzt an ein Wunder – ein solches Juwel inmitten von so viel Hässlichkeit. Sandpfade kräuseln sich wie Engelshaar an den zerfurchten Felswänden entlang, die das Tal umschließen. Erregt laufe ich auf das Tal zu. Da die Kamele nicht mehr so schnell gehen können, habe ich genügend Zeit, um das märchenhafte Tal in mich aufzunehmen. In meiner tranceartigen Stimmung nehme ich plötzlich wahr, dass sich genau vor mir etwas bewegt. Am Eingang des Tales schwebt eine längliche Silhouette von links nach rechts. Ein Tier kann es nicht sein, das schwarze Ding steht aufrecht und sieht eher aus wie ein Mensch. Ist es schon so weit mit mir gekommen, dass ich meine, Geister zu sehen, Wüstengeister, *Dschinns,* an die auch die Beduinen felsenfest glauben? Mein Herz rast, der Anblick hat sich in die Netzhaut gebrannt. Verliere ich etwa allmählich den Verstand?

Wieder sehe ich etwas flattern, dieses Mal von rechts nach links. Schnell greife ich zu meinem Fernglas, es scheint wirklich ein Mensch zu sein. Aber wer könnte das sein, und aus welchem Grund versteckt sich diese Person, anstatt sich zu zeigen? Wenn Carlo den Mund gehalten hat, weiß niemand, dass ich hier bin. Er selbst treibt sich in der Nähe von Kharga herum, wer also wartet hier auf mich?

Entgeistert starre ich auf die Stelle, wo sich noch kurz zuvor etwas bewegt hat. Muss ich zu meinem Revolver greifen? Soll ich zurückgehen? Was soll ich machen? Tausend Dinge schießen mir durch den Kopf, bevor ich zu guter Letzt beschließe, dass ich nichts gesehen habe und mich von Geistern oder gruseligen Männern nicht verrückt machen lasse. Aber während ich auf das Tal zulaufe, spuken die merkwürdigsten Vorstellungen in meinem Kopf herum. Könnte es nicht doch Carlo sein, der sich rächen will, oder vielleicht jemand aus dem Dorf von Abdel Hamid, der sich versteckt, um heute Nacht mein Lager zu überfallen? Oder sollte es nur der Wüstenkoller sein, der mich doch noch ereilt? Die Lösung des Rätsels wird ganz einfach sein: Wenn ich an der Stelle, wo ich die schemenhaften Bewegungen gesehen habe, keine Spuren finde, ist alles in Ordnung. Wenn es Spuren gibt, stimmt etwas nicht.

Das Tal rückt näher, mit einem würgenden Gefühl im Hals vor Angst und Spannung komme ich langsam an den bewussten Platz. Frische Kamelspuren. Die chaotisch in den Sand gesetzten Fußabdrücke deuten darauf hin, dass jemand überstürzt in die Hügel geflüchtet ist. Das einzig Sinnvolle ist, den Spuren zu folgen – alles ist besser als abzuwarten. Mit gebeugtem Nacken folge ich den frischen Abdrücken, die plötzlich die Richtung ändern und um neunzig Grad nach links abbiegen. Meine Augen vollziehen diesen Schwenk mit, langsam hebe ich den Kopf. Hundert Meter weiter stehen drei Kamele in Reih und Glied mit dem Quälgeist Carlo an der Spitze. Ich fühle mich, als hätte ich eine unangenehme Aufgabe vor mir, aber aus unerfindlichen Gründen möchte ich auch mit ihm reden, obwohl ich ihn nicht verstehen werde. An diesem verzauberten Ort zerstört Carlo meine Illusion, allein auf der Welt zu sein. Einen Tanz im Mondenschein wird es wohl nicht geben, zu seinem puren Vergnügen ist Carlo bestimmt nicht hier. Wir laufen aufeinander zu, aus alter Gewohnheit breiten wir die Arme aus, aber auf halbem Wege stockt die Bewegung, mehr als ein Händedruck ist nicht möglich. «Tag Arita.» «Tag Carlo.» Carlo tut so, als wären wir uns zufällig begegnet. Keine Entschuldigung, keine Erklärung. «Wir sollten zum Reden besser in den Schatten gehen.» Er führt seine Kamele am Zügel in das Tal hinab. Er hätte auch bei Abdel Hamid auf mich warten können, statt mich hier in Angst und Schrecken zu versetzen, aber damit brauche ich ihm nicht kommen. Carlo liebt die dramatische Variante. Ich habe allerdings keine Lust mehr, mich an diesen Machtspielen zu beteiligen. Es ist schon in Ordnung so, und ohne großes Herzklopfen laufe ich zu einem vorspringenden Felsen, der für uns beide und den kleinen Rashid genug Schatten bietet. In aller Ruhe nehme ich den Kamelen die Sättel ab und hole etwas aus der Küchentasche. Absurd, die Wüste ist so groß und trotzdem zu klein. Carlo sieht mich an und beobachtet die Wirkung seiner Worte: «Ich bin hier, um Mabrouka mitzunehmen.» Diese Idee geht ihm wahrscheinlich schon seit Tagen im Kopf herum, aber mich bringt er damit nicht aus der Fassung. «Prima», ist meine Antwort. Völlig verblüfft schaut er mich an. «Aber dann bleiben dir nur noch Rashid und Gatifa», startet er einen neuen Provokationsversuch. Das war mir bereits klar und auch, dass ich damit nicht allzu weit kommen würde. Nur ist mir das lieber als dieses ewige Hickhack, ich will für immer von Carlos Streitsucht und Anwesenheit erlöst sein, mein Problem, wie ich die Wüste überstehe. Mabrouka ist für Carlo nur ein Vorwand, um mit mir über alles zu reden, was ihm in den letzten Wochen nicht gepasst hat. Dass es darum geht, wird ihm wohl erst in dem Moment bewusst, wo ich seiner Forderung sofort zustimme. Seit den Scherereien in 'Ain Tinin nagt etwas an ihm. Der Gedanke, dass ich nur mit mir selbst und meinem Trip beschäftigt bin und er in meinem Leben gar nicht mehr vorkommt, ist für Carlo unerträglich. Schließlich ist er derjenige gewesen, der mir den Weg in die Wüste gezeigt hat – und nun bleibt er mit leeren Händen zurück. Aber auch ich fühle mich gekränkt und wie ein Jojo behandelt, das gehorsam an einem Faden baumeln muss, weil es sonst eingerollt in einer Hosentasche verschwindet. Er war es, der im letzten Sommer unsere Beziehung beendet hat, weil er vor Angst und Eifersucht durchdrehte, und jetzt hat er es sich offensichtlich wieder anders überlegt. Aber ich kann einfach nicht darüber hinwegsehen, dass er sich in dieser Schlucht auf die Lauer gelegt hat. Ich konzentriere meinen Blick auf einen Punkt unmittelbar vor Carlos Nase und versuche, allein zu bleiben, um seine Berührungen nicht ganz zu mir durchdringen zu lassen. Als er einige Stunden später einigermaßen besänftigt aufbricht – ohne Mabrouka –, hole ich tief Luft und versuche, die Erinnerung an das gerade Geschehene auszulöschen. Aber es ist nun einmal passiert. Das euphorische Gefühl, dieses Abenteuer aus eigener Kraft bestehen zu wollen, ist verflogen, der Zauber ist gebannt, ich habe keine Lust mehr, im Mondschein zu tanzen.

Ich kontrolliere meinen Wasservorrat, er reicht noch für anderthalb Tage. Wir können noch einen Tag in dem Tal bleiben, wenn wir anschließend ohne Pause zu Abdel Hamid laufen. Ohne diese Begegnung mit Carlo wäre ich mit meinen Wasserreserven vorsichtiger umgegangen, aber ich will seinen Geruch von mir abwaschen und diesen Ort noch einen vollen Tag lang genießen.

Mit einem gewissen Bedauern schaue ich am Abend zum Mond hinauf. Herausgeputzt segelt er in seinem vollen Ornat vorbei. Später am Abend gelingt es ihm, mich für eine nächtliche Wanderung durch das Tal aus dem Bett zu locken. Irgendwo in der Mitte des Tals bücken sich imposante Gestalten vornüber bis zum Boden. Es sind *Jardangs*, etwa zwei Meter hohe Humusklumpen, die von einer Zeit zeugen, in der mehr Regen fiel. Menschen und Tiere suchten damals Schutz in dem fruchtbaren Tal, in dem Gräser und Bäume wuchsen und in einem flachen Teich so viel Wasser stand, dass sich der Mond in klaren Nächten darin spiegeln konnte.

Bei den Jardangs mache ich kehrt. In meiner Phantasie streife ich durch Büsche, am Ufer des kleinen Sees stehen Hütten. Die Vergangenheit erscheint mir näher als die Gegenwart, die Hügel in diesem Tal wissen von einer Zeit, in der in ihrer Nähe gefischt und gejagt wurde – von Fernsehern und Computern wissen die Hügel nichts. Um die Kamele nicht zu erschrecken, flüstere ich beruhigende Worte, als ich wieder in die Nähe des Lagers komme. Sie erkennen meine Stimme und lassen sich geduldig hinter den Ohren kraulen. Rashid brummt vor sich hin und reibt seinen Kopf an einer Tasche, ich krieche in meinen Schlafsack und versuche zu schlafen.

Die Erinnerung an die Nacht verschwindet mit den ersten Sonnenstrahlen, stellt sich aber sofort wieder ein, als ich nach dem Frühstück erneut eine Wanderung durch das Tal unternehme. Erstaunt über die Dinge, die zu meinen Füßen liegen, laufe ich Schritt für Schritt mit gekrümmtem Rücken weiter, die Augen auf den Boden geheftet. Auf den ersten Blick ist dort nichts Besonderes zu entdecken, aber die Steine sind fast alle bearbeitet. Etwas über ein Messer aus Stein in einem Buch zu lesen, ist nicht mit dem Gefühl zu vergleichen, ein solches Messer in der Hand zu halten und mit den Fingern über den gezackten Rand zu fahren. Der Boden ist übersät mit Faustkeilen, länglichen Messern, Schabern für Lederhäute, dreieckigen, rundum bearbeiteten Steinen, Pfeilspitzen und

Mahlsteinen. Die Mahlsteine sind groß und flach, mit abgerundeten Ecken. Auf den kleineren wurden Pflanzen, getrocknetes Fleisch, Wurzeln oder wilde Pflanzensamen zermahlen. Ich entdecke etwa zehn dieser Steine, einige sind zerbrochen, die meisten jedoch noch vollkommen intakt. Die Mahlsteine sind so schwer, dass man sie kaum heben kann. Sie sind nicht einfach über längere Entfernungen zu transportieren, vor allem dann nicht, wenn alles auf dem Kopf oder mit der Hand getragen werden muss. Wie diese Werkzeuge zeigen, war dieser Ort mehr oder weniger ständig bewohnt, zumindest sind Menschen immer wieder hierher zurückgekehrt. Die Siedlung befindet sich auf der Ostseite des Tals. Weiter nach Westen zu fällt das Gelände ab, und auf dem niedrigsten Punkt lag ein See. Da es in dem Tal keine natürliche Entwässerungsmöglichkeit gab, strömte das ganze Regenwasser automatisch in die tiefe Mulde. Der Boden des ausgetrockneten Sees ist dunkel und lehmartig, ganz anders als in dem restlichen Tal. Manchmal entdeckt man an solchen Stellen Angelhaken. Oberhalb des Randes, wo wahrscheinlich die höchste Wasserlinie des Sees verlaufen ist, liegen hier und dort Haufen rot und schwarz gefärbter Steine. Als ich einen von ihnen vorsichtig aufhebe und ein wenig in dem Boden kratze, kommt ein winziges Stück verkohltes Holz zum Vorschein. Ursprünglich lagen die Steine in einer Mulde, in der ein großes Feuer brannte, um die Steine zu erhitzen. Dann wurde das Wild darauf gelegt und man deckte das Loch mit Zweigen und Erde zu, bis das Fleisch gar war.

Wo die «Wilderness of the wind eroded hills» nach der englischen Karte aufhören müsste, sehe ich am Morgen eine Mauer dunkler Hügel auftauchen; die Kalkhügel von gestern und vorgestern verblassen. Erst vor drei Tagen haben wir Abdel Hamid verlassen und nun durch das Herumirren in dem Labyrinth von Bergen und Sanddünen die beiden Reservetage verbraucht, die ich für die letzte Etappe nach 'Ain

Amur einkalkuliert hatte. Das Wasser in dem Kanister reicht noch für acht Tage. Sobald die Hälfte des Wassers in einigen Tagen verbraucht ist, muss ich kehrt machen, wenn die Aussichten, 'Ain Amur zu finden, so düster bleiben. Mit zwei widerspenstigen Kamelen im Schlepptau kommt die Karawane kaum voran. Rashid habe ich Abdel Hamid anvertraut. Bei dem Horrorabstieg von dem Plateau hatte Gatifa ihn im Schlepptau und gnadenlos über die Felsbrocken geschleift. Das Tier war todmüde von all den Anstrengungen und konnte kaum noch laufen.

«Wapp» – meine Peitsche knallt durch die Luft. «Lauf, du Zicke», voller Ungeduld zerre ich mit aller Macht an Mabroukas Strick.

Schweißtriefend und verkrampft lotse ich die Tiere an Felsen vorbei, führe sie durch Täler, über scharfkantige Steine und steile Sanddünen. Ich verliere den Überblick, wie Würmer wühlen wir uns einen Weg durch den zähen Sand. Meine Hand wird heftig nach hinten gezerrt. Mit einem Schimpfwort auf den Lippen schaue ich mich um. Mabrouka fällt fast um, Gatifa behindert sie beim Laufen. Ein Plumps, Staub wirbelt auf, und Gatifa sitzt. Ein harter Ruck an dem Strick lässt mich zusammenzucken, weil ich das Unheil verkündende Knarren, was dann folgen wird, schon hören kann. Tatsächlich, der Sattel ist gebrochen! Ungläubig starre ich das große Tier an, das mit einem hochmütigen Blick auf der Erde sitzt. Ein gebrochener Sattel gehört zum Schlimmsten, was einem unterwegs passieren kann. Überraschend ruhig nehme ich den Kamelen die Sättel ab und begutachte den Schaden. Die Tragestangen sind gebrochen, ohne diese Querverbindungen ist der Sattel nichts wert, weil man keine Gewichte mehr anhängen kann. Leider habe ich keine Reserveteile mitgenommen.

Ich packe mein Werkzeug aus und suche nach etwas, mit dem ich die zersplitterten Stangen zusammenbinden kann. Mit einem Löffel, einem Stock, Lederschnürsenkeln und einem Strick repariere ich die Bruchstellen, bis meine Finger vollkommen wund sind. Lange wird diese Konstruktion nicht halten, aber wir können erst einmal weiter. Ich sattle die Tiere wieder, es ist zu spät, um Gatifa zu bestrafen. Sie stemmt sich mühsam hoch, ihr Blick ist stumpf. Sie läuft jetzt voran, ständig dreht sie den Kopf nach hinten, um zu schauen, ob Mabrouka ihr folgt. Sie ist störrisch wie ein Esel, aber ich will sie nicht schlagen. Vornübergebeugt wie ein Zugpferd zerre ich die Karawane weiter in das Tal hinein.

In dem letzten Licht des Tages erklimme ich die Hügel um das Lager. Mental bin ich todmüde, aber mein Körper will das nicht wahrhaben. Das Adrenalin peitscht mich voran, ich kann nicht mehr stillsitzen und schlafe kaum noch. Im Schein meiner Taschenlampe mache ich nachts meine Berechnungen. Ich messe Entfernungen und arbeite verschiedene Routen aus. Es bleibt ein Restrisiko, aber zurück kann ich nicht mehr. Ich habe mich zu sehr in die hermetische Welt der Wüste verstrickt, um noch ausbrechen zu können. Ich lebe auf einem anderen Planeten, die Welt, aus der ich komme, ist unwirklich geworden.

Mit Gatifa bleibt es anstrengend, ich kann sie nur noch mit der Peitsche vorwärts treiben, und wenn auch das nicht mehr hilft, binde ich ihr einen Strick um den Unterkiefer und ziehe sie so mit. Ich weiß, dass es schmerzhaft für sie ist, ihr Zahnfleisch blutet, aber ich schaue mich nicht mehr um. Wie ein Pferd mit Scheuklappen quäle ich mich voran. Allmählich verlässt mich das Gefühl, noch auf dieser Welt zu sein. Pflichtgetreu trage ich die Zeiten und den Kurs in mein Notizbuch ein, aber ich sehe keinen Sinn mehr darin. Die Landkarte ist zu einem bedeutungslosen Stück Papier geworden. Was haben Wörter wie *open sand plain* und *rough limestone plateau* mit der Mondlandschaft zu tun, die mich umgibt? Der geringe Kontakt, den ich noch zur Realität hatte, ist verloren gegangen. Ich laufe und laufe und laufe. Die Wüste, in der ich mich so wohl gefühlt habe, hat sich in eine lebensfeindliche Ansammlung von Sand und Steinen verwandelt. Sie lässt mich bluten und schwitzen und bietet mir keinen Trost. Wie ein störrischer Esel setze ich einen Fuß vor den anderen. Mein Kopf ist leer, mein Körper ebenfalls. Alles schmerzt. Mechanisch mache ich große Schritte und zerre wie eine Besessene an dem straffen Seil. Ich weiß nur noch eines: Vorwärts, weiter, weiter. Für mich existiert nur noch das Hier und Jetzt. Davor und danach ist nichts.

Mein Blick bleibt einen Augenblick an einer vagen Spur auf dem grauen Boden hängen. Kurze Zeit später halte ich an, laufe zurück und beginne unkontrolliert zu weinen. Ein Karawanenweg hat unsere Route gekreuzt. Die Tränen holen mich aus meiner Erstarrung, die kaum sichtbaren Spuren auf dem Boden verbinden mich mit einer Welt, die ich schon aufgegeben hatte. Plötzlich überkommt mich eine große Müdigkeit, meine Arme und Beine sind bleischwer. Ich muss alle Kräfte in mir mobilisieren, um weiterzugehen. Die Landschaft bietet keinerlei Anhaltspunkte, die Landkarte weist nur eine gleichmäßig braun gefärbte Fläche aus. Die Tage reihen sich aneinander. Gatifas Zustand wird immer schlechter. Ich muss sie immer öfter und härter schlagen, um sie zum Weiterstolpern zu bewegen. «Los, Weib, laufen, aufstehen!» Wimmernd lasse ich die Peitsche auf sie niedergehen, ich schreie und brülle, dass sie sonst sterben wird, dass wir weiter müssen. Ratlos gebe ich ihr einen Eimer Wasser von meinem eigenen Vorrat, ich kann nicht mehr mit ansehen, wie das Tier leidet. Es hilft, sie beginnt wieder zu fressen und läuft besser.

Nach meinen Berechnungen sind wir einen Tag von ’Ain Amur entfernt und irgendwo muss ein Karawanenweg verlaufen. Rolphs, Cailliaud und andere Reisende des neunzehnten Jahrhunderts haben diesen Weg genommen, aber ich kann nichts entdecken. Der Boden ist mit großen Kalkschollen bedeckt, deren Ränder messerscharf sind. Als hätte jemand mit einem Beil einen Eisberg in grobe Stücke zerhackt. Manchmal klappt eine dieser Schollen hoch, um dann mit einem hohlen

Geräusch wieder auf den Boden zu schlagen. Am Fuß eines Hügels liegt ein verrosteter Benzinkanister, daneben verlaufen dünne Reifenspuren. Heutzutage gibt es keine Autos mit derart dünnen Reifen mehr, wahrscheinlich ist der British Survey hier gewesen, als man vor fünfzig Jahren die Wüste kartiert hat. Manchmal bleiben Spuren Dutzende von Jahren sichtbar.

Regungslos sitzen Mabrouka und Gatifa wie treue Wächter vor mir. Ein harscher Wind glättet die langen Haare auf ihren Höckern. Ich rufe ihre Namen, vier Ohren spitzen sich. Langsam und gleichzeitig wenden sich die langen Hälse in meine Richtung, ihre Augen schweifen über das Lager. Dann drehen sie sich wieder um. Mit einem nach innen gekehrten Blick lassen sie die Nacht über sich kommen.

Tonscherben, ein Gazellenpfad, ein paar aufeinander geschichtete Steine, wir kommen in die Nähe von ’Ain Amur. Alte Karawanenspuren verflechten sich mit den schmaleren Spuren der Gazellen. Der Karawanenweg verbreitert sich zunehmend, es sieht aus, als habe man einen roten Teppich vor mir ausgerollt. Tausende von Kamelen und Eseln, die mit Handelsware auf dem Rücken zwischen Dakhla und Kharga unterwegs waren, haben die Spuren ausgetreten. Die kürzeste Strecke zwischen diesen beiden Oasen beträgt vier Tagesreisen oder weniger, wenn sich eine Karawane nur kurze Pausen gönnt. Reisende vor mir haben Zeichnungen und Hieroglyphen in die Sandsteinfelsen geritzt. Am Rand des Plateaus endet der breite Karawanenweg abrupt im Nichts. Wie ein gähnender Abgrund liegt die Schlucht vor uns. Irgendwo hier muss die Oase sein. Aber der Weg schlängelt sich nirgends nach unten. Bevor ich die Lage sondiere, fessle ich den Kamelen die Vorderfüße. Mit Gänsehaut auf den Armen beuge ich mich über den Rand. Große Felsbrocken versperren mir die Sicht, ich sehe nur einen kleinen Teil der Steilwand. Enttäuscht richte ich mich auf. Nichts zu sehen. Der Plateaurand wird von bizarren Einschnitten zerfurcht, es ist unmöglich, am

Rand entlang zu spazieren und immer wieder nach unten zu schauen. Wir müssen mindestens eine Stunde zurücklaufen, um dann auf gut Glück einen neuen Versuch zu wagen. «Verdammt nochmal, den ganzen Weg wieder zurück», schimpfe ich vor mich hin. Es kann gut und gerne zwei Tage dauern, bis ich in dem Felsmassiv einen kleinen grünen Fleck entdecke. Ich hole die Kamele, ändere jedoch meinen Plan, als ich ein Stück weiter einen hohen Felsen sehe. Nachdem ich ihn hinaufgeklettert bin, schaue ich erwartungsvoll nach unten. Nichts. Oder vielleicht doch? Etwa hundertfünfzig Meter unter mir breitet sich ein grüner Fleck über den Felsen aus. Es ähnelt einer Vision. Erst als ich die Tempelruine und die Palmen dort liegen sehe, wird mir bewusst, dass ich niemals geglaubt habe, dass 'Ain Amur tatsächlich existiert hat. Aber alles ist echt: die Palmen, der Tempel, die Mauern – sie werfen sogar Schatten. Das Bild verschwimmt in meinen Tränen. Die Kamele reagieren erschreckt, als ich auf sie zulaufe. Ich will ihnen nur kurz sagen, dass wir 'Ain Amur gefunden haben, und laufe schnell zurück, um einen Pfad bergab zu suchen. Drei Gazellenpfade winden sich den Berg hinunter, sie scheinen für die Kamele zu steil und zu schmal zu sein. Ein Pfad ist mit Eselsspuren bedeckt, den nehmen wir. Zum ersten Mal hole ich meinen Revolver hervor. Ich quetsche meine Arme durch den Schultergurt, die Waffe baumelt unter meinem linken Arm. Es ist mir ein wenig peinlich, weil es so übertrieben scheint. Aber man hat mich vor Schatzsuchern gewarnt, die römische Gräber plündern und immer wieder auch in 'Ain Amur nach Kostbarkeiten suchen und manchmal bewaffnet sind. Ich kann ihnen nicht viel Schaden zufügen, in meinen Revolver passen nur Tränengaskugeln. Aber die Verdickung unter meiner Djallaba gibt mir ein erstaunlich sicheres Gefühl. Zwischen den Überresten der Lehmmauern, die den Tempel umgeben, sprießt grüner, fetter Agoul. Die Kamele sind nicht zu bremsen, sie lassen mir kaum genug Zeit, um das Gepäck abzuladen. Ein Busch aus wehenden Riedgräsern mit weißen

Federbällchen weist mir den Weg zum Wasser. Die Riedgräser stehen in einem einige Meter tiefen Loch eng beieinander. Ein aus Sandstein gehauener Trog liegt achtlos zwischen den Steinen. Vom Trog aus bilden heruntergetretene Gräser einen Pfad, der hinunter zu dem Loch führt. Vorsichtig lasse ich mich nach unten gleiten. Im Halbdunkel ist die Spiegelung einer Wasseroberfläche zu erkennen, die von langen grünen Halmen umsäumt ist. Es ist angenehm kühl, die Gräser filtern das Sonnenlicht und schützen das Wasser vor Verdunstung.

Vor zweitausend Jahren füllte man das Wasser aus diesem Brunnen in irdene Krüge. Tempelpriester, Soldaten und Kameltreiber tranken davon. Mit einer Hand ziehe ich Kreise in das dunkle Nass. Tropfen spritzen hoch, als ich Wasser mit der Hand schöpfe und mir in den Mund laufen lasse. Die Larven an einem fauligen Blatt nehme ich in Kauf. Die ersten Schlucke schmecken, als sei das Wasser aus einem klaren Bergbach geschöpft. Erst später merke ich, dass es stinkt und mir sogar schlecht davon wird.

Mit zwei Eimern tauche ich wieder aus dem Riedgraswäldchen auf, mit zusammengebundenen Vorderbeinen laufen die Kamele so schnell sie können darauf zu, tauchen ihren Kopf hinein und schlürfen gierig. Vier Eimer leeren sie. Spritzer fliegen durch die Luft, als sie das Wasser aus ihren Schnurrhaaren schütteln. Durchnässt stehe ich daneben. Während ich mir die Kleider vom Leib streife, wandert mein Blick argwöhnisch über den zerklüfteten Rand der Schlucht. Jeden Felsvorsprung präge ich mir genau ein. Mit einer Mischung aus Abscheu und Genuss mache ich die Erfahrung einer eiskalten Körperwäsche. Wasser strömt über meinen nackten Körper. Mit dem tropfenden Seifenwasser werden nicht nur Staub und Schweiß abgespült, es raubt mir auch den vertrauten Körpergeruch, der zu einem Teil meiner Identität geworden ist. Geruchlos fühle ich mich plötzlich anonym. Die Sonne trocknet meine gewaschenen Kleider und lässt die letzten Tropfen auf meiner Haut verdunsten. Das zusammengelesene Holz brennt gut. In dem schwarz geräucherten Kochtopf siedet Wasser, auf dem die Teeblätter tanzen.

Während ich in den brennenden Zweigen stochere, genieße ich die grandiose Aussicht hinter den Flammen. Aus der Vogelperspektive sehe ich unter mir auf dem Grund der Schlucht eine Miniaturlandschaft von Hügeln, schmalen Sandstreifen und ausgetrockneten Wasserläufen. Im Westen beginnt der enge Canyon, während die Schlucht nach Osten weiter wird, um schließlich in die Kharga-Senke einzumünden. Die späte Nachmittagssonne lässt die Kalkwand auf der gegenüberliegenden Seite wie einen überhitzten Backsteinofen glühen. Bizarr geformte Ausläufer stützen die Wand der Schlucht wie mächtige Bretterwurzeln. Kein Pflanzenwuchs verhüllt die Nacktheit der Felsen. Die Geschichte von Millionen Jahren lässt sich an den Falten und Runzeln ihrer Oberfläche ablesen. Eingeschlossene Fossilien sind Botschafter einer fernen Vergangenheit, in der die Menschen noch keine Rolle spielten. Das riesige Plateau nördlich der Kharga-Senke besteht aus einer dicken Kalksteinschicht. In der Kreidezeit, vor über siebzig Millionen Jahren, bestand der größte Teil Ägyptens aus einem flachen tropischen Meer. Jetzt bedecken Muscheln und die Kalkskelette toter Meerestiere, die in dem warmen Wasser lebten, das Plateau. Man kann die Fossilien einfach aus dem Kalk klauben. Auf der Höhe von 'Ain Amur ist der Kalkstein mit grauen und grünen Schieferschichten durchsetzt. Da diese Schichten wasserundurchlässig sind, gibt es in 'Ain Amur, das zweihundertfünfzig Meter über der Senke liegt, Wasser. Das wenige Regenwasser sickert durch den Kalk nach unten, wo es auf die undurchdringlichen Schieferschichten stößt. Auf dem tiefsten Punkt, bei 'Ain Amur, tritt das gespeicherte Regenwasser an die Erdoberfläche.

Vorsichtig schiebe ich die glühende Asche zur Seite. Flache, an den Rändern verbrannte Brote kommen zum Vorschein. Den Teig hatte ich kurz zuvor aus Mehl, Salz und Wasser ge-

Arita backt Brot auf Beduinenart im Sand

macht. Nachdem es eine halbe Stunde zwischen dem heißen Sand und der glühenden Asche gelegen hat, ist das Brot gar. Mit einem Stöckchen kratze ich die Asche und den Sand von der Kruste und grabe meine Zähne in den duftenden, dampfenden Laib.

Bei Einbruch der Nacht wird der Wind stärker. Aus den zuerst so freundlich säuselnden Palmen kommen jetzt unheimliche Geräusche. Im Licht des Mondes werfen die vom Sturm gepeitschten Palmen wilde Schatten.

Mit Peitsche und Revolver liege ich hellwach zwischen meinen Taschen. Die Kamele ruhen angebunden zwischen den Agoulsträuchern. Morgen suche ich mir einen anderen Platz zum Schlafen.

Die weiche Erde der Hügel rund um den Tempel sieht so aus, als wären hier Maulwürfe an der Arbeit gewesen. Auf ihrer Suche nach Sarkophagen haben die Grabräuber Löcher in die Wände geschlagen. An manchen Stellen war ihre Suche erfolgreich, Schädel, Knochen und zerbrochene Gefäße liegen achtlos vor der Öffnung; aus den leeren Gräbern steigt ein übler Geruch auf.

Die Gräber, die hohe Schutzmauer und der Tempel weisen darauf hin, dass hier einmal Menschen gelebt haben. Niemand kennt die Einzelheiten. 'Ain Amur wurde von der Forschung kaum beachtet. Es ist zu weit entfernt von der bewohnten Welt. In der Sandsteinmauer des Tempels sind die Namen berühmter Reisender eingeritzt, die hier gewesen sind: LeTorzec und Ismael Bouchenape 1820, Kameraden von Cailliaud. Edmonstone, 1819. Droveti (mit einem t) und Rosingana. Muller. Hyde 1819.

Es gab Zeiten, in denen sich die Entdeckungsreisenden fast auf die Füße traten. So hatte bis zu Beginn des Jahres 1819 noch kein Europäer die Oase Dakhla betreten. Das Einzige, was man von ihr wusste, war, dass sie westlich von Kharga liegen musste. Mit einem Besuch der Oase konnte man sich einen Namen machen, und darauf waren mehrere Herren ganz versessen.

Droveti, in jener Zeit französischer Konsul in Ägypten und ein berüchtigter Grabräuber, stellte eine Karawane zusammen und traf im Februar 1819 bei Balat in der Oase Dakhla ein. Zu seinem großen Ärger begegnete er genau vor Balat dem Engländer Edmonstone, der die Oase verließ, um sich auf den Weg nach Kharga zu machen. Auch wenn ihm Edmonstone dementsprechend zuvorgekommen war, steht in dem Tagebuch, das der Konsul später veröffentlichte, dass er die Reise gegen Ende des Jahres 1818 unternommen hätte und somit als erster Europäer in Dakhla gewesen wäre. Aber zu seinem großen Pech steht auf dem Tempel von Deir el Hagar in Dakhla der Name seines Mitreisenden Rosingana mit dem Datum des 26 F 1819 eingeritzt. Edmonstone war am 22. Februar von Dakhla kommend in 'Ain Amur eingetroffen und hatte also deutlich früher als der französische Konsul die Oase besucht.

Als Erster hat Cailliaud im Jahr 1820 einen präzisen Grundriss von 'Ain Amur gezeichnet, genauso, wie er auf eine unglaublich akribische Weise alle Sehenswürdigkeiten, die er auf seiner Reise entdeckte, auflistete. Er maß die Umrisse und Höhe der Mauern, kopierte Inschriften und Rechnungen und fertigte Skizzen an. Der prachtvoll gestaltete Atlas, in dem er über seine Reisen berichtet, ist ein Juwel. Es ist fast nicht zu glauben, dass jemand trotz der Mühen während des Reisens die Geduld aufgebracht hat, alle Monumente auf seinem Weg so gewissenhaft festzuhalten. Dazu muss man allerdings wissen, dass die Reisenden früherer Zeiten eine wichtige Aufgabe darin gesehen haben, alle Einzelheiten einer Reise so genau wie möglich aufzuschreiben. Die Himmelsrichtung, der Kurs, die Höhe der Berge und Hügel, die Länge der Tagesmärsche, alles fand in den Reiseberichten jener Zeit Erwähnung.

Hundertsiebzig Jahre nach Cailliaud bietet der Tempel fast dasselbe Bild wie damals. Alte Farbreste bedecken an manchen Stellen die Mauern, auf der hinteren Mauer befinden sich Reliefs.

Deutlich zu erkennen ist der Gott Amun, der einen Widderkopf hat. Für die alten Ägypter bedeutete der Name Amun: der Verborgene, derjenige, dessen schöpferische Kraft sich hinter dem unsichtbaren Wind verbarg. Der Widder mit den gekrümmten Hörnern galt als das heilige Tier des Amun.

Winlock, ein berühmter Ägyptologe, unternahm 1908 eine Reise von Kharga nach Dakhla und zurück. Begleitet wurde er von seinem Freund Jones, einem Führer, zehn Kamelen und vier Kameltreibern. Seiner Meinung nach waren die verwischten Wandmalereien über dem Tempeleingang einmal kunstvoll gestaltete Gemälde eines Königs gewesen, der die Götter Amun und Min, einen Fruchtbarkeitsgott, angebetet hatte. Niemand weiß, wann der Tempel gebaut wurde. Winlock vermutete, dass er aus römischer Zeit stammt, also mindestens zweitausend Jahre alt ist. Es ist nichts Ungewöhnliches, in römischen Tempeln Abbildungen altägyptischer Götter zu finden. Die jahrhundertealten Traditionen blieben auch in der Zeit der römischen Fremdherrschaft bewahrt. Die Römer übernahmen sogar einige der ägyptischen Gottheiten oder sahen Übereinstimmungen zwischen ihren Göttern und den Göttern vom Nil.

Die Frage, warum an einem so abgeschiedenen Ort wie diesem ein Tempel mit einer Schutzmauer errichtet wurde, lässt mich nicht los. Der Handelsweg muss in römischer Zeit sehr frequentiert gewesen sein, da der Warenaustausch zwischen Dakhla und Kharga florierte, nachdem die Römer in beiden Oasen zahlreiche Brunnen gebohrt und dadurch den Ackerbau gefördert hatten. Es wurde so viel produziert, dass für den Verkauf genügend übrig blieb. Aber baut man für durchreisende Händler einen Tempel? Noch dazu weit entfernt von der bewohnten Welt? Felszeichnungen auf einer eingestürzten Wand in der Nähe von 'Ain Amur lüften ein wenig den Schleier des Geheimnisses, wie die Menschen hier lebten. Eine der Zeichnungen stellt eine Frau dar, die Enten hütet; neben ihr ist im altägyptischen Stil ein Mann mit einem Hund und einem Stier abgebildet. Unter seinem Arm sind Schriftzeichen zu erkennen, die auf den Namen eines Pharaos verweisen. Die Menschen, von denen diese Zeichnungen stammen, bildeten ihr Leben ab, wie es vor zwei- oder dreitausend Jahren war. Gab es den Tempel damals schon? Von der Hand voll Ägyptologen, die in 'Ain Amur gewesen sind, blieb niemand lange genug, um das Gebiet systematisch zu erforschen. So bleibt diese Oase ein Rätsel.

In der Talsohle der Schlucht taucht plötzlich ein breiter Karawanenweg auf, der nach Kharga führt. Ich folge den Spuren. In der flimmernden Hitze halte ich Steinmännchen für abtauchende Männer, die es auf mich abgesehen haben. Alle paar Minuten greife ich zu meinem Feldstecher, den Revolver trage ich nach wie vor dicht am Körper. Ägypten ist wahrscheinlich das sicherste Reiseland für Frauen in Nordafrika, aber meine Paranoia kennt heute keine Grenzen. Ich muss an die Archäologin Caton-Thompson denken, die in den dreißiger Jahren genau in diesem Gebiet forschte und von der man sich erzählte, dass sie jede Nacht mit einem Revolver unter dem Kopfkissen schlief. Sie war die erste weibliche Archäologin, die sich nach ihrem Studium nicht in ein staubiges Museum verkroch, sondern sich für Feldforschung – bis dato eine reine Männerdomäne – entschied. Caton-Thompson war eine äußerst kompetente Wissenschaftlerin, deren Interesse der Geschichte Ägyptens vor der Zeit der Pharaonen galt. Mit ihren behutsamen Ausgrabungstechniken und den ausführlichen Erkundungen des Umfeldes war sie ihrer Zeit weit voraus. Sie arbeitete mit Elinor Gardner zusammen, die als Geologin ebenfalls eine Außenseiterin war. Während einer ihrer Aufenthalte in der Oase Kharga bekamen sie Besuch von Lady Baily, einer Frau Ende dreißig, die in ihrer kleinen Maschine von England nach Ägypten herübergeflogen war, um die Archäologen in ihrem Wüstenlager zu besuchen. Auf dem gemeinsamen Rückflug nach Kairo machte Caton-Thompson Luftaufnahmen, die sie für ihre Arbeit brauchte. Bei ihrer Landung in Kairo wurden die Frauen auf der Stelle verhaftet, da sie alle offiziellen Vorschriften übertreten hatten. Das beschlagnahmte Flugzeug wurde erst nach langwierigen diplomatischen Verhandlungen wieder freigegeben.

Auf der Suche nach einer römischen Festung erklimme ich mit den Kamelen eine Sanddüne nach der anderen. Da die Ausläufer des Plateaus zu steil sind, bleibt uns nichts anderes übrig, als im Zickzackkurs stundenlange Umwege in Kauf zu nehmen. Lang gestreckte Sanddünen ziehen sich über die gesamte Breite des Tals. Nach zwei Tagen taucht ein Palmenhain vor uns auf, nicht weit davon entfernt die Lehmmauern eines Tempels und die Überreste einer Festung. Die Ruinen ähneln den Sandschlössern, wie sie in den Geschichten von Olivier B. Bommel beschrieben werden. Das Fort hat dicke Mauern, die durch vier runde Türme miteinander verbunden sind. Den Hügel, auf dem das Fort erbaut ist, bedeckt ein roter Teppich aus Abertausenden von Tonscherben.

Römische Festung mit vier runden Türmen in Labakha

Es knirscht und knackt unter meinen Füßen. Einen Kilometer nördlich ist die Silhouette einer zweiten Ruine zu erkennen, die sich bei näherem Hinsehen als ein zweistöckiger Tempel herausstellt. Auf den einstmals weiß getünchten Wänden ist vage eine farbige Zeichnung zu erkennen, die Flügel der Göttin Nekhbet, die in der Gestalt eines Geiers abgebildet ist. Sie repräsentiert Oberägypten, aus der Mitte ihrer Flügel erhebt sich häufig eine Kobra – das Symbol Unterägyptens. Außer dem Tschilpen der Bachstelzen herrscht hier eine vollkommene Stille. Die Kamele treten nach herumkriechenden Ameisen und kommen erst zur Ruhe, als sie sich zwischen den Doum-Palmen und Tamarisken ein paar Agoulsträucher einverleiben können. Auf meinem Streifzug durch das Gebiet stoße ich auf ein Haus, das vor nicht allzu langer Zeit verlassen worden sein muss. Verputzte Lehmmauern umgeben einen Innenhof, auf dessen Nordseite drei mit Fensteröffnungen versehene Kammern liegen. An der Wand stehen Bänke aus Lehmziegeln. In einem kleineren Seitenraum entdecke ich einen völlig intakten Backofen. Hinter dem Haus liegen verlassene Äcker mit jungen Palmen, deren vertrocknete Blätter im Wind rascheln. Ich erwarte jeden Augenblick Stimmen oder das Schreien eines Esels zu hören. Aber nichts stört die Ruhe dieses verschlafenen Ortes. In die Sandsteinwand des Hügels, der sich westlich von dem Haus erhebt, ist neben mehreren Löchern ein großer Raum gehauen.

Bröckelnde Mauern ragen aus dem Sand. Sie gehören zu einem Gewölbekomplex, der zum Teil in den Hügel geschlagen wurde und nun von feinem gelbem Sand bedeckt ist. Auf den Mauern, die noch einigermaßen erhalten sind, stehen in roter Farbe griechische Texte. Griechisch war zur Zeit der römischen Besatzung die Verkehrssprache in Ägypten. Erregt laufe ich hin und her, es ist mir ein Rätsel, warum die Archäologen dieses Juwel übersehen haben. Ich bin so gespannt, was sich unter dem Sand verbirgt, dass ich beginne, mit bloßen Händen ein Loch zu schaufeln. Es rieselt sofort wieder zu. Nach einer Weile kommt dann aber doch eine Zeichnung zum Vorschein. Ein Schwanz und zwei Beine. Kalkbrocken, mit denen die Mauer verputzt war, sind mit roten Streifen überzogen. Ich grabe weiter und lege die Bruchstücke nebeneinander. Allmählich ergibt sich ein Bild. Ein abscheulicher Kopf, umrahmt von einer langen Mähne, starrt mir mit ausgestreckter Zunge entgegen. In der erhobenen Hand hält die Gestalt eine Blume. Die Scherben mit dem Rumpf knüpfen an die Zeichnung auf der Mauer an. Es ist Bes, ein grauenhaft aussehender Zwergengott, der vom Volk verehrt wurde, weil er böse Geister fern hielt. Vor allem schwangere Frauen sahen in ihm einen Schutzgott. Auf dem lang gestreckten flachen Hügel sind Grabräuber am Werk gewesen. Von mehreren Sarkophagen wurden die Schlusssteine entfernt, im Licht meiner Taschenlampe sehe ich einige Schädel.

In meinem Lager mit der Aussicht auf die Ruinen von Labakha kann ich mich nur allmählich beruhigen. Labakha liegt an dem bekannten Karawanenweg Darb el Arba'in. Der Ort, der heute zur Bedeutungslosigkeit verkommen ist, muss ein-

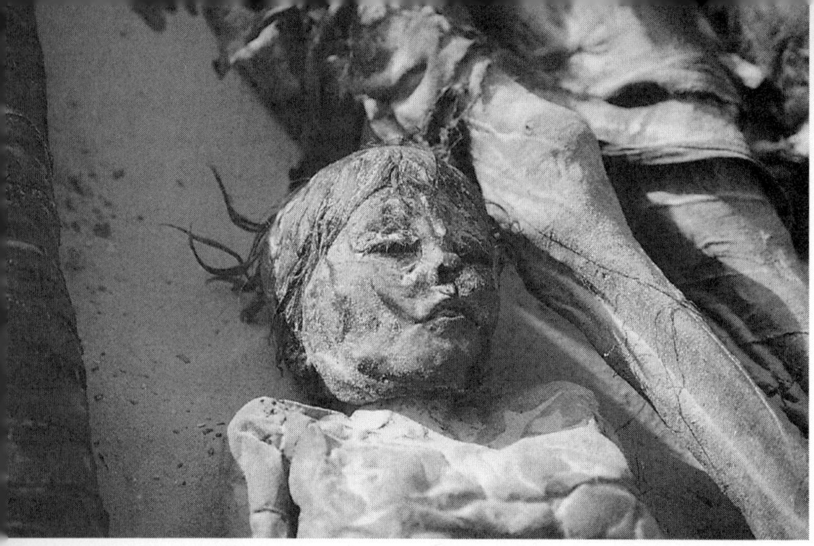

Eine Mumie von einem Kind aus der Zeit der römischen Besatzung, die in Labakha von Grabräubern aus ihrem Grab herausgerissen wurde

mal recht wohlhabend gewesen sein. Das Fort gehört zu den zahlreichen Festungsanlagen, die von den Römern zum Schutz des wichtigen Handelswegs vom Sudan über die Oase Kharga nach Asyut am Nil angelegt wurden. Die Tempel, von denen in Labakha drei stehen, wurden von den Dorfbewohnern errichtet. Bruderschaften, die zu denselben Göttern beteten, sammelten Geld und Baumaterial für den Tempelbau, Priester hielten Riten und Zeremonien zu Ehren der Götter ab. Die Riten gründeten auf dem Alltagsleben, die Götter wurden jeden Tag in Gestalt der Priester geweckt, nach einer rituellen Waschung wurden sie eingekleidet und bekamen zu essen. An hohen Festtagen wurden große Zeremonien mit Musik und Opferfeiern abgehalten.

Die Kamele haben sich weit vom Lager entfernt. Als ich sie zurückhole, stoße ich auf einen tiefen Schacht, der mit flachen Sandsteinplatten abgedeckt ist. Er ist nicht der einzige, in einer schnurgeraden Linie verlaufen mehrere dieser Schächte in Richtung Plateau. Es sind Brunnen, die unterirdisch durch einen Kanal miteinander verbunden sind, durch den das Regenwasser, das sich früher in dem porösen Sandstein sammelte, zur Bewässerung auf die Felder geleitet wurde. Die Römer waren Meister im Bauen von Wasserversorgungssystemen. Dutzende Brunnen legten sie in der Oase an. Leider trockneten die meisten aus, da man sich nach dem Abzug der Römer nicht mehr genügend um ihren Erhalt kümmerte. Nach und nach entvölkerte sich die Oase. Die Wende kam erst im zwanzigsten Jahrhundert, als die ägyptische Regierung in Zusammenarbeit mit den Briten neue Brunnen graben ließ.

Seit gestern habe ich rasende Kopfschmerzen, weil ich übermorgen mit meinen Kamelen in die bewohnte Welt zurückkehren werde. Mein Wasservorrat ist fast erschöpft, auch der Proviant geht zur Neige. Nicht weit entfernt von hier liegt die Ansiedlung Mohammed Tuleib, wo ich hoffe, den Dorfältesten Hadschi Abdel Mullah anzutreffen. Ich bin ihm noch nie begegnet, aber ich habe ein großes Foto von ihm bei mir, das Carlo vor drei Jahren gemacht hat. Ich will einige Tage in Tuleib bleiben, um Proviant und Futter für die Tiere einzukaufen – vielleicht treffe ich dort auf Carlo. Vor unserem Streit hatten wir vage verabredet, gemeinsam eine Expedition in den Süden zu unternehmen. Ein solcher Trip wäre für einen alleine zu schwer und zu gefährlich und das Ziel, die Steingrube des Pharaos Chefren zu finden, attraktiv genug, diesen Plan gemeinsam in Erwägung zu ziehen.

An einem strahlend klaren Morgen mache ich mich auf den Weg nach Mohammed Tuleib. Nach einer gewissen Zeit komme ich zu einer Sandbank, von der aus ein Teil der Ebene zu überschauen ist. Über das Tal verstreut liegen kleine Siedlungen, die zusammen den nördlichen Teil der Oase Kharga bilden. Ich hoffe, dass ich auf den richtigen grünen Fleck zulaufe. Wir umgehen die Palmengärten und die bewässerten Felder von Mohammed Tuleib. Auf einem kleinen Feld steht eine gebückte Gestalt in einer hellblauen Djallaba, um Klee zu ernten, sie bemerkt die Karawane nicht. Mit langsamen Bewegungen wogt die blaue Gestalt durch das grüne Meer. Seit über tausend Jahren hat sich dieses Bild des Fellachen nicht verändert. Schon immer hat der Bauer mit Hacke und Sichel die Felder bearbeitet und Deiche angestochen, um den Boden zu bewässern. Selbst auf den bemalten Wänden der Grabmäler von Pharaonen sind diese Szenen dargestellt. Auch die Häuser, in denen die Bauern heute leben, sehen nicht sehr viel anders aus als früher. Die Straße, auf die ich schließlich stoße, ist asphaltiert, aber ansonsten ist der Anblick wahrscheinlich ähnlich wie vor Hunderten von Jahren. Die Asphaltstraße zweigt von der Hauptstraße ab, die über die alte Darb-el-Arb'ain-Route von Asyut nach Kharga verläuft. Mabrouka und Gatifa machen große Augen, als sie in das Dorf hineinlaufen. Bei jedem Geräusch spannen sie ihre Muskeln an, bereit, im nächsten Moment davonzugaloppieren. Der Klang meiner Stimme beruhigt sie wieder. Auf dem Asphalt kommen wir langsamer voran. Hinter einer Kurve schallen uns helle Kinderstimmen entgegen. Zu beiden Seiten des befestigten Sandweges stehen Lehmhäuser mit weiß oder hellblau getünchten Wänden. Auf einigen Mauern prangen kunstvoll geschriebene Korantexte. Die braune Farbe ist durch den Wind und die Sonne schon etwas abgeblättert. Auf halbem Wege steht eine frisch gestrichene Moschee. Vor einer gelb getünchten Hauswand mit blauen Fensterrahmen sitzt im Schatten eines Baumes ein älterer Mann. Wie ein dunkler Fleck wirkt er dort, umringt von etwa zehn jungen Mädchen. Wie bunt gefiederte Vögel wiederholen sie die Korantexte, die ihnen der Mann vorsingt. Das muss der Hadschi sein.

KAPITEL 4

Als ich mit Mabrouka und Gatifa in Mohammed Tuleib ankomme, ist Carlo noch nicht da. Der Hadschi begrüßt mich mit einem verlegenen Lächeln. Das mitgebrachte Foto hilft. Seine Augen beginnen zu leuchten. Ein heiseres Lachen folgt. Ach ja, Carlo, den kennt er noch, auch wenn es schon einige Jahre her ist.

Eine frauenreiche Familie, die am Ende der Straße wohnt, nimmt mich vorläufig auf, nachdem Abdel Mullah ein gutes Wort bei ihnen für mich eingelegt hat. Ein paar Tage später trifft Carlo ein. Wir stecken beide voller Geschichten, die wir gleichzeitig loswerden wollen. Die Freundlichkeit, mit der wir uns begrüßen, weicht bald der Ungeduld. Der andere will einfach nie zuhören. Ein paar Kamelsättel fliegen über die Straße. Aber das Unwetter zieht vorüber. Dieses Mal wollen wir beide keinen Ärger, da wir nur zu gut wissen, dass wir ohne den anderen die Steingrube des Pharaos Chefren niemals erreichen werden. Die Höhle wurde 1932 zufällig von einer Militärpatrouille entdeckt, die in einen Sandsturm geraten und vom Kurs abgekommen war. Während der Sturm noch wütete, sahen die Männer auf dem Kamm eines Hügels zwei große Alamaten, die eine ungewöhnliche Form hatten. Neben den Alamaten standen zwei mit Hieroglyphen beschriebene Stelen. Die eine enthielt den Namen Dadefrê, der für eine kurze Zeit vor Cheops regiert hatte, während die Hieroglyphen auf der anderen Stele von einer Expedition des Pharaos Amenemhêt erzählten. Die Stele war aus einem Dioritbrocken geschlagen worden, der dem Material sehr ähnlich war, aus dem der Pharao Chefren sechs Standbilder von sich hatte anfertigen lassen. Niemals war es gelungen herauszufinden, woher das Diorit für die Standbilder kam, bis die Patrouille auf die vergessene Steingrube stieß. 1933 und 1938 wurden kleine Expeditionen auf den Weg geschickt, um die Höhle zu erforschen. Überreste von Hütten und Geschirr, Dioritbrocken, Götterstatuen und eine Reihe von Stelen, darunter eine von Cheops, bestätigten die Vermutung, dass dies die bewusste Grube war.

Carlo hatte die Geschichte über den Fund in Murrays Buch *Dare me to the desert* gelesen und wollte selbst ein wenig dort herumschnüffeln. Vielleicht fand er Hinweise, die seine Theorie untermauerten, dass die Steingrube über einen direkten Weg mit Dungul verbunden sein musste. Dungul ist eine unbewohnte Oase, siebzig Kilometer nördlich der Grube, in der Wasser aus dem Boden sprudelt. Da es hier schon in der Antike einen Rastplatz für Kamele gab, ist anzunehmen, dass zwischen der Steingrube und Dungul Wasserträger mit Eseln verkehrten.

Diese Nacht verbringen wir in dem Bett von Abdel Mullah, in dem er tagsüber ein Nickerchen macht. Stundenlang reden wir über die Erlebnisse der letzten Wochen und über das, was auf uns zukommen wird. Ich freue mich auf die Reise, nicht nur weil ich auf die Grube gespannt bin, sondern auch weil wir von dort nach Abu Simbel weiterlaufen, wo der berühmte Tempel von Ramses II. steht. Als Kind habe ich Fotos davon gesehen. Dass ich jetzt mit den Kamelen dort eintreffen werde, übersteigt meine kühnsten Träume.

Wir sind unterwegs! Mabrouka und Gatifa laufen in ihrem Wiegeschritt hinter mir. Carlo hat sich etwas abgesetzt. Drei Tage ziehen wir in einem Schlingerkurs durch die Sanddünen und laufen über den weichen Muschelkalkboden nach Süden zu der Oase Kharga. Wanderdünen breiten sich fächerförmig über die ganze Ebene von Nord nach Süd aus. Für die Bewohner sind sie die reinste Plage. Quälend langsam kriechen sie über ganze Dörfer und die umliegenden Felder hinweg, regelmäßig blockieren sie die einzige asphaltierte Straße, die von Kharga nach Dakhla führt. Die Strommasten an der Straße ragen nur noch mit ihren Spitzen aus dem Sand. Die Sicheldünen sind Ausläufer des imposanten Dünenrückens Abu Muharik, der auf dem Plateau über Hunderte von Kilometern von Norden nach Süden verläuft. Die Einwohner von Kharga erzählten Harding King, der 1908 für die Royal Geographical Society einen Teil der Libyschen Wüste kartierte, dass die Römer ein wirksames Mittel gegen die Sandmassen kannten. Sie stellten eine Kuh aus Kupfer auf den nördlichen Felsrand. Sie fraß den ganzen Sand, der ansonsten über den Rand in die Tiefe gestürzt wäre.

Auf unserem Weg kommen wir an versandeten Feldern vorbei, wo man vergeblich versucht hatte, dem Sand mit Hecken aus zusammengebundenen Palmblättern Einhalt zu gebieten. Die Kamele reißen wild an den Hecken und versuchen, die vertrockneten Blätter zu fressen.

Obwohl es Anfang Dezember ist und die Temperaturen eigentlich fallen müssten, ist es ungewöhnlich heiß. Im Schatten zeigt das Thermometer 35 Grad an, kein Windhauch trocknet die Schweißperlen, die über mein Gesicht laufen. Besorgt frage ich mich, wie es weitergehen soll. Bis Abu Simbel brauchen wir zwei bis drei Wochen, und es ist nicht sicher, ob wir in den beiden Oasen auf dem Weg dorthin, Nakheila und Dungul, Wasser finden werden. Selbst bei günstiger Witterung ist unser Wasservorrat problematisch, ganz zu schweigen bei Temperaturen um 35 Grad.

Langsam schaukelt die Karawane der Sonne entgegen. Links begrenzt eine bizarre und schroffe Kalkwand die Senke, wir können uns fast gegen sie lehnen. An manchen Stellen haben Handelskarawanen einen Weg nach oben oder unten gefunden. Eine solche Karawane bestand aus mindestens fünf Kamelen, aber es gab auch große, die mit Dutzenden von Kamelen enorme Frachten transportierten. Während der Herrschaft der Römer, als das Wasser reichlich über die Felder der Oase strömte, wurde vor allem Getreide exportiert, aber auch Zwiebeln, Olivenöl, Alaun, Trockengemüse und Oasenwein, der eine Spitzenqualität besaß. Kamele und Esel konnte man kaufen oder mieten. Aus einem alten Text, der erst vor kurzem übersetzt worden ist, geht hervor, dass in Kharga seinerzeit Baumwolle angebaut wurde. Eine Neuigkeit, da man bisher angenommen hatte, dass Baumwolle aus Indien und Arabien nach Ägypten gekommen ist. Die Handelswege wurden von den *Camelaria* beschützt, Soldaten auf Kamelen, die in der Wüste patrouillierten. Die Händler zahlten in Form von Zöllen für den Unterhalt und die Sicherheit der Wege. An den wichtigsten Handelswegen Khargas stehen an strategisch günstig gelegenen Punkten riesige römische Festungen, die den Soldaten zeitweilig als Aufenthaltsort dienten und als Speicher genutzt wurden. Fässer mit Getreide und Wein wurden in kleinen Räumen gelagert. Die meisten der Vorräte stammten von Bauern, die einen Teil ihrer Ernte an die Soldaten abtreten mussten. Für den eigenen Bedarf behielten die Bauern kaum etwas übrig, denn ein großer Teil ihrer Ernte ging an die Großgrundbesitzer, die Zollinspektoren und andere Beamte.

Fünfundzwanzig Kilometer weiter südlich liegt Dush, der letzte Ort der Oase Kharga, in dem wir Wasser finden werden. Auf der Route von Kharga nach Abu Simbel sind auf der Landkarte zwei blaue Punkte eingezeichnet, die für unbewohnte Oasen stehen. Das bedeutet nur, dass britische Topographen hier in den vierziger Jahren auf Wasser gestoßen sind, aber ob das jetzt auch noch der Fall ist, wissen wir nicht. Brunnen müssen unterhalten werden, und wer sollte sich jetzt, da keine Karawanen mehr hier vorbeiziehen, noch darum kümmern?

In der Nähe von Dush liegen helle Sanddünen auf unserem Weg. Nachdem wir die Kamele ohne allzu große Mühe durch die Sicheldünen laviert haben, tauchen hinter der letzten die schwarzen unregelmäßigen Umrisse des Forts von Dush am Horizont auf.

Das Dorf und die Äcker liegen weiter westlich. Baumkronen ballen sich dort zusammen, wo die Felder reichlicher bewässert werden können. In römischer Zeit war Dush, das damals Kysis hieß, bedeutender als jetzt. Der Name Kysis war von Kush abgeleitet, einer Region im tiefen Süden, dem heutigen Äthiopien. Dorthin schickten die Pharaonen ihre Expeditionen, um das heiß begehrte Elfenbein, Myrrhe und andere exotische Schätze zu holen.

Die Franzosen, die seit 1976 Ausgrabungen dort vornehmen, haben im Laufe der Jahre die Puzzlestücke einer Geschichte, die größtenteils unter dem Sand vergraben war, einigermaßen zusammensetzen können. Es wurden Häuser gefunden, Tonscherben mit Inschriften und eine große Gräberstadt, wo die Toten ruhten. Vor kurzem förderte man einen Krug zutage, in dem ein Goldschatz verborgen war. Mehr als ein Kilo reinen Goldschmuck hatte man vor anderthalb Jahrtausenden in dem bauchigen Krug versteckt, aus Angst, dass der geweihte Tempelschmuck Barbaren in die Hände fallen könnte.

Es ist die Frage, wie lange der Tempel selbst tatsächlich auch als solcher benutzt wurde, denn die Römer hatten aus dieser heiligen Stätte ein Lagerhaus gemacht. Zwischen den eleganten, mit Reliefs verzierten Sandsteinmauern errichteten sie Lehmmauern, die kleine Räume umschlossen, in denen Korn- und Weinfässer gelagert wurden. Auch das angrenzende Fort ist in kleine Räume unterteilt, die als Küche, Backstube, Büro- und Lagerraum dienten. Das Leben in Dush unterschied sich wahrscheinlich kaum von dem in den anderen Oasendörfern. Von den Festungsmauern aus konnten die Soldaten das umliegende Gebiet gut überschauen. Am Fuß des Hügels lagen Äcker und Weingärten. Das Dorf bestand aus einer Ansammlung quadratischer oder rechteckiger Lehmhäuser mit kleinen Räumen und flachen Dächern. Jedes Haus besaß einen kugelförmigen Tonofen, in dem Brot gebacken wurde, an den Wänden stand eine lange Reihe von Keramikgefäßen mit eisenhaltigem Wasser, das man aus tiefen Brunnen schöpfte. In den porösen Gefäßen blieb das Wasser kühl, die rostfarbenen Eisenteilchen setzten sich von selbst auf dem Boden ab. Abgesehen von dem jährlich wiederkehrenden Elend mit den Steuereintreibern, führten die Bewohner ein recht beschauliches Leben, das jedoch ein Ende nahm, als räuberische Stämme aus Nubien einfielen und die Römer vertrieben. Die Soldaten zogen sich nach Qasr Kharga zurück, das zu einer kompletten Festung umgebaut wurde. Als die Römer auch dort das Feld räumen mussten, begann der Verfall der Oase Kharga, da sich niemand mehr um die Brunnen kümmerte. Die Felder verdorrten und die Bevölkerungszahl war rückläufig. Erst seitdem die ägyptische Regierung in Kharga Brunnen bohren ließ, kommen die Menschen wieder hierher.

Auf der Suche nach fließendem Wasser laufen wir um die Äcker herum, die das kleine Dorf umgeben. In der Nähe der Asphaltstraße, die das Dorf mit dem Ausgrabungszentrum der französischen Archäologen verbindet, strömt Wasser aus einem Betonspeicher über Bewässerungskanäle auf die Felder. Wir laden die Kamele auf einem brach liegenden Grundstück ab, das durch Tamarisken von dem höher gelegenen Ackerland getrennt wird. Die Kamele reißen und zupfen an den Agoulsträuchern, die auf der kahlen Ebene wachsen, während wir Wasser schöpfen. Wir müssen uns beeilen, damit wir verschwunden sind, bevor der erste neugierige Bauer auftaucht. Die Kanister stehen bis zum Rand gefüllt auf dem glitschigen Pfad neben dem Bewässerungskanal, als wir ein Bad in dem schmalen Wasserlauf nehmen. Frisch gewaschen schütten wir den Kamelen gegen ihren Willen ein paar Eimer Wasser in den Hals, sodass sie – bis zum Stehkragen abgefüllt – für die anstrengende Reise gerüstet sind. Es ist eine lange und ermüdende Sache, und wie immer, wenn wir unter Zeitdruck stehen, wird die Spannung zwischen mir und Carlo spürbar. Er besteht darauf, dass alles so gemacht wird, wie er es will, und mir passt es nicht, herumkommandiert zu werden, da ich inzwischen selbst weiß, was zu tun ist. Die Bereitschaft, mit der wir in den letzten Tagen die Eigenarten des anderen gelten gelassen haben, schrumpft merklich. «So, jetzt kannst du Mabrouka laufen lassen», sagt Carlo, nachdem ich sie getränkt habe. Und im Befehlston: «Hier muss noch ein Liter Wasser dazu», als ich meinen Kanister gefüllt habe. Tu dies, tu das. Nachdem ich über Wochen alles selbst geregelt habe, ist dieses gockelhafte Verhalten vollkommen unangebracht. Zu allem Überfluss kommt ein Bauer aus den Sträuchern auf uns zugestapft. Er hatte etwas gehört und will nachsehen, was hier los ist. Die neugierigen Fragen nach unserem weiteren Weg konnten nicht ungelegener kommen. Ein wenig schadenfroh wende ich mich ab. Fremde Männer, das ist Carlos Sache. Er wäscht an einem kleinen Wasserlauf seine Wäsche. Ich höre ihn in einem verärgerten Ton zu dem Fellachen sagen, dass in Europa alle Männer ihre Wäsche selber waschen. Der Bauer stellt Fragen über Fragen. Ob wir verheiratet sind, wo wir die Kamele gekauft haben und ob alle uns gehören. Ob wir Whisky dabei haben und ob wir reich sind. «Ja», sagt Carlo stocksauer, «ich bin sehr reich.» Was er denn in Deutschland arbeitet, fragt der Fellache interessiert. «Alhamdulillah, zum Glück arbeite ich nicht. Nur wer dumm ist, arbeitet. Wenn ich Geld brauche, gehe ich einfach mit einer großen Plastiktüte zur Bank und hole mir so viel, wie ich brauche.» Der Bauer macht große Augen. Carlo rät ihm, dasselbe zu tun. «Aber», fügt er hinzu, «du solltest schon einen großen Beutel mitnehmen, dann brauchst du nicht so oft zu gehen. Und ein Paffpaff», Carlo macht es kurz vor, «darfst du auch nicht vergessen.» Der Bauer schlurft ein wenig missmutig hin und her, bevor er begriffen hat, dass das Ganze nur ein Witz war. Um ihn wieder zu besänftigen, kaufen wir ihm Zwiebeln und Tomaten ab. Wir hoffen, dass er nicht gleich zur Polizei läuft. Man könnte uns verdächtigen, illegal die Grenze zum Sudan überqueren zu wollen. Schließlich liegt zwischen Kharga und dem Sudan nichts als eine menschenleere Wüste, in der Fremde nichts zu suchen haben.

Sobald sich der Bauer wieder in die Sträucher verdrückt hat, beeilen wir uns, in östlicher Richtung an dem Kysis-Tempel vorbeizukommen, wo wir ein Stück von bellenden weißen Hunden verfolgt werden. Die Franzosen sind nicht mehr da, für sie ist die Saison zu Ende, aber der Tempel wird das ganze Jahr hindurch bewacht, und auch die Wächter könnten die Polizei benachrichtigen. In einem kleinen, abgeschirmten Dünental verstecken wir uns bis zum Einbruch der Dunkelheit. Von hier aus kann man den Felsen im Süden sehen, den wir morgen besteigen werden. Die Kamele sind festgebunden, angespannt warten wir, bis die Sonne untergeht, um im letzten Licht des Tages aufzubrechen. Sollten morgen früh Soldaten unsere Spuren verfolgen, sind wir schon auf dem Hochplateau, das sie mit ihrem Jeep nicht so schnell erreichen können. Carlo und ich inspizieren die Felswand, können uns jedoch über die Stelle, an der sich der Pass für den Aufstieg befinden muss, nicht einig werden. Ich bin mir absolut sicher, dass Carlo sich irrt, aber er beruft sich auf seine Erfahrung. Nach all den Reibereien, die wir heute schon hatten, habe ich keine Lust, mich darüber zu streiten. Wir reden sowieso kaum miteinander und haben uns noch nicht einmal einigen können, wie viele Stunden wir heute Nacht laufen wollen. Vereinbart war, nach Sonnenuntergang drei oder vier Stunden zu laufen und bei Anbruch des Tages weiterzugehen. Aber ohne irgendeine Absprache stellt Carlo mich vor die vollendete Tatsache, dass wir mindestens sechs Stunden in der stockdunklen Nacht laufen müssen, um die Soldaten abzuschütteln. Er hält es für sehr gut möglich, dass die Tempelwächter oder der Bauer Alarm geschlagen haben.

Ich bin fest davon überzeugt, dass Carlo übertreibt, um

mich zu ärgern, denn ich habe absolut keine Lust, die ganze Nacht durch den losen Sand zu stapfen, ohne die Hand vor Augen sehen zu können. Ich halte den Mund, weil alles andere sinnlos wäre, nehme mir jedoch vor, mir meine Pausen selbst einzuteilen. Der Mond geht heute Nacht um drei Uhr auf, und wenn wir zwischendurch ein paar Stunden schlafen, können wir, wenn wir gut vorankommen, im Mondlicht den Rand des Plateaus erreichen.

Nach Sonnenuntergang brechen wir auf. Ich laufe mit Mabrouka und Gatifa, Carlo mit seinen Kamelen. Es ist immer noch warm, in Erwartung der nächtlichen Kälte habe ich mir zu viele Sachen angezogen. Das Laufen ist mühsam und ich schwitze vor Anstrengung. Wir orientieren uns an den Sternen, haben jedoch beide vergessen, wie schnell sich so ein Stern am Himmelszelt bewegt. In der Dunkelheit schimmert zwischen grauen Steinen weißlicher Muschelkalk. Ein paar Meter von mir entfernt bewegen sich die schemenhaften Umrisse von Carlo und seinen Kamelen. Das Knirschen meiner Fußtritte, das leise Schlurfen der Kamele und mein Straucheln über einen Stein ist die einzige Abwechslung, die das monotone Laufen unterbricht. Die Nacht dehnt sich wie ein weiches Gummiband, die Zeit will nicht verstreichen. Ich kann mich an keinen einzigen Gedanken festklammern. Ein Riesenbesen hat alles weggefegt. Manchmal zähle ich meine Schritte, aber das macht mir nur bewusst, wie weit es noch ist. Oder ich richte meinen Blick auf den Sternenhimmel, aber nicht zu lange, da ich sonst vom Kurs abkomme. Nach ein paar Stunden lässt sich eine leise und erschöpfte Stimme vernehmen: «Arita, bist du müde?» Im Dunkeln suchen wir uns zwischen den Steinen einen sandigen Platz und machen eine Pause, bis sich der Mond zu uns gesellt.

Um drei Uhr morgens wecke ich Carlo. Er dreht sich auf die andere Seite und schläft noch eine Stunde weiter. Das sind die Sachen, die mich immer wieder wütend machen. Erst setzt er Himmel und Hölle in Bewegung, weil es so und nicht anders zu sein hat, um dann plötzlich alles über den Haufen zu werfen, ohne ein weiteres Wort darüber zu verlieren. Da wir die Entscheidungen des anderen fast immer anfechten, haben wir für die Dauer dieser Expedition vereinbart, dass Carlo das letzte Wort hat – das Ganze war schließlich seine Idee. Ich füge mich zähneknirschend seinen Eingebungen.

Entgegen unseren Berechnungen erreichen wir die Ausläufer des Felsplateaus einige Stunden früher. Bizarr kriechen sie wie überirdische Wurzeln über den Boden. Zwischen riesigen Gesteinsbrocken versuchen wir möglichst auf dem weichen Boden zu bleiben, um dann einen der Ausläufer zu besteigen. Es gibt keinen Pfad, aber da die Felswand nach oben etwas zurückweicht, können die Kamele sie hinaufklettern. Wir kommen immer höher. Alle paar Minuten müssen die Kamele mit bebenden Nüstern verschnaufen. Etwa auf halber Höhe haben wir einen prachtvollen Ausblick auf die Senke mit Sicheldünen, die bis Dush reichen. Von hier oben sehen sie aus wie dicke Bananen. Das Fort erscheint durch das Fernglas wie ein dunkler Punkt. Die Aussicht ist zwar schön, aber nicht die, die sie sein müsste. Wir haben uns verlaufen. Ich kann mir ein Grinsen nicht verkneifen, als ich Carlo schimpfen und fluchen höre. Ihm ist bewusst, dass ich gestern Recht hatte, und obwohl ich kein Wort darüber verliere, wissen wir beide, dass er sich ab jetzt Bemerkungen wie, dass er es ja wohl wissen müsse und damit Schluss, gefälligst zu verkneifen hat. Mit ein paar Messungen und etwas Nachdenken finden wir heraus, wo wir ungefähr sind – weit von dem eigentlichen Pass entfernt. Wir könnten ihn über einen Umweg, der uns viele Stunden kosten würde, zwar erreichen, aber dazu müssten wir ins Tal zurück und würden unseren Vorsprung einbüßen. Es ist besser, weiterzuklettern und auf der Höhe des Plateaus nach der ursprünglichen Route, einem Karawanenweg, zu suchen.

Ein paar Meter unterhalb des Plateaurands bedeckt weicher Sand eine kleine Schlucht. Über den Sandstreifen kommen wir an den Rand, und während die Kamele sich ausruhen, lasse ich meine Augen angewidert über eine endlose Ebene mit Kalkschollen schweifen. Das gefürchtete Charashif, das mit seinen messerscharfen, lose herumliegenden Kalkschollen der Albtraum eines jeden Wüstenreisenden ist, erstreckt sich vom Plateaurand bis zum Horizont. Dort, wo wir das Plateau betreten hatten, schien ein alter Karawanenweg zu beginnen. Ein paar Steinmännchen markieren den Einstieg in die Wand, aber da keine sichtbaren Spuren nach Süden führen, werden wir so lange über die Kalkschollen schlittern müssen, bis das Charashif aufhört.

Nach einem kurzen Frühstück beginnt der Horror, der anderthalb Tage dauern soll. Wir bahnen uns Stunde um Stunde einen Weg durch die Kalkebene, bis wir zu einer Hügelkette kommen. Durch eine enge Schlucht stoßen wir auf ein göttlich ebenes Gelände, das jedoch bald in eine Hügellandschaft übergeht. Bergauf und bergab stolpern wir über hervorstehende Kalkbänke, immer in der Hoffnung, auf einen Alamaten zu stoßen. Im Gegenlicht verwandelt sich der Kalkboden in eine glänzend schwarze Eisfläche, in der man sich fast spiegeln kann – ein wunderschöner Anblick, wüsste man nicht, dass sich die Kamele darauf ihre Sohlen zerfetzen können. Die Suche nach einem Pass durch die Hügel dauert Stunden und raubt den Tieren kostbare Energie. Die Hitze, die schon am frühen Morgen zuschlägt, hängt wie ein drohendes Schwert über uns; alles in allem verspricht dieser Start nicht viel Gutes für den weiteren Verlauf unserer Expedition. Ich versuche mir vorzustellen, wie es den Expeditionen ergangen ist, die von den Pharaonen losgeschickt wurden, um Granit, Amethysten oder Gold in den Bergen zu suchen. Es muss nach der «Versuch-macht-klug»-Methode verlaufen sein, denn aus der Zeit des altägyptischen Reiches ist nur eine skizzenhafte Landkarte bekannt. Die Karte wurde vor zweitausend Jahren gezeichnet und gibt lediglich die Lage der Goldminen in der Wüste an.

Ich habe den Überblick verloren. Da auf der Karte weder

die vielen Hügel noch die Täler eingezeichnet sind, ist es mir ein Rätsel, wo wir uns genau befinden. Wenn Carlo in der Ferne drei Hügel erkennt, die angeblich auch auf unserer Karte stehen, mag ich ihm kaum glauben. Aber er erinnert sich an sie von seiner Tour in den Sudan, und ihre Lage scheint tatsächlich mit der Markierung auf der Landkarte übereinzustimmen. Dort in der Nähe muss der Karawanenweg verlaufen, auf den wir schon gestern hätten stoßen müssen. Die Kunst besteht darin, die alte Route an einer Stelle zu kreuzen, an dem die Spuren noch nicht von dem Wind verweht wurden, der seit Hunderten von Jahren über sie hinwegfegt. Während wir nach Punkten Ausschau halten, die auf Alamaten hinweisen könnten, taucht plötzlich eine schmale Gazellenspur vor uns auf. Manchmal verschwindet sie, um anderswo wieder zum Vorschein zu kommen. Die Spur führt zu einem verlorenen grünen Fleck in der weiten Umgebung. Dort stoßen wir auf die fast verwischte, kümmerliche Karawanenspur, die dann jedoch zunehmend breiter wird, bis wir nach einer halben Stunde plötzlich einer großzügigen Bahn folgen. Das verkrampfte Laufen ist vorbei, vorüber auch die Angst, dass ein scharfer Stein die Fußsohle eines Kamels durchbohren könnte. Ich singe, bin ausgelassen und fühle mich mit meinem Schicksal versöhnt. Gestern hatte ich mich wiederholt gefragt, was ich hier eigentlich wollte, mit einem Mann, über den ich mich nur ärgerte und der mich nur herumkommandieren konnte. Das Einzige, was mich aufrecht hielt, war der Gedanke, dass ich Carlo in Abu Simbel verlassen konnte und nicht mehr mit ihm durch die Wüste nach Kharga zurückzureisen brauchte.

Jetzt, wo wir den Karawanenweg gefunden haben, könnte die Stimmung nicht besser sein. Wir schweben mehr als dass wir laufen würden, überall stehen dicke Alamaten, die uns schon von weitem den Weg weisen. Es wundert mich jedes Mal aufs neue, wie schnell die Stimmung umschlagen kann. Aufgeregt und glücklich laufen Carlo und ich jetzt nebeneinander, keine Spur von Feindseligkeit oder Missgunst mehr. Alles ist wieder möglich, wir lachen und machen Witze. Nach einigen Stunden stehen wir plötzlich am Rand einer Senke und schauen auf eine Insel aus Dattelpalmen, die tief unter uns schwimmt. Verblüfft starren wir auf diese unwirkliche Szenerie. Vor uns schlängelt sich der Karawanenweg von dem Plateau nach unten; er wirkt wie ein breiter, mächtiger Fluss, der sich in ein dunkles Meer brauner Steine ergießt, in dessen Mitte eine Palmeninsel treibt. Die dunklen Tupfen der Wipfel und ihre schlanken Stämme scheinen direkt vom Himmel gefallen zu sein, so märchenhaft entfaltet sich dieses Bild inmitten der düsteren Mondlandschaft, die bis zum Horizont nur aus Kalkfelsen und Steinen besteht. Woher kommen sie? Die Palmen müssen Relikte früherer Zeiten sein, als tosende Flüsse durch die Wadis strömten und Datteln mit sich trugen, die hier Wurzeln schlagen konnten, als das Wasser zurückging.

Die Oase trägt den Namen Bir Nakheila und ist einer der beiden blauen Punkte auf unserer Karte. Als wir näher kommen, wird uns sofort klar, wie die Dinge hier für uns stehen. Auf einem Sandhügel wachsen lange Gräser. Darunter befand sich einmal ein tiefer Brunnen, aber mehrere Meter feiner gelber Sand haben den Zugang zu dem Wasser verschüttet. Vielleicht würde es nützen, tagelang Sand zu schaufeln, aber es ist recht unwahrscheinlich, dass es uns gelingen würde, zu zweit in kurzer Zeit solche Mengen abzutragen. Wir gehen das Risiko ein, dass wir in Bir Dungul – drei Tagesreisen von hier – auf Wasser stoßen werden.

Eine dicke Palmenkrone filtert die Sonnenstrahlen, und nach dem mühseligen Abstieg lasse ich mich an einem schattigen Platz nieder. Um diese Uhrzeit ist die Hitze unerträglich, meine Hüftgelenke schmerzen, meine Beine sind bleischwer nach der gestrigen langen und schweren Laufstrecke. Carlo lehnt sich gegen ein paar Taschen, und während die Kamele das Gras und die salzhaltigen Pflanzen genießen, schließe ich die Augen und bin eine Stunde lang nicht mehr ansprechbar. Am Nachmittag holen wir das Mittagessen mit Feta, Röstzwiebeln aus der Tüte und frischen grünen Zwiebeln nach. Den Nachtisch, getrocknete Datteln, holt Carlo mit einem Stock aus dem Baum.

Widerwillig raffe ich mich nach dem Essen auf, um die Kamele zu holen. Hassan kommt mit erhobenem Kopf und stampfenden Füßen zum Lager, als er sieht, dass wir mit den Futtereimern beschäftigt sind. Er stößt Drohlaute aus, während aus seinem Maul eine rosafarbene Blase quillt, die immer größer wird. Das ist ein Zeichen höchster Erregung. In den Wintermonaten, der Paarungszeit, ist Hassan unberechenbar und gefährlich. Dann ist er in seiner Kampfeslust oft nicht mehr zu bändigen und kann ohne jegliche Vorwarnung zum Angriff übergehen. Er hat schon einmal einen Hengst aus Carlos Karawane totgebissen und einen Mann unversehens von hinten angegriffen. Drohend stürmt er auf uns zu, wirft seinen Kopf nach hinten und springt mit gefesselten Beinen wütend nach vorn. Wir setzen ihm schnell einen Eimer mit Körnern vor. Carlo hängt so sehr an Hassan, dass er die gefährlichen Wintermonate in Kauf nimmt. Aber das macht die Situation jetzt nicht weniger prekär. Vorsichtig und darauf vorbereitet, sofort zur Seite zu springen, nehme ich Hassans Zügel, während Carlo die kurzen Seile unten an seinen Beinen löst. Der Hengst muss nur ein einziges Mal ausschlagen, um den Karawanenführer ins Jenseits zu befördern, aber auf diese Idee kommt das Tier zum Glück nicht. Wir lassen Hassan eine Stute aus dem Harem besteigen, das wird ihn beruhigen. Mit unwilligen, schweren Schritten folgt er mir am Strick zu den Damen, die schon bereitwillig dasitzen. Er beschnüffelt ihre Hinterteile und inhaliert die Uringerüche. Zu guter Letzt bleibt er bei Mabrouka stehen. Langsam beugt er den quadratischen Schädel vornüber, um noch einmal den Uringeruch aufzunehmen. Er lässt sich Zeit. Mit einem kontrollierten, aber mächtigen Ruck wirft er den Kopf in die Luft, öffnet seine Nüstern und lässt den Geruch von Mabrouka tief in seine Nase eindringen. Die Lippen ziehen sich zurück, lange gelbe Zähne werden entblößt. Zeit, um der Dame den Hof zu machen, nimmt er sich nicht. Er rutscht auf Mabroukas Rücken, und mit einem tiefen Seufzer senkt sich sein enormer Körper auf den schmalen Leib von Mabrouka, die diesen Akt mit einem ohrenbetäubenden Gebrüll über sich ergehen lässt. Sie nimmt den Schwanz zur Seite, um Hassan heranzulassen. Ein dünner, rosiger Penis tastet wie ein sich windender Wurm das Umfeld ab. Es ist ein wenig lächerlich, dass so ein großes Tier ein so mickriges Ding hat. Ich frage mich ernsthaft, ob er es schafft. Zähneknirschend ackert sich der Hengst mit Schaum vor dem Maul ab. Alles zittert und bebt. Mabrouka brüllt, während die anderen Kamele desinteressiert um das Geschehen herum sitzen. Meine Sympathie gehört Mabrouka, während Carlo bereitsteht, Hassan zu helfen, denn wenn es nicht klappt, ist Hassan weiterhin ein Problem. Das Unterfangen gelingt. Danach lässt sich Hassan lammfromm den Sattel auflegen. Wir können weiter.

Auf der Höhe des Plateaus wartet ein sandiger Schlafplatz auf uns; von hier aus bietet sich ein großartiger Blick auf Bir Nakheila, das hinter uns schon wieder wie eine kleine Insel im Meer treibt. In den Nackenhaaren der Kamele glitzern Schweißtropfen. Die Tiere ruhen sich aus, während Carlo und ich das Lager herrichten. Erst die Taschen, dann die Sättel mit den Fotokoffern darauf und zwischen die Taschen eine Segeltuchdecke. Aufgerollte Schlafsäcke dienen als Rückenkissen. Ein halb fertiger Iglu, so sieht unser Lager am ehesten aus. Zwanzig Grad zeigt das Thermometer in der Abenddämmerung an. Viel zu viel. Wenn wir in dem etwa hundert Kilometer entfernten Dungul kein Wasser finden, können wir die Suche nach der Steingrube des Pharaos Chefren vergessen. Dann können wir nur noch versuchen, auf direktem Weg Abu Simbel zu erreichen. Mit Tee und einem Schluck Rum versuchen wir, uns etwas zu stärken. Zurückgelehnt blicke ich über die Köpfe der Kamele in die Richtung von Bir Nakheila. Die ersten Sterne gehen auf, eine sanfte Brise aus dem Norden streicht mir wie ein kühler Liebhaber über Arme, Beine und Gesicht. Wohlig strecke ich meine Glieder, entspanne die strapazierten Muskeln, meine Zehen spielen mit dem Sand – es gibt keinen Ort auf der Welt, an dem ich lieber wäre.

Nach dem Abendessen, das dieses Mal aus Spaghetti mit Parmesankäse besteht, setzt Carlo das Spiel des Windes fort. Herrlich, unter einem Sternenhimmel, weit weg von allem und jedem, mit dem Kopf in den Wolken, so verwöhnt zu werden.

Wir phantasieren über Dungul, das immer näher rückt. Im Licht der Sterne und nach einem erotischen Intermezzo sieht unsere Situation rosiger aus als tagsüber, wenn der Wind unablässig weht und die Sonne kein Erbarmen kennt. Dungul besteht aus zwei Teilen: Dungul-Nord und Dungul-Süd. Die Brunnen liegen eine Stunde Fußmarsch voneinander entfernt. Carlo ist schon einmal in Dungul gewesen, zumindest in Dungul-Süd. Den nördlichen Teil hat er nie finden können, obwohl er wie ein Besessener danach gesucht hat. In Dungul-Süd ist er auf keinen Brunnen, sondern nur auf ein flaches Wasserloch gestoßen, das von Gazellen gegraben wurde. Wenn wir eine Wasserstelle finden wollen, müssen wir Dungul-Nord ausfindig machen.

Jeden Morgen um fünf Uhr bekomme ich Tee ans Bett serviert. Anschließend laufen wir täglich bestimmt acht Stunden. Vor uns liegt jetzt die letzte Etappe nach Dungul. Der Karawanenweg gabelt sich schon bald in zwei Routen. Der breitere Weg führt an den Rand des Plateaus, wo er sich dann in einer schmalen Spur nach unten windet. Im Süden erstrecken sich im purpurnen Licht des Morgens sanft gewellte Hügelketten. Auf der zweiten, grau schimmernden Erhebung steht eine einsame Palme, die wie ein Logo auf einer Dattelpackung aussieht. Nach unseren Berechnungen kann Dungul-Nord dort nicht liegen. Der Karawanenweg, dem wir gefolgt sind, führt offensichtlich direkt zu der Palme, also nach Dungul-Süd. Wir müssen eine Abzweigung finden, die nördlicher verläuft. In dem unter uns liegenden Tal laufen alle Karawanenspuren in ein und dieselbe Richtung. Ein paar Spuren, so dünn wie Fäden, scheinen von dem Hauptweg abzubiegen und hinter einem Hügel zu verschwinden. Wir ziehen die Karte zurate und verfolgen gespannt, ob diese Abzweigung nach Dungul-Nord führen könnte. Es scheint so zu sein. Wir steigen von dem Plateau herab und folgen den Fäden, die mit der Zeit immer breiter werden. Sie laufen hinter den Hügeln weiter, die ich zuvor durch mein Fernglas gesehen habe. Der Weg steigt allmählich an, bis wir zu einem Plateau kommen, auf dem Dungul liegen muss. Nach der Karte sollte ein Karawanenweg, der von Süden nach Kurkur im Nordosten verläuft, unseren Pfad kreuzen. Um uns herum ist alles grau, pflastersteingrau. Wohin man auch schaut, überall bedecken kleinere und größere Steine den Boden. Der Karawanenweg nimmt kein Ende, er windet sich von links nach rechts, manchmal auch aufwärts und abwärts. Schon seit einer Stunde umgibt uns eine einschläfernde Sammlung von Felsen und Steinen. Es würde mich nicht wundern, wenn das bis Kurkur so bleiben würde. Die wehende Palmkrone rückt in immer weitere Ferne. Einen Steinwurf weit von der Palme entfernt liegt ein abgeflachter Hügel, auf dem ein steinerner Wegweiser platziert ist – der britische Alam, der Dungul-Süd markiert. In jedem Fall können wir, solange der Alam in unserer Sichtweite bleibt, unsere Position damit bestimmen. Schweißtropfen rinnen mir den Rücken hinunter. Carlo ist wie besessen, er will Dungul-Nord nicht zum zweiten Mal verfehlen. Wir kommen an Tamarisken vorbei, auf deren Anblick Carlo sehr emotional reagiert – an dieser Stelle hatte er vor vier Jahren seine Suche nach Dungul-Nord aufgegeben. Die Verzweiflung von damals kommt wieder hoch. Er sieht sich selbst als ein gehetztes Tier auf der Jagd nach Wasser, ohne das er sterben wird. Ich assoziiere nichts mit diesem Platz. Wäre ich allein, hätte ich es schon längst aufgegeben, Dungul-Nord in dieser Richtung zu suchen. Unwillkürlich halte ich dennoch bei jedem Hügel den Atem an. Sollte die Oase vielleicht doch dahinter versteckt sein? Als wir den hundertsten Abhang erklimmen, krampft sich mein Magen leicht zusammen. Ein grüner Fleck! «Carlo, Agoul!» Ich habe es noch nicht ausgesprochen, als wir plötzlich vor mehreren Palmen stehen, die aus einer breiten Bodenspalte wachsen. Ein verborgenes Tal offenbart sich, mit Gras und Agoul, Doum- und Dattelpalmen. Unfassbar, dass so etwas möglich ist. Höchstens einen halben Kilometer von Carlos Tamarisken entfernt. Man kann hier wirklich in unmittelbarer Nähe einer Wasserstelle krepieren. Wir kneifen uns in die Arme, tanzen und jubeln genau auf dem Wendekreis des Krebses, dort, wo die Sonne zweimal im Jahr stillsteht und am längsten Tag des Jahres keinen Schatten wirft. Die Kamele sind bei dem Anblick des Grases kaum noch zu bändigen. Sie reißen an ihren Stricken, um sich zu befreien, das Abladen endet in einem gigantischen Chaos. Arabella kriecht mit dem ganzen Gepäck auf den Knien durch das Gebüsch und verschlingt gierig alles, was sie zu fassen kriegt. Die anderen erheben sich nach und nach aus ihrer Sitzhaltung, um dem Beispiel Arabellas zu folgen. «He, hu, ho» – schreiend nehmen wir den Tieren blitzschnell das Gepäck und die Sättel ab. Als sie am Grasen sind, kann ich endlich meine trockene Kehle mit einem Schluck Wasser befeuchten und mir ein Bild von der Lage machen. Auf der Ostseite, wo sehr viel Gras wächst und ein paar Palmen stehen, kommt man nicht weiter. Nach Westen hin windet sich die Schlucht in zahllosen Kurven, überall stehen kleine Palmenhaine und stachlige lange Sträucher. Palmen über Palmen, aber wo ist der Brunnen? Der Karawanenweg, auf dem wir gekommen sind, kann doch nicht allzu weit davon entfernt sein; er verläuft quer durch die Schlucht, um an der gegenüberliegenden Seite bei den dickbäuchigen Alamaten wieder herauszukommen. Von dort aus führen die Spuren nach Kurkur. In der Nähe der Alamaten ist ein kleiner Palmenhain – der wahrscheinlichste Platz für einen Brunnen. Ich gehe darauf zu. Tatsächlich führt der breite Karawanenweg an den Überresten eines Lehmhauses vorbei, zahllose Scherben lassen vermuten, dass hier eine Wasserstelle ist. Aber es ist nichts mehr davon übrig. Vielleicht hat man im unteren Teil des Tals einen zweiten Brunnen gegraben. Systematisch suche ich alle Palmenwäldchen ab, die ich finden kann. Ich krieche unter Palmbüsche mit Palmblättern, die bis zum Boden reichen und mir ihre langen Stacheln tief in die Haut bohren. Mit einem Stock steche ich durch dicke Schichten trockener Blätter. Zerschrammt und geschunden komme ich zu dem letzten Wäldchen. Kein Brunnen, kein Wasser. Die einzige Entdeckung ist ein feuchter Sandfleck, der keinen Tropfen hergibt, als ich dort grabe. Enttäuscht laufe ich zu unserem Lager zurück, wo Carlo inzwischen die ganze Umgebung abgesucht hat, ohne fündig zu werden. Dieses negative Ergebnis müsste eigentlich ganz fürchterlich auf unsere Stimmung schlagen, aber es ist fast nicht möglich, im Paradies traurig zu sein. Ein grünes Kuppeldach rauschender Palmblätter streut kühle Schattenflecken über unsere Taschen, kleine Vögel hüpfen in den Zweigen herum, Insekten krabbeln über meine Beine. Dungul-Nord. Mit einem Becher kalten Kakaos feiern wir unsere Ankunft.

Erst als die schlimmste Mittagshitze vorüber ist, starten wir einen zweiten Versuch, Wasser zu finden, indem wir das Loch an der feuchten Stelle tiefer ausheben. Nichts. Daraufhin beschließen wir, einen eigenen Brunnen zu graben, und zwar am Fuß einer Palme, die nach einem arabischen Sprichwort mit den Füßen im Wasser steht. Das Grundwasser muss hier sehr hoch stehen, aber die Wurzeln der Palme sind nicht bereit, vor einer armseligen Schaufel und einer kümmerlichen Säge zu kapitulieren. Nach einer Stunde gebe ich auf. Carlo hackt und sägt weiter und schafft es, ein Loch von einem Meter Tiefe zu graben. Mit Blasen an den Händen und schweiß-

Carlo gräbt vergeblich nach Wasser in Dungul

überströmt steht er davor, als die Sonne untergeht. Noch immer kein Wasser. Zweimal so tief und fünfmal so breit muss das Loch seiner Meinung nach werden, aber ich darf nicht daran denken, zwei Tage lang wie ein Sklave zu schuften, ohne wirklich die Gewissheit zu haben, auf Wasser zu stoßen. Ich schlage vor, erst in Dungul-Süd nachzusehen, und wenn dort kein Wasser zu finden ist, zu versuchen, Abu Simbel zu erreichen. Dort können wir Wasser holen und dann einen zweiten Versuch wagen, die Chefren-Grube zu finden. Nachdem er eine Viertelstunde gemeckert hat, weil er völlig umsonst ein paar Stunden in der Erde gewühlt hat, stimmt Carlo zu. In dieser Nacht fällt ein grüner Kometenregen vom Himmel. Wie ein abergläubischer Höhlenbewohner fasse ich das als eine günstige Botschaft der Götter auf.

Die einsame Palme, die gestern im Morgennebel zu schweben schien, hält sich heute hinter ein paar Hügeln verborgen. Nur der britische Steinmann ist zu sehen, als wir Kurs auf Dungul-Süd nehmen. Wir haben das Tal mit dem Gras und den Palmen verlassen und laufen jetzt schon seit einer Stunde auf einem schmalen Pfad der Sonne entgegen. Die Aussicht wird durch lang gestreckte dunkle Hügel verdeckt, die wie eine endlose Reihe gestopfter Würste quer in der Wüste herumliegen. Der Pfad windet sich an einer der Flanken in die Höhe. Dieses Mal erwartet uns kein verborgenes Tal, sondern ein blendend weißes Kalkplateau, das vom höchsten Punkt des Hügels terrassenförmig nach unten abfällt. Reihen dunkelgrüner Agoulbüsche wachsen an den Spalten im Kalkboden. Auf der untersten Terrassenstufe stehen zwei große Mimosenbäume in voller Blüte. Es scheint, als wären sie als Sonnenschirme für erschöpfte Reisende dort angepflanzt worden. Gebogene stachlige Zweige mit feinen grünen Blättern und duftenden gelben Blüten hängen ausladend um den knorrigen Stamm herum. Etwas weiter unten beherrscht eine imposante Doum-Palme das Bild, ihr verästelter Stamm zeichnet sich wie ein mehrschichtiges V-Zeichen gegen den Himmel ab, als wollte er die vorbeiziehenden Wüstenreisenden grüßen. Mein Blick schweift über die Palme hinweg. Der Boden ist dunkel, verbrannt, versengt. Ein vergessenes Fleckchen Erde.

Eine Gazelle springt hastig zur Seite, als die Karawane auf die Mimosenbäume zuhält. Für Sekunden leuchtet ihr kurzer, wippender weißer Schwanz auf. Mit wenigen federleichten Sprüngen hat sich das Tier etliche Meter von uns entfernt; dort bleibt es stehen, um einen erstaunten Blick auf uns zu werfen. Wir starren zurück. Nachdem der Bock einen Eindruck von den Eindringlingen bekommen hat, verschwindet er aus dem Bild und überlässt uns seinen Schlafplatz. Im Schatten des Mimosenbaumes schlagen wir unser Lager auf, bevor wir uns auf die Jagd nach Wasser begeben. Oben auf der Terrasse grabe ich ein paar feuchte Sandflecken um – ohne Ergebnis. Lehmreste von Häusern helfen uns auch nicht weiter. Ich laufe alle Terrassen ab, sehe Gras und Agoul, frische Gazellenspuren und Kothaufen, aber keinen Brunnen.

Nach einer Viertelstunde höre ich Carlo schreien. Seine

Stimme kommt aus der Richtung der großen Palme: «Arita, es steht voll!» Keuchend schaue ich ein paar Minuten später in ein kleines Loch, in dem Wasser schimmert. Die Stelle ist vollkommen ungewöhnlich, ein kleines Loch in sandigem Boden in der Nähe von Riedgräsern auf einem Hügel, der alles andere überragt. Ein Wirrwarr an Gazellenspuren führt dorthin. Die Gräser werfen einen Schatten auf das Loch, sodass das Wasser weniger rasch verdunstet.

Tropfen für Tropfen melke ich die Erde, als ich mit einem Tiegel das klare Wasser aus dem Loch schöpfe und in den Kanister gieße. Zweiundzwanzigeinhalb Liter gibt der Brunnen beim ersten Mal her. Aus dem lehmigen Sandboden quillt langsam Wasser empor und füllt das leere Loch so, wie Meerwasser bei Flut allmählich in die Priele strömt. Eine Stunde später haben sich wieder fünf Liter Wasser in dem Loch gesammelt, woher könnte es kommen? In der näheren Umgebung gibt es keine Kalkhügel, die wie bei 'Ain Amur das Regenwasser auffangen, sammeln und zu dem Brunnen schleusen könnten. Außerdem regnet es hier nie. Wahrscheinlich wird das Wasser mit großem Druck aus einem unterirdischen Wasserspeicher durch Risse nach oben gepresst, genau wie in den westlichen Oasen.

Drei Tage und Nächte lang schöpfen wir alle drei Stunden Wasser. Nachts steht das Wasser höher als tagsüber, wenn Sträucher und Palmen kräftig von der Feuchtigkeit zehren. Die Eimer und Kanister füllen sich. So wie meine Mutter ihre ganze Liebe über das Stricken von Socken und Pullovern ausdrückte, so zeige ich meine Zuneigung gegenüber den Kamelen, indem ich Wasser schöpfe. Stunde um Stunde, in Erwartung des Augenblicks, dass sie ihre Köpfe ganz hineintauchen können. Es hat etwas von einer Heiligenprozession, als wir sie zu dem Gazellenbrunnen führen. Gierig machen sie sich den besten Platz streitig, um ihre breiten Lippen in die Eimer hineinzutauchen und das Wasser mit schlürfenden Geräuschen aufzusaugen. Wenn sie nach jedem Schluck die Tropfen von den fleischigen Lippen schütteln, kühlt mir ein Regenbogen aus Wassertropfen das erhitzte Gesicht.

Carlo und ich wechseln uns an dem Gazellenbrunnen ab, zu dem man von unserem Lager aus zehn Minuten läuft. Jeden Tag stehen die Kamele in den grünen Büschen und fressen sich satt. Die rotbraune Erde dahinter erstreckt sich bis zum Horizont, reicht bis zum Sudan, dem Land, aus dem drei unserer vier Kameldamen stammen. In der Mittagshitze suchen die Kamele den Schatten der Mimosenbäume auf, wo sie regungslos mit den Hinterteilen in den Stacheln und den Köpfen unter dem Sonnenschirm stehen. Hassan bleibt auf Distanz. Manchmal steht der weiße Hengst oben auf dem Plateau und schaut über die Weide, die Augen auf die endlose Ebene gerichtet, die sich unter dem Grün der Agoulsträuchern ungehindert ausbreitet. Ich habe nur einmal erlebt, dass jemand Hassans harten Panzer durchbrechen konnte. Das war der kleine Rashid. Da der Alte mit seinen quirligen Söhnen nie viel zu schaffen gehabt hatte und ihnen am liebsten schon lange den Kopf abgebissen hätte, war ihm sein Ebenbild Rashid auch herzlich egal. Eines Nachmittags beobachtete ich, wie Rashid auf seinen Vater zulief, offensichtlich neugierig auf den einzigen Mann in der Herde. Er bewegte sich sehr behutsam und vorsichtig, aber Hassan klapperte sofort mit dem Gebiss, als der Kleine zu nahe herankam. Rashid fand das offensichtlich komisch, denn er machte immer wieder einen Schritt nach vorn und wieder einen zurück, wenn Hassan die Zähne bleckte. Das ging eine Viertelstunde so. Der Alte sperrte wie ein Krokodil sein Maul auf und zu, und Rashid verfolgte jede dieser Bewegungen mit großen Augen. Dann gab Hassan seinen Widerstand plötzlich auf und ich sah, wie sich Vater und Sohn seelenruhig gegenüber saßen. Zwei Hengste, der eine ein Riese, der andere sollte erst noch einer werden.

Am Tage ist Dungul erfüllt von dem Duft Tausender gelber Mimosenblüten. Gazellen grasen in den Büschen, die Zeit existiert nicht mehr. Die Dattelpalmen, die Doum-Palme, die kräftigen rot und grün gefärbten Gräser, die Mimosenbäume, alles raschelt, bewegt sich und zaubert Klänge hervor. Carlo und ich begraben die Streitaxt; selten waren wir so glücklich miteinander wie hier auf diesem grünen Eiland. Wir kitzeln die Vergangenheit aus dem anderen heraus, reden über früher, über unsere Kindheit, unsere Eltern, über alles, was wir noch nicht voneinander wissen. Wir haben alle Zeit der Welt. Und wir genießen sie, die trägen Stunden der glutheißen Tage im Schatten einer rauschenden Palme, wenn wir miteinander schlafen. Eine warme Brise trocknet die Schweißperlen und streichelt Stellen, die Hände nicht erreichen können. Dungul steht dem Paradies in nichts nach.

Nachts wechseln wir uns mit dem Wasserschöpfen ab. Carlo ist um neun und zwölf Uhr an der Reihe, ich jeweils anschließend. Ich muss mich schon zusammenreißen, wenn ich tief in der Nacht die Mimosenbäume hinter mir lasse und zwischen den Agoulsträuchern hindurch zu dem Pfad hochklettern muss. Der Wind, der am Tag so ruhig in den Palmen säuselt, hat in der Nacht etwas Furchteinflößendes. Kalte, beißende Windstöße fegen über den Hügel. Obwohl ich mich tief in meinem Daunenschlafsack vergraben habe, höre ich, wie der Wind an den Palmen zerrt. Überall spüre ich Augen nach mir spähen, und mit großen Schritten beeile ich mich, auf dem nicht sichtbaren Pfad zu dem Brunnen zu kommen. Am Brunnen raschelt und knackt es, und obwohl das kompletter Unsinn ist, rechne ich jede Sekunde damit, einen Schlag in den Nacken zu bekommen. Ich drehe den Verschluss des Kanisters auf, setze den Trichter auf die Öffnung und schöpfe einen Becher voll. Meine Taschenlampe benutze ich nicht. Der Wind bläst das Wasser unter meinen Händen weg, wenn ich den Trichter voll gieße. Ich habe fast nie Angst in der Wüste, aber hier pfeift der Wind so Unheil verkündend, dass ich eine Gänsehaut bekomme. Erst wenn die Silhouetten der

Mimosenbäume wieder zu sehen sind, fühle ich mich sicher, und sobald ich in meinen Schlafsack gekrochen bin, kann mir nichts mehr etwas anhaben.

Am Nachmittag des 19. Dezember verlassen wir Dungul. Nach dem Frühstück bringen wir die Kamele von der Weide noch ein letztes Mal zu der Quelle, um sie trinken zu lassen. Zwei Stunden dauert das Procedere. Wir bringen sie auf die Weide zurück, um ihnen noch ein wenig Ruhe zu gönnen. Carlo schaut nach Hassan: «In zehn Jahren sieht Rashid genauso aus.» Ich folge seinem Blick. «Das werde ich nicht mehr erleben», sage ich, ohne nachzudenken. «Warum nicht?» Carlo sieht mich an wie ein getretener Hund, seine Augen funkeln. Ich schaue ihn an. «In zehn Jahren! Dann werde ich hier wohl nicht mehr rumlaufen, denke ich!» Noch während ich es ausspreche, höre ich, wie der Blitz einschlägt. Carlo fühlt sich von mir verraten, in wenigen Sekunden schlägt die Stimmung komplett um. «Wenn du unser Zusammensein in der Wüste begrenzt, dann habe ich keine Lust, als Lückenbüßer zu dienen», sagt er in beißendem Ton zu mir. Seine Schritte werden immer größer, meine Verwunderung auch. Ich habe nie den Plan mit ihm geschmiedet, mein Leben lang neben ihm durch die Wüste zu marschieren, aber Carlo hat seine eigene Logik: «Für dich ist das hier doch auch das Paradies, oder nicht? Und du interessierst dich doch auch für die alten Karawanenwege? Na ja, damit hast du doch signalisiert, dass du noch jahrelang hier bleiben willst.» In den letzten Tagen ist die Phantasie mit ihm durchgegangen, weil wir unser Glück in Dungul nicht fassen konnten, aus ein paar Tagen wurden zehn Jahre, und jetzt habe ich wieder den schwarzen Peter zugeschoben bekommen. Verletzt hüllt er sich in ein offensives Schweigen. Ich werde von einem Augenblick zum anderen auf eine Karawanensklavin reduziert. Carlo bestimmt wieder alles allein. Schlaff lehnt er sich gegen die Taschen. «Ich bin kaputt», ist alles, was er von sich gibt, er weigert sich, aufzubrechen. An dem Trip nach Abu Simbel hat er die Lust verloren, aber die Steingrube interessiert ihn noch. Es ist halb vier, als wir in eisigem Schweigen aufbrechen. Wie Adam und Eva verlassen wir das Paradies. Verstoßen. Jeder mit seinen eigenen Kamelen. Von den sorglosen Tagen voller Liebe, die wir hier verbracht haben, ist nichts übrig geblieben. Uns verbinden nur noch Wut und Unverständnis.

Wir folgen einer Karawanenspur und kreuzen kurze Zeit später einen Karawanenweg. Es muss die Darb el Gallaba sein, die von Sheb über Kurkur zum Nil führt, oder eine Route, die von Tushka oder Wadi Halfa durch die Wüste zum Nil nördlich von Assuan verläuft. Ich versuche, mich aufzuheitern, indem ich an die Handelskarawanen denke, die hier früher entlanggezogen sind. Murray glaubte, dass Harkhuf, der Prinz von der Insel Elephantine, als Anführer einer vom Pharao Merenre ausgesandten Expedition über Dungul gen Westen gezogen ist. Das war etwa 2250 vor Christus. Harkhuf trug den Titel «Gouverneur des Südens» und knüpfte im Auftrag des Pharaos Handelskontakte mit den südlichen Volksstämmen im Land von Yam, zwischen dem ersten und zweiten Katarakt. Gleichzeitig musste er sie lehren, ehrerbietig zu sein und ihn zu fürchten, damit sie es sich aus dem Kopf schlugen, ägyptisches Gebiet anzugreifen. Harkhuf reiste insgesamt vier Mal in das Land von Yam und erkundete auch das westlich davon gelegene Gebiet. Eine unglaubliche Leistung, denn die Ägypter scheuten sich, das Flusstal zu verlassen, und wagten sich nur ungern in die Wüste, wo ihrer Überzeugung nach die Seelen der Verstorbenen hausten. Jede der Reisen Harkhufs dauerte sieben oder acht Monate. Auf den Wänden seines Grabmals am Westufer des Nils hat er seine Abenteuer festhalten lassen. Harkhuf ist voll des Lobes über sich selbst. Er preist seine Taten – denn schließlich war er derjenige, dem es gelang, mehr Geschenke aus dem Land von Yam mitzubringen als irgendjemand vor oder nach ihm. Und wer war jemals mit so viel Ehrerbietung in dem feindseligen Süden empfangen worden wie er?

Nach ihm sind andere Adlige von der Insel Elephantine noch weiter südlich, bis Kush, wie das heutige Äthiopien früher hieß, vorgedrungen. Außerdem leiteten diese Adligen auch Expeditionen in das legendäre Land von Punt, um Myrrhe, Ebenholz, Elfenbein und Gewürze zu holen. Die Expeditionen Harkhufs sind die ältesten bekannten Beispiele für Handelsreisen zwischen Ägypten und dem Sudan. Über Tausende von Jahren wurde die Nord-Süd-Route mit Eseln und Kamelen bereist. In den letzten Jahrhunderten wurden die Karawanen hauptsächlich von Sudanesen geführt, von denen manche wie Harkhuf einen hohen Status hatten, weil sie diplomatische Botschaften überbrachten und große Geldbeträge verwalteten. Oft nahmen diese hoch gestellten Karawanenführer ihre Familien mit. Eine solche Gruppe pflegte äußerst stilvoll zu reisen. Nach ihrer Ankunft in Ägypten mieteten sich die Familien in großzügigen Unterkünften ein, in denen sie sich über Monate aufhielten, bis alle Geschäfte erledigt waren. Heutzutage setzen sich solche Leute einfach ins Flugzeug.

Als ich morgens aufstehe, ist es kalt. Im Osten bricht die Morgendämmerung an, während im Westen die Sterne noch wie kleine Feuerfliegen am Himmel hängen. Bevor wir aufbrechen, schauen wir uns einen großen Alam an, der eine Viertelstunde entfernt auf einem lang gestreckten Hügel steht. Er hat eine sorgfältig gebaute, runde Struktur und ist aus flachen Steinen zusammengesetzt, die in waagerechten Schichten aufeinander gestapelt wurden. Er sieht völlig anders aus als all die anderen Wegweiser, die mir bisher begegnet sind. Am meisten ähnelt er den britischen Alamaten, aber er ist älter, weil die einzelnen Schichten durch fein abgesetzten Lehm zusammengehalten werden – ein Prozess, der Jahrhunderte braucht. Carlo kennt diese Art Steinmännchen von seiner Expedition durch die ägyptische Wüste östlich des Nils. Seiner Meinung nach stammt dieses Exemplar aus der Zeit der Pharaonen.

Das erste kurze Stück eines alten Karawanenweges ist gefunden, aber von hier aus führt kein einziger ausgetretener Esels- oder Kamelpfad in südwestliche Richtung, wo die Steingruben liegen müssen.

Wir halten unseren geplanten Kurs von 210 Grad in Richtung der Chefren-Grube ein. Ich gehe mit meinen Kamelen ein bisschen auf Abstand zu Carlo; geredet wird nur das Nötigste. Die Landschaft ist flach und öde, nirgends die Spur einer Karawane. Es scheint sinnlos, nach einem weiteren Alam zu suchen, nach einem Punkt, der nicht größer ist als ein Muttermal. Ich wickle mich gegen den Wind fest in meine Jacke und suche meinen Kompass heraus. Am Horizont erstrecken sich zwei dunkle Streifen. Carlo meint, dass die Karawanen vielleicht in diese Richtung gegangen sind, da dies ein guter Orientierungspunkt ist.

Die große Lehmfläche, die wir überqueren, weist Spalten und Löcher auf. Wenn die Kamele ihre Füße aufsetzen, bilden sich große Staubwolken. Ich laufe mit meiner Kamera ein Stück voraus, um die umwölkte Karawane zu fotografieren. Durch den Sucher sehe ich, wie Carlo stehen bleibt, sich bückt und einen großen Mahlstein aufhebt. Der ovale Stein ist über einen halben Meter lang und so zurechtgeschliffen, dass sich in der Mitte eine Vertiefung befindet. Drumherum liegen Feuersteine. Meine Kamera klickt.

Die dunklen Streifen, auf die wir zulaufen, nehmen allmählich Gestalt an. Eine Erhebung auf einem Hügel erweist sich nicht als ein Alam, sondern als eine Granitkugel, die wie ein Bovist an dem Hügel klebt. Wir halten an, weil ich fotografieren will. Granit ist mein Lieblingsgestein, und ich erfreue mich an den phantastischen Formen, die ich hier sehe. Auf der Suche nach guten Perspektiven laufe ich herum. Ich knie mich hin, stehe aufrecht, versuche alles Mögliche und bekomme dabei plötzlich Carlo vor die Linse. Auf einem Granitfelsen liegen sein Kompass, seine Karte und sein Feldstecher. Ich frage ihn ein wenig irritiert, ob er sich mit seinem Kartensortiment nicht vielleicht irgendwo anders niederlassen könnte. Wir hatten uns eigentlich darauf geeinigt, dass derjenige, der fotografiert, in Ruhe gelassen wird. «Mensch, hör doch auf!» Ohne jegliche Vorwarnung muss ich eine Flut von Vorwürfen über mich ergehen lassen. «Gottverdammt nochmal», ist dann auch das Erste, das mir einfällt. Carlo hört nicht auf zu schimpfen und zu trompeten. Ich wünsche ihn für alle Ewigkeiten zur Hölle, wo das Feuer gar nicht heiß genug lodern kann. Meine Wut schlägt nach innen, ich stehe unter einer solchen Spannung, dass ich Angst habe, eine Gehirnblutung zu bekommen. Ich bleibe regungslos stehen und hoffe nur, dass dieser Anfall vorübergeht. «Schläfst du, oder was?» Die Dämme brechen. Es gibt einen Knacks in meinem Kopf und ich höre mich selbst kreischen, dass jetzt verdammt nochmal Schluss ist mit seinem tyrannischen Gehabe, dass ich kein Hund bin, den er nach Belieben herumkommandieren kann und dass ich abhaue.

Einen kurzen Moment erschrecke ich selbst bei dem Gedanken, weil mir damit natürlich auch die Steingrube entgeht. Es ist nicht leicht, die Expedition aufzugeben, wo wir so weit gekommen sind. Wir schließen den Kompromiss, bis Abu Simbel zusammenzubleiben, wo ich dann die Karawane verlassen werde. Schweigend machen wir uns wieder auf den Weg, ich mit meinen Kamelen, Carlo mit seinen. Wir kommen an der Erdspalte vorbei, die sich als eine Vertiefung von mehreren Metern herausstellt. Zu unserer großen Überraschung steht dort, auf dem Grund, ein riesiger Wegweiser, der aus der Ferne absolut nicht zu sehen ist. Diesmal ist er viereckig. Auch hier hat man flache Steine aufeinander gestapelt, die mit pulvrigem Lehm verklebt sind. Trotz unserer gegenseitigen Aversionen führen wir einen Freudentanz auf. Wir sind auf der richtigen Spur.

Der Pfad steigt an, Hügel und Täler brechen die Ebene auf. Stela Ridge rückt näher. Von den drei Steingruben ist Stela

Ridge die nördlichste. Die anderen beiden liegen mehr im Südwesten. Trotz der Tatsache, dass Murray die Grube als ziemlich unauffällig beschreibt, habe ich hohe Erwartungen. Warum sollten wir, anders als die Archäologen, nicht doch etwas Schönes finden?

So wie wir jetzt laufen, müssen wir über kurz oder lang auf eine Militärpiste stoßen, die parallel zur sudanesischen Grenze verläuft. Zu festgesetzten Zeiten patrouillieren dort Soldaten, die auf der Suche nach Schmugglern sind. Wie regelmäßig diese Patrouillen sind, wissen wir nicht. Hoffentlich geben sie uns ein paar Tage die Gelegenheit, unbemerkt nach der Grube zu suchen und uns dort umzuschauen. Wir kreuzen eine schmale Autopiste, an deren Rand auch Karawanenspuren verlaufen, aber dies ist nicht der breite Sandweg, den wir erwartet haben. Mit geschärften Sinnen bewegen wir uns in einer völlig ebenen Landschaft, in der nur vereinzelte Sandbänke für Abwechslung sorgen. Ab und zu stoßen wir auf frische Abdrücke von Kamelfüßen. Sie sind nicht sehr alt: Offensichtlich geht den Soldaten nicht jeder Schmuggler ins Netz. Wir stellen Spekulationen über unsere Position an. Es gibt keine Orientierungshilfen, um uns herum flimmert eine trostlose, nichts sagende braune Erde in der Hitze. Ein natürlicher Erdwall von einigen Metern Höhe bietet eine willkommene Abwechslung. Wir laufen darauf zu. Carlo, der eher oben ist, dreht sich erschrocken um: «Arita, ein Auto!» Bevor ich abtauche, sehe ich noch etwas in der Ferne funkeln. Bei näherem Hinsehen bewegt sich dieser blinkende Gegenstand jedoch nicht. Er muss aus Metall sein, aber die Luft flimmert zu stark und wir sind zu weit entfernt, um erkennen zu können, was dort hinten glänzt. Auf den ersten Blick scheinen Menschen um ein Haus herum zu laufen, bei nochmaligem Hinschauen durch den Feldstecher haben sie sich plötzlich in Luft aufgelöst. Es kann sich nur um ein militärisches Objekt handeln, und wir bleiben auf Distanz.

Wir setzen unseren Weg fort und folgen einer einzelnen Kamelspur, mehr oder weniger in Richtung Stela Ridge. Nach einer Weile halten wir an, nichts scheint mehr zu stimmen. Laut Karte müssten wir auf einen britischen Steinmann stoßen, und im Westen müsste eine Hügelkette zu sehen sein. Wir haben uns verlaufen, weil wir gestern viele seltsame Umwege gemacht haben, um die alte Route zu suchen. Und weil wir uns in den Haaren gelegen haben, hat keiner von uns auf den Kurs geachtet. Aber um zu der Steingrube zu kommen, müssen wir äußerst genau navigieren. Um die Situation nicht noch schlimmer zu machen, laden wir auf der Stelle die Kamele ab und rechnen alles noch einmal durch. Drei Mal kontrollieren und vergleichen wir die Aufzeichnungen, schätzen unser Lauftempo ein und versuchen nachzuvollziehen, was unterwegs geschehen ist. Als wir die zurückgelegte Strecke erneut aufzeichnen, stellt sich heraus, dass wir uns nur einen oder anderthalb Kilometer östlich von der zuvor berechneten Position entfernt befinden. Murrays Reifenspuren sind nicht mehr die einzigen, die das Gebiet durchziehen. Wir kommen zu einer breiten Piste, wo alte Ölfässer den Weg markieren. Das muss die Sandpiste für das Militär sein. Auf der anderen Seite der Straße ist die Wüste von schweren Reifen umgepflügt worden. Die grenzenlose Wüste, in der wir vor einigen Tagen verschwitzt und durstig nach Wasser gesucht haben, schrumpft zu einem rechteckigen Küchentisch zusammen, den ein Idiot mit seinem Messer zerkratzt hat. Schlagartig ist das magische Gefühl weg. Die Magie, die so wenig greifbar wie ein Parfumduft um uns schwebte, sobald wir die Asphaltstraße verlassen hatten. Eine Magie, die Zaubersprüche webt, wenn man sich der Ödnis, der Stille, dem Nichts ausliefert. Futsch, weg, vertrieben durch Armeefahrzeuge und Lastwagengewalt. Ich überprüfe die Lage. Dort, wo wir Stela Ridge vermuten, erhebt sich auf einem Hügel ein dunkles Viereck. Wahrscheinlich ein Gebäude, das Archäologen hinterlassen haben, oder eine Gruppe Ingenieure, die auf Amethysten gestoßen waren und auf der Suche nach weiteren Schätzen mit ihren Maschinen den Boden aufgewühlt haben. Und wenn das alles nicht zutrifft, dann wird die Armee irgendwie damit zu tun haben – in jedem Fall wird von Stela Ridge nicht mehr viel übrig geblieben sein. Nach einer Stunde sind wir dem Haus so nahe, dass ich Fenster erkenne und sehe, dass es kein Dach mehr hat. Die Stille wird unangenehm, da jetzt Lkw-Spuren auf das Haus zulaufen, die nicht älter als einige Tage sein können. Es ist ein Rätsel, dass wir keine geschäftigen Geräusche hören, wo doch alles darauf hinweist, dass hier etwas im Gange ist. Der Boden ist überall aufgewühlt, Granit- und Sandsteinhaufen versperren uns den Weg. Ich fühle mich beobachtet in meiner spärlichen Bekleidung, die nur aus einem T-Shirt und Slip besteht, und werfe mir schnell meine Djallaba über. Dann stehen wir vor einem Riesenloch, ein mindestens zwanzig Meter breiter ausgehobener Graben trennt uns von dem Haus. Anfang und Ende des Grabenbruchs sind nicht zu sehen. Der leere Kanal scheint von weit her zu kommen und ins Nichts zu führen. Links an dem Graben ist ein Damm gebaut worden. Da hat irgendein genialer Mensch mitten in der Wüste ein Staubecken angelegt, das sich nicht mit Wasser füllen will. Millionen Kubikmeter Sand sind bewegt worden – offenkundig für nichts und wieder nichts. Die Kanalwand ist circa acht Meter tief und sehr steil. Wir suchen nach einer Stelle, an der wir den Kanal überqueren können. Carlo träumt von einem gefüllten Kühlschrank in dem verlassenen Häuschen auf der anderen Seite. Er steht schon unten in dem Kanal, als ich mit Mabrouka und Gatifa folge. Die Kamele rutschen die steile Wand hinab, und unten angekommen, höre ich plötzlich Geräusche hinter mir. «Arita, ein Soldat!» Carlos erschrockener Blick richtet sich genau dorthin, von wo ich gerade komme. Ich drehe mich um. Drei Soldaten mit Panik in den Gesichtern und ihren Gewehren im Anschlag stürmen auf den Rand des Grabens zu und schreien: *«Idak fôq.»* Carlo übersetzt schreiend: «Hände hoch!» Mit erhobenen Händen warten wir, bis sie bei uns sind. Meine Kamele haben sich aus dem Staub gemacht und beobachten das Ganze aus sicherer Entfernung. Einer der Soldaten hält die Waffe auf uns gerichtet, während ein anderer wild an den zurückgebliebenen Kamelen zerrt und Carlo etwas zuruft. Der dritte sagt: «Welcome to Egypt.»

Die Soldaten gehören zu dem Grenzschutzkommando Muhabarat Hadud. Sie verdächtigen uns, illegal die Grenze zum Sudan überqueren zu wollen, um Drogen und Waffen zu schmuggeln. Die Männer können froh sein, dass wir mit Kamelen unterwegs sind. Gegen ein Auto hätten sie keine Chance gehabt. Sie sitzen hier ohne Funkgeräte und Transportmittel; mit uns haben sie den Fang ihres Lebens gemacht. Schon seit einer Stunde hatten sie uns im Visier, aber nach den Regeln der Kriegskunst haben sie so lange gewartet, bis sich ein günstiger Moment ergab. Sie fangen meine Kamele ein und begleiten uns zu einer Sandpiste, wo sie um fünf Uhr nachmittags von einem Armeefahrzeug abgeholt werden. Einer der Soldaten bleibt mit dem Gewehr im Anschlag auf Abstand. Die beiden anderen reden in einem freundlichen Ton mit uns. Sie sind blutjung und selbst ganz überrascht. Am Straßenrand laden Carlo und ich ohne Eile die Kamele ab. Die Soldaten nehmen unsere Pässe an sich. Als sie darin herumblättern, stellen sie fest, dass vor Carlos Namen «Dr.» steht. Ein Doktor, das macht Eindruck. Ich habe Carlo oft damit aufgezogen, dass er dazu neigt, überall seinen akademischen Titel anzugeben, damit auch jeder weiß, dass er es mit einem promovierten Herumtreiber zu tun hat. Aber hin und wieder hat das auch seine Vorteile. Den Tee, den *il Duktur* den Soldaten anbietet, wagen sie nicht zu trinken. Er könnte nicht ganz in Ordnung sein. Ihr Basislager liegt zwanzig Autominuten von hier entfernt. Sie sind dort noch nicht sehr lange stationiert, und da, wo sie uns verhaftet haben, schieben sie erst einen Tag Posten. Der Name Stela Ridge sagt ihnen nichts. Tushka nennt einer von ihnen dieses Gebiet. Natürlich, die

Puzzleteile passen zusammen: Wir befinden uns mitten im so genannten Tushka-Projekt, ein Unterfangen, bei dem versucht werden soll, mit Wasser aus dem Nasser-Stausee eine große Wüstenfläche zu bewässern. 1964 begann man mit russischer Unterstützung bei Tushka mit den Grabungen für einen Seitenarm des Stausees in westlicher Richtung. Wenn der Wasserspiegel in dem Stausee hinter dem Assuandamm über einen bestimmten Pegel hinaus ansteigt, könnte das überschüssige Wasser über diesen künstlich angelegten Kanal zur Bewässerung eines Stücks Wüste abgeleitet werden. Aber dieser Pegel ist nie erreicht worden, die Wüste blieb trocken.

Es wird dunkel, bald haben wir den kürzesten Tag des Jahres erreicht. Es weht ein heftiger Nordwind. Die Soldaten frösteln. «*Nas kwayyisien,* es sind gute Menschen», sagt einer der Soldaten, als wir ihm eine Decke anbieten. Seine beiden Kollegen verrichten ein paar Meter von uns entfernt ihr Gebet zu Allah. Das Motorengeräusch eines schweren Militärfahrzeugs kommt näher. Zwei Scheinwerfer durchbohren das Dunkel und tauchen ein paar Minuten später die Gruppe am Straßenrand in ein gleißendes Licht. Die Türen des Trucks gehen auf und zu. Für kurze Zeit ist es totenstill. Gestalten, deren Gesichter mit Schals und Tüchern verhüllt sind, umringen uns, mit neugierigen Blicken werden die beiden Fremden gemustert. Einer der Männer kommt auf uns zu, es entsteht Stimmengewirr.

Carlo wird von dem Mann mit «Assalam Alaikum» begrüßt. «Alaikum Assalam», grüßen wir zurück. «Was ist euer Reiseziel, Tushka oder Abu Simbel?», will er wissen.

Carlo erklärt ihm unseren Reiseplan. «Wir sind auf dem Weg zu dem Ramses-Tempel in Abu Simbel und kommen aus Kharga.» Der Mann, dessen Rang uns nicht klar ist, will, dass wir noch heute Abend in Begleitung zu dem Polizeiposten in Abu Simbel gehen. Offensichtlich hat er nicht einkalkuliert, dass man für diese Strecke mit Kamelen drei Tage braucht. Nach einigem Hin und Her zeigt er Verständnis für unsere Situation und gestattet uns, am nächsten Morgen nach Abu Simbel aufzubrechen.

In Ägypten verläuft selten etwas unkompliziert, vor allem dann nicht, wenn man es mit der staatlichen Bürokratie zu tun bekommt. Die Zusage des Soldaten hat keinerlei Bedeutung. Auf allen Ebenen herrscht in diesem Land eine tief verwurzelte, fast angeborene Angst, Fehler zu machen, und Entscheidungen werden immer auf höhere Instanzen und Personen abgeschoben. Das Armeefahrzeug fährt ab, aber um acht Uhr tauchen die Scheinwerfer erneut auf. Dieses Mal ist ein Hauptmann aus dem Basislager dabei, um sich dem Problem zu widmen. Ein netter Mann, der uns gewogen ist, aber über sein Funkgerät andere Anordnungen erhält. Das Gerät knackt in der Dunkelheit, man schreit sich kurze Sätze zu. Der Hauptmann pendelt zwischen dem Gerät und uns hin und her und überschüttet uns mit den unterschiedlichsten Befehlen. Nach der Stimme aus dem Gerät zu urteilen, müssen wir noch heute Nacht in dem zwanzig Kilometer entfernten Nukta Hadud Tushka sein. Das ist einer der zahlreichen militärischen Straßenposten, die den Durchgangsverkehr kontrollieren. Ich kenne solche Nuktas, wo ein paar Soldaten herumhängen, die Tonnen auf die Seite rollen, nachdem sie die Passnummer oder das Autokennzeichen kontrolliert haben. Ansonsten gibt es dort nichts. Wieso also diese mitternächtliche Hast, fragen wir den Hauptmann. Wenn wir am nächsten Tag in aller Frühe aufbrechen, sind wir gegen neun Uhr morgens am Nukta – das erscheint uns früh genug. Der Hauptmann ist ein anständiger Kerl, aber nach einigen Stunden hat er es satt, zwischen uns und seinen Vorgesetzten zu lavieren. Befehl ist Befehl, wir fahren mit dem Auto nach Tushka und damit Schluss.

Letztendlich zeigt sich der Hauptmann sogar kompromissbereit. Wenn ich in einen ihrer Trucks einsteige, darf Carlo in Begleitung der Soldaten laufen. Im Schein der Taschenlampen stehen die Soldaten mit einem blöden Grinsen um uns herum.

Sie haben absolut keine Lust, zwanzig Kilometer zu laufen, und so meldet sich niemand als Begleiter. Sie stellen die Bedingung, dass sie auf den Kamelen reiten dürfen, aber die Tiere sind so schwer bepackt, dass sie die Soldaten nicht tragen können. Carlo bekommt eine seiner Brüllattacken. Die Soldaten weichen erschrocken zurück. So viel Wortgewalt kennen sie nur von ihren Vorgesetzten. «Ihr seid wohl verrückt geworden! Idioten!» Carlos Haare flattern im Wind, er erscheint doppelt so groß. Der Kreis dehnt sich weiter aus, als Carlo seine Zuhörer anschreit, wie sie in Allahs Namen glauben könnten, jemals einen Krieg zu gewinnen, wenn sie nicht einmal in der Lage wären, ein Stückchen zu laufen. Auf einigen der Gesichter zeigt sich ein leichtes Grinsen, zwei der Männer nehmen halbherzig die Zügel von Mabrouka und Gatifa in die Hand. Sahara steht mit arrogant erhobenem Kopf daneben, als wollte sie sagen: «Also Mädel, wenn ich eingreifen soll, dann sag Bescheid.» Ich steige in den Jeep, der mit abgeblendeten Scheinwerfern nach Tushka fährt. Auf halber Strecke versperrt uns ein entgegenkommendes Militärfahrzeug den Weg. Zwei Offiziere in Zivil springen aus dem Wagen. Neue Anordnungen. Carlo muss die Kamele in der Wüste zurücklassen und sich ebenfalls mit dem Auto nach Tushka bringen lassen. Aus der Gegenrichtung kommt uns eine mittlerweile auseinander getriebene Karawane entgegen. In dem hellen Licht der Scheinwerfer sieht man die panischen Kamelaugen, Schaum steht den Tieren vorm Maul. Carlo erzählt mir, dass keiner der Soldaten auch nur einen Finger gerührt hat, als die Kamele durchgingen. Er kocht vor Wut und ist völlig aufgebracht, genau wie die Kamele, die er wieder einfangen konnte.

Die Nachricht, dass wir die Tiere mitten in der Nacht hier zurücklassen müssen, macht die Stimmung auch nicht gerade besser. Die beiden Offiziere in Zivil sind sauer, weil man sie von dem Fernseher weggeholt hat, damit sie hier Ordnung schaffen. Sie wollen so schnell wie möglich wieder nach

Hause. Für eine höflich vorgetragene Gegenrede haben sie kein Ohr. «Heulen», zischt Carlo auf Deutsch. «Verdammt nochmal, heul gefälligst!» Das gelingt mir auf Kommando. Unter Schluchzen versuche ich die Offiziere davon zu überzeugen, dass wir die Kamele unmöglich zurücklassen können, dass es in Tushka niemanden gibt, der uns erwartet und der Befehl sowieso weder Hand noch Fuß hat. «I am sorry, they are crazy orders – but they are orders.» Der Offizier bedeutet den Soldaten, unsere zwanzig Satteltaschen hinten in den Jeep zu werfen. Als ich den Kamelen zum Abschied über die Köpfe streiche, fließen echte Tränen. Ich weiß nicht, ob ich sie jemals wieder sehen werde, und habe das Gefühl, dass ich sie verrate, wenn ich sie jetzt verlasse.

Ein Soldat bleibt in der Kälte bei ihnen, die anderen springen hinten auf den Jeep. Die beiden Offiziere, Carlo und ich sitzen vorne im Fahrerhaus. Ratternd fahren wir über die bucklige Sandpiste, die Scheinwerfer tanzen auf und nieder. Streckenweise fahren wir ohne Licht – eine ägyptische Sitte, um die Batterien zu schonen. Die Offiziere lachen und unterhalten sich miteinander. Für sie ist die Sache erledigt. «Don't worry, no problem, welcome to Egypt.» Carlo und ich reagieren nicht besonders höflich auf ihre Späße und Faxen – das irritiert den Fahrer. «Shut up», sagt er ein paar Mal im Kommandoton, als wir das «Don't worry» und «Welcome in Egypt» nicht mehr hören wollen. Der Offizier verlangt Respekt und weist darauf hin, dass er kein einfacher Soldat ist. Für mich ist er ganz einfach ein Idiot. «Da seht ihr, das ist eure Schuld», der verärgerte Offizier weist mit einem Kopfnicken auf einen Jeep am Straßenrand, wo vier Soldaten um ein pfeifendes Funkgerät herumstehen. Alles ist in heller Aufregung wegen der beiden merkwürdigen Wüstenreisenden. Der Grenzschutz funktioniert jedenfalls. Der andere Offizier erklärt uns, dass das Verhältnis zwischen Ägypten und dem Sudan seit dem Überfall des Irak auf Kuwait angespannt ist. Der Sudan hat feindselige Äußerungen gegenüber Ägypten gemacht und man fürchtet, dass das Nachbarland den Assuan-Staudamm in die Luft sprengen wird, damit Ägypten durch eine gigantische Sintflut von der Landkarte verschwindet. Deshalb sind die Grenztruppen besonders aufmerksam. Auf Arabisch überlegen die Offiziere, ob sie uns bei dem Nukta in Tushka oder in dem siebzig Kilometer südlicher gelegenen Abu Simbel absetzen sollen. Sie einigen sich auf Nukta Tushka, den gottverlassenen Straßenposten zwischen Assuan und Abu Simbel. Morgen wird uns dann jemand zur Vernehmung nach Assuan bringen. Sobald uns die Offiziere mit unserem gesamten Gepäck abgesetzt haben, tauchen sie spornstreichs in der Dunkelheit ab.

Es ist inzwischen halb drei geworden, und ich will nur noch in Ruhe gelassen werden. Nur aus Gewohnheit suchen meine Augen nach meinem Fotokoffer, der in einer Segeltuchtasche steckt. Je hastiger mein Blick über die Taschen springt, desto klarer wird mir, dass die Tasche weg ist. Mit einem üblen Gefühl im Magen arbeite ich mich durch die Berge von Gepäck; ich schaue in jede Tasche, aber der Fotokoffer taucht nicht auf. Ich kann meine mühsam zusammengesparte Nikon-Ausrüstung in den Wind schreiben. Meine Existenz als Fotografin ist gründlich ruiniert. Irgendwie steht mein Fotografieren unter einem schlechten Stern. Im letzten und vorletzten Jahr ging meine Kamera kaputt, jetzt wird mir die gesamte Ausrüstung gestohlen. Irgendwo zwischen Tushka und Abu Simbel reiben sich zwei Offiziere angesichts ihrer Beute die Hände.

Fuchsteufelswild schreie ich die Soldaten an, dass sie eine Nachricht nach Abu Simbel funken sollen. Der Fotokoffer muss so schnell wie möglich aus dem Lkw geholt und zurückgeschickt werden. Ein Mann in einem weißen Anzug und weißen Schuhen beugt sich vertraulich zu mir herüber: «*Laisa mushkilatan.* Kein Problem, Madame.» Aber das ist vergebliche Liebesmüh, und ich weiß es. Ich will niemanden mehr um mich haben und krieche weinend in meiner Hilflosigkeit und Wut in den Schlafsack. Die Kamele weg, die Kamera weg, die Reise zu Ende. Carlo macht es sich leicht, indem er mir kurz über den Kopf streicht. Wahrscheinlich ist er froh, dass es nicht sein Fotokoffer ist, der gestohlen wurde.

Ab und zu wird eine Tonne über die Straße gerollt, um Taxis durchzulassen. Taxis, die Touristen noch vor Sonnenaufgang am Ramses-Tempel absetzen. Touristen, die höchstens einen schläfrigen Blick riskieren, wenn ein Soldat bei Nuktar Tushka durch das Fenster die Köpfe zählt. Gegen Morgen muss ich schließlich eingeschlafen sein.

Vage bekomme ich mit, dass Carlo um sechs Uhr aufsteht, um sich zu erkundigen, ob der Bus von Abu Simbel nach Assuan schon vorbeigekommen ist. Mit diesem Bus sollen wir in Begleitung einiger Soldaten zu einem Verhör nach Assuan fahren. Aber es interessiert sich bereits niemand mehr für uns. Die überstürzte Geschäftigkeit der vergangenen Nacht hat sich mit dem Sonnenaufgang in Luft aufgelöst. Ich setze mich draußen zu Carlo auf eine Bank, wo wir Stunde um Stunde darauf warten, dass uns jemand abholt. Der weiß gekleidete Major war mir auf den Pelz gerückt, um mir in beschwörendem Tonfall zu versichern, das Auto, das uns nach Assuan bringen soll, wäre in einer halben Stunde da. Das war um sechs Uhr morgens, mittlerweile ist es zwölf, und nichts hat sich getan. Für nichts und wieder nichts hat man uns in der Nacht aus der Wüste geholt, und der Fotokoffer bleibt auch verschwunden. Wir setzen uns in das Wachhäuschen und teilen den Soldaten mit, dass wir nichts mehr essen und trinken werden, bis endlich etwas geschieht. Daraufhin schickt der Major einen Soldaten mit einem vorbeikommenden Auto nach Abu Simbel, um die Lage zu sondieren. Er kommt mit einem Jeep voller Soldaten zurück. Der Major gibt einigen seiner Leute den Befehl, mit mir in einem Jeep zu der Stelle zu fahren, wo wir die Kamele zurücklassen mussten.

Mein Fotokoffer ist dort nicht ausfindig zu machen, aber

glücklicherweise treffen wir unterwegs auf die Kamele, die von den Soldaten zum Nukta geritten werden. Dort ist alles in dem kleinen Raum zusammengeströmt, in dem Carlo und ich warten. Tee schlürfende Männer sitzen an die Wände gelehnt und erzählen jedem Neuankömmling die ganze Story von vorne bis hinten. In diesen Tumult platzen die Offiziere hinein, die ich im Verdacht habe, meinen Fotokoffer gestohlen zu haben. Hochmütig weigern sie sich, uns die Hand zu schütteln. In einem schicken Outfit, die Augen hinter dunklen Sonnenbrillen versteckt, beteiligen sie sich an der allgemeinen Diskussion, ohne uns eines Blickes zu würdigen. Die Männer geraten in eine hitzige Debatte. Einer der Soldaten hat den General in Assuan informiert, und nun sind die Puppen am Tanzen. Der General, der die Verantwortung für die Sicherheit der Grenzen in halb Ägypten trägt, wird natürlich Fragen stellen, lästige Fragen, und das, wo man die ganze Angelegenheit nach Meinung des Majors intern hätte erledigen können.

Der Himmel färbt sich rot, als wir in das Auto einsteigen, das uns zu unserem Verhör nach Assuan bringen soll. Es ist eine Strecke von zweihundert Kilometern, schon bald nehme ich die Landschaft nicht mehr wahr, mir fallen die Augen zu. Drei Stunden später erwache ich in einer anderen Welt. Über die scheppernden Eisenplatten der Brücke, die über den alten Damm führt, fahren wir in die Stadt hinein, die wie ein überladener Weihnachtsbaum auf dem Hügel drapiert ist. Überall glänzen Lichterketten. Auf der anderen Seite des Damms sind am Straßenrand Stände mit Bergen von Obst und Gemüse aufgebaut, Geschäfte, voll gestopft mit Lebensmitteln, gleiten vorbei. Auf den erleuchteten Straßen flanieren verliebte Paare. Dicke Palmen schmücken die breiten Straßen. Ich stelle mir vor, dass uns die Soldaten in ein kleines Hotel bringen werden, um uns am nächsten Tag dem General vorzuführen. Aber der ägyptische Grenzschutz hat andere Pläne. Der Jeep hält vor einem großen Metalltor, das sich schnarrend öffnet.

Ein Soldat salutiert. Mit steifen Gliedern steigen wir aus. Wir befinden uns im Hauptquartier der Muhabarat Hadud, einer höchst effizienten und berüchtigten Militärorganisation, die jeden Ägypter zusammenzucken lässt, wenn er nur ihren Namen hört.

Wir kommen in ein Gebäude mit einer geräumigen Wartehalle und werden sogleich weiter in das Zimmer des Generals geführt. Ein junger Mann in Jeans wirft uns beim Eintritt beiläufig einen Blick zu. Er telefoniert ununterbrochen, während er auf einem Schreibtischsessel wippt, der sehr viel Ähnlichkeit mit einem alten Friseurstuhl hat. Das Telefon ist ein moderner Apparat mit allem technischen Schnickschnack. Außer dem Telefon sind auch die Soldaten des Hadud in Assuan von einem anderen Schlag als die normalen Wachsoldaten. Der dumpfe, beruhigende «*Inshallah*-Blick» fehlt.

Der kräftige junge Mann auf dem Friseurstuhl platzt fast aus seiner engen Jeans. Er hat seine Telefonate beendet, wir mustern uns. Auf seinem Stuhl wippend, teilt er uns mit, dass er im Rang eines Hauptmanns ist und in Abu Simbel die Leitung hat. «*You are not allowed to leave the main road without permission*», sagt er völlig unvermittelt in einem beschuldigenden Ton. Es ist ihm deutlich anzumerken, dass er noch von dem Ehrgeiz besessen ist, der Klassenbeste zu sein. Ein junger Hund, der jedem Stöckchen nachjagt und nicht zwischen fetten Brocken und mageren Knochen unterscheidet. Wir zeigen ihm ein Formular, in dem auf Deutsch und Arabisch steht, wo man sich als Tourist aufhalten darf und wo nicht. Da man uns etwas nördlich einer Sperrzone angetroffen hat, haben wir uns nicht strafbar gemacht. Der Hauptmann tappt mit dem Fuß auf den Teppich. «Diese Gesetze sind überholt», sagt er auf Englisch und zieht gleichzeitig einen Vorhang zur Seite, hinter dem eine große Karte hängt. Unzählige rote Quadrate bedecken das ägyptische Grundgebiet – militärische Kontrollposten. «Schauen Sie, überall hier ist es verboten», mit einer nachlässigen Geste fährt der junge Mann von oben nach unten über die Karte. Der Vorhang schwingt wieder zurück. In diesem Augenblick betritt der General das Zimmer. Es spricht für den Hauptmann, dass seine Augen keinen unterwürfigen Ausdruck annehmen, als sein Chef hereinkommt. Ich hatte einen zackigen Herrn in Uniform erwartet, der in barschem Ton unverzüglich zur Sache kommen würde, aber in der Tür steht ein leicht gedrungener, freundlich wirkender Mann in Zivil. Vor allem sein leicht verschossenes blaues Jackett macht ihn mir sympathisch. Er reicht uns mit einem Lächeln die Hand und setzt sich hinter seinen riesigen Schreibtisch. Die Jacke behält er an. Nicht, dass er uns ignorieren würde, seine Haltung scheint eher auszudrücken: Alles zu seiner Zeit. Zunächst wendet er sich dem Hauptmann zu, der ihm über die eingegangenen Telefonanrufe Bericht erstattet. Der General ist äußerst sparsam mit Worten. Während sein Untergebener redet, starrt er vor sich hin. Die Telefone klingeln unaufhörlich. Der Hauptmann tut so, als ob er hier zu Hause wäre, und nimmt auf die gleiche Weise wie der General die Gespräche entgegen. So muss gestern Nacht auch die Nachricht von zwei Ausländern mit fünf Kamelen hier eingegangen sein.

Es wird respektvoll an die Tür geklopft. «*Min?* Wer ist da?», ruft der General kurz angebunden. Vorsichtig steckt jemand den Kopf zur Tür hinein und deutet auf ein Teetablett in seiner Hand. Ein leichtes Kopfnicken, und er wagt sich in das Zimmer. Sorgfältig stellt er Teegläser und Zucker auf einem Tischchen zwischen Carlo und mir ab. Ohne uns den Rücken zuzukehren, schlüpft der Teebringer lautlos wieder hinaus. Wir schlürfen Tee. Der General sitzt mit einem unbestimmten Lächeln zwischen seinen Telefonapparaten, der Blick ist nach innen gekehrt, die Hände ruhen auf der Glasplatte, die auf der Schreibtischfläche liegt. Sobald das Telefon klingelt, nimmt er den Hörer ab, studiert eine Karte, antwortet, legt den Hörer wieder auf und wartet in sich versunken auf das nächste Klingeln. Hinter dem General schaut uns ein lächelnder Hosni Mubarak auf einem schief hängenden Gemälde an. Eingerahmt und genauso schief hängen Korantexte friedlich neben einem merkwürdigen Kalender mit Abbildungen von schießenden Soldaten, abgeschossenen Flugzeugen und Männern mit Helmen, die einen Brand löschen. Der General kommt in Bewegung. Beiläufig fragt er uns nach unserer Route und hört interessiert zu. Offensichtlich ist er nicht darauf aus, uns ans Kreuz zu nageln, aber er will uns deutlich machen, dass wir einen Fehler gemacht haben. Ein Untergebener kommt mit einer Aktenmappe herein. Der General blättert durch kleinere und größere Papiere, von denen manche wie abgegriffene Einkaufszettel aussehen. Es scheinen Gesetzesänderungen zu sein. Ein entwaffnendes Lächeln huscht über das Gesicht des Generals, als er uns den Text des Gesetzes 413 vom 18. Oktober 1988 vorliest, der lautet: «*Nobody is allowed to leave the mainroad without permission.*» Sein Lächeln wird noch breiter, als er von Carlo erfährt, was es für eine Prozedur ist, eine solche Genehmigung zu beantragen, da einem nämlich niemand sagen kann, wo man den entsprechenden Antrag zu stellen hat. Die zuständige Behörde scheint äußerst geheim zu sein.

Um halb elf schickt uns der General zum ägyptischen Geheimdienst. An der Corniche, der Uferstraße am Nil, steht ein elegant wirkendes Gebäude im Kolonialstil, in dem der Geheimdienst der Region Assuan residiert. Alles hier erinnert an die Zeiten, als die Briten während der Wintermonate an dieser wunderschönen Biegung des Nils ihre Zeit vertrödelten. In dem schattigen Garten wachsen zahlreiche tropische Pflanzen und Bananenstauden. Das Portierhaus ist stilvoll heruntergekommen. Ich erwarte jeden Moment einen Butler statt eines schlurfenden ägyptischen Soldaten. Ich lasse mich in einen der edlen, aber verschlissenen Sessel sinken, mein Blick gleitet an den gelben Wänden entlang, die das schummrige Licht der einzigen Glühbirne reflektieren. Auf dem gefliesten Boden liegt ein unansehnlicher Teppich. Uns gegenüber steht gelangweilt ein Wachsoldat herum. Er reagiert nur mit einem kurzen Kopfnicken, als man uns holt. Auf der Veranda kommt uns ein Major mit energischen Schritten entgegen. Ein kräftiger, fast schmerzhafter Händedruck ergänzt das Bild. Der Major ist ein großer, beleibter Mann in den Dreißigern mit einer tiefen Bassstimme. In seinem blau gestreiften Oberhemd mit den scharf gebügelten Falten vermittelt er den Eindruck, als hätte der Tag für ihn gerade erst begonnen. Seiner vibrierenden Energie ausgesetzt, fühle ich mich müde und ausgebrannt. Zum ersten Mal betrachte ich Carlo und mich mit den Augen eines Außenstehenden. So unversehens in der Wüste aufgegabelt, hatte ich nicht einmal die Zeit, um darüber nachzudenken, dass wir einen merkwürdigen Eindruck machen müssen. Meine verschossene Hose hat viele Löcher, und meine ungewaschenen Haare habe ich schon lange nicht mehr gekämmt. Den Major scheint das nicht zu stören. Jovial bietet er mir zwischen den beiden enormen Plastiksträuchern einen bequemen Stuhl an. Der Farbfernseher wird ausgemacht, es wird Tee bestellt, und das Gespräch kann beginnen.

Der Major hat die Ausstrahlung eines Hochspannungsmastes, die Luft um ihn herum scheint von der Energie, die er aussendet, zu surren und zu flimmern. Seine großen Hände und der feurige Blick lassen ahnen, dass er recht genau weiß, wie er an seine Informationen kommen kann. Und seine Augen zeigen, dass er ebenso gut weiß, wie er mit Frauen umzugehen hat; seine Stimme duldet keinen Widerspruch. Er mustert uns und hört sich an, was wir zu sagen haben. Jemand legt ihm eine Mappe mit Gesetzestexten auf den Schreibtisch. Genau wie der General blättert er wild darin herum, auf der Suche nach der einen Bestimmung, die den Inhalt unseres Formulars widerlegt. Er kann nichts finden. Dann studiert er unsere Landkarte, mit einer Fliegenklatsche und einem Bleistift zieht er eine Verbindungslinie zwischen Baris und Abu Simbel. Tja, wir haben uns in der Tat einen Zentimeter oder besser gesagt fünf Kilometer nördlich des Sperrgebiets aufgehalten.

Zwei Männer erscheinen kurz, um die Einkaufsliste für ein Abendessen am nächsten Tag zu besprechen. «Tomaten, Gurken, Zwiebeln.» Der Major nickt zwischendurch bestätigend, er blättert noch immer in der Akte und stößt schließlich auf das Gesetz 413 vom 18. Oktober 1988: «*Nobody is allowed to leave the mainroad without permission.*» «Aber», sagt Carlo, «es gibt doch überhaupt keine asphaltierte Straße zwischen Kharga und Abu Simbel. Also mussten wir den Karawanenweg nehmen.» Dem Major fehlen zum ersten Mal die Worte. «Das stimmt», sagt er verblüfft. Das Gespräch scheint beendet, als der General erscheint. Er ist gespannt, wie das Gespräch verlaufen ist, und greift den Faden auf, den der Major hat fallen lassen. «Es gibt doch eine Asphaltstraße, die Darb el Arba'in», ruft er triumphierend. Die Darb el Arba'in führt zwar nicht nach Abu Simbel, aber immerhin gen Süden. Dieser alte Karawanenweg ist für militärische Zwecke asphaltiert worden, selten erhält jemand die Genehmigung, diese Straße zu benutzen. «Diese Straße ist für uns verboten», entgegnet Carlo dann auch. Es ist inzwischen schon nach zwölf, und mit einem Blick auf mich beschließt der Major, die Sache zu beenden. «Wir machen Schluss, die Dame ist erschöpft.» Er gibt uns zu verstehen, dass wir uns niemals mehr ohne Genehmigung in dieser Gegend herumtreiben dürfen – damit ist der Fall erledigt.

Eine Stunde später stehen wir unter der Dusche in einem Hotel, das wir selbst bezahlen dürfen. Nass stellen wir uns Arm in Arm vor einen großen Spiegel, der statt zweier Landstreicher zwei schöne, muskulöse und braun gebrannte Körper zeigt. Johlend lassen wir uns rückwärts auf das weiche Bett fallen und feiern den glücklichen Ausgang der Geschichte.

Am nächsten Morgen fahren wir mit dem jungen Hauptmann nach Tushka, wo er den Soldaten einen scharfen Verweis wegen meines gestohlenen Fotokoffers erteilt. Die armen Kerle haben eine Todesangst davor, ins Militärgefängnis geworfen zu werden, falls man nun einen Sündenbock suchen sollte. Die Kamele sitzen zwischen leeren Konservenbüchsen und Kothaufen neben dem Nukta-Häuschen. Wir verlassen den Posten so schnell wie möglich. Wenn wir uns an die Anweisung halten und in der Nähe der asphaltierten Straße bleiben, dürfen wir entweder nach Abu Simbel oder über dieselbe Route wie auf dem Hinweg durch die Wüste zurück nach Kharga laufen. Das Gebiet der Steingruben zu durchqueren, ist uns leider untersagt. Immer mehr vom Wind erodierte Sandsteinhügel tauchen auf. Nach zwei Tagen erreichen wir eine *Tabana*, einen Rastplatz für Karawanen, die aus dem Westsudan kommen und auf dem Weg zum Nil sind. Diese Tabana wird von zwei jungen Sudanesen betrieben, die uns zum Tee einladen. An einem Feuer in der Hocke sitzend, warten wir, bis das Wasser im zerbeulten Kessel kocht. Im Moment sei es ruhig, erzählt einer der Jungen, der eine Ledermütze mit Ohrenklappen trägt. Für sudanesische Begriffe ist es hier wohl kalt. Vor zwei Tagen kamen an der Tabana zweitausend Kamele vorbei, fährt er fort und breitet seine Arme aus, um deutlich zu machen, wie weit das Gelände war, das die Kamele mit ihren Leibern bedeckten. Neben ihrer verrußten Wellblechhütte sind Strohballen gestapelt. Sie werden an die Kameltreiber verkauft, die ihre völlig ausgemergelten Tiere damit füttern. Ihren Durst löschen die Kamele mit dem Wasser aus dem großen Betonbecken. Kamelhändler aus Kairo sorgen dafür, dass die Tabana regelmäßig mit Stroh und Wasser versorgt wird, damit die Kamele auf der letzten Etappe nicht als Kadaver und Delikatesse für die Geier enden.

In der Nähe der Wellblechhütte scharren ein paar magere Kamele im Sand herum. Sie waren zu erschöpft, um noch weiter zu laufen, und werden mit einem Lastwagen abgeholt. Mit einem Glas Tee in der Hand statte ich den ausgemergelten Tieren einen Besuch ab. Im gleichen Moment tauchen auf den gelben Sanddünen auf der anderen Straßenseite viele schwarze Punkte auf, die sich bewegen. Eine Karawane aus dem Sudan! Mit dem Fernglas hole ich sie näher heran. Vier Männer mit sechzig Kamelen marschieren auf die Tabana zu. Muskelbepackte Kerle, die kein Gramm Fett auf dem Körper haben. Einen Monat lang ernähren sie sich von Zwiebeln, Hirse und ranziger Butter. Der Rest ihres Gepäcks besteht aus einer Peitsche und einigen Lederlappen, um die wund gelaufenen Fußsohlen der Kamele zu reparieren.

Die Begrüßung zwischen den Kameltreibern und den beiden Jungen von der Tabana verläuft herzlich. Minutenlang werden dieselben Worte wiederholt. «*Marhaban, marhaban, marhaban*», ist das Einzige, was ich dem melodiösen Arabisch entnehmen kann. Die Kameltreiber kommen aus Omdorman und sind schon sechsundzwanzig Tage unterwegs. Fünf Kamele sind bisher gestorben, das sind fast zehn Prozent der Herde. Sie inspizieren unsere gut gefütterten Kamele und unser Gepäck. Die Ledertaschen, die Carlo im Sudan gekauft hat, kommen ihnen bekannt vor. Wir tauschen Messer, Tabak und Aspirin gegen Geschichten und eine Hirsemahlzeit. Mit einem Beil zerhackt der Koch einen dicken Ast, legt die Holzscheite auf einen Haufen und zündet ihn an. Mit einem Zipfel seiner schmuddeligen Djallaba facht er die Flammen an und setzt einen Topf auf das Feuer. Knoblauch und Zwiebeln brutzeln in einer dicken Öllache, die Hirse geht auf, und mit offenbar feuerfesten Fingern bedienen sich die Männer aus dem Topf. Ich bekomme meine Portion in einem extra Gefäß serviert. Zwei weitere Karawanen treffen ein; sie bleiben auf Distanz, damit sich die Tiere der unterschiedlichen Herden nicht miteinander vermischen. Ständig sausen Peitschen durch die Luft, man hört die Rufe der Treiber, um die Herden zusammenzuhalten. Ein paar Männer beladen ein Kamel mit so vielen Strohballen, das es unter seiner Last fast zusammenbricht. Die Männer arbeiten hart, aber nicht überhastet. Unsere Kamele blicken überrascht um sich. Plötzlich sind sie von vielen Artgenossen umringt. Nach einem anfänglichen Zögern sind sie nicht mehr zu halten, sie federn hoch, um notfalls auf gefesselten Knien zu der Herde zu kriechen. Mit der Peitsche und lautem Gebrüll gelingt es uns, sie so lange an ihrem Platz zu halten, bis die anderen Karawanen wieder aufbrechen. Drei Tage brauchen sie noch bis ins Niltal. Ich schaue ihnen nach – den schaukelnden Kamelen, die mit peitschenden Schwänzen die lästigen Fliegen verjagen. Eine so lange und entbehrungsreiche Reise, nur um in einem Schlachthaus zu enden.

Abu Simbel kündigt sich an. In den Böschungen der Asphaltstraßen liegen Essensreste, Becher, Servietten und Plastikbestecke. Abfälle von Egypt Air. Welcome to Egypt. Kleine Maschinen steigen auf und landen, um Besucher für wenige Stunden auszuladen. Der große Ramses wird zu einem mundgerechten Häppchen zerkleinert.

Nach einer Fabrik, dem Armeeposten und dem Flughafen kommen Bäume und Häuser in Sicht. Abu Simbel ist ein Städtchen mit Steinhäusern, Hotels und einem kleinen Geschäftszentrum. Der Tempel liegt außerhalb am Rand des Stausees. Ich hatte mir Abu Simbel öde vorgestellt, mit einem einzigen Hangar und einem verlorenen Hotel daneben. Vielleicht hat es hier tatsächlich einmal so ausgesehen, heute ist es jedenfalls ganz anders. Es ist unmöglich, mit den Kamelen direkt zum Tempel zu laufen. Ein künstlicher Hügel aus Sandstein, umgeben von Tamarisken, einem großen Parkplatz mit Picknickbänken und einigen Kiosken versperrt die Sicht auf den Ramses-Tempel. Die Wächter würden uns wahrscheinlich nicht heranlassen, und außerdem ist es momentan viel zu voll, um in Ruhe fotografieren zu können. Wir beschließen, in dem nächstgelegenen Hotel mit den Kamelen zu übernachten, um in der Nacht zu dem Tempel zu laufen und dort in aller Stille auf den Sonnenaufgang zu warten. Wir könnten natürlich die Nacht auch in der Wüste verbringen, aber seitdem wir die Oase Kharga verlassen haben, träumen wir davon, unsere Ankunft in Abu Simbel mit einem Abendessen in dem teuersten Hotel am Platze zu feiern. Auf dem Weg zu dem

Hotel Nefertiti passieren wir eine Brücke, auf der wir fast in eine Schlägerei mit Autofahrern geraten, die nicht begreifen wollen, dass Kamele bei Hupgeräuschen ausbrechen. Carlo schimpft wie gehabt auf die «verdammten Scheißer», und dieses Mal bin ich ganz auf seiner Seite. Vorsorglich haben wir das Leitseil mehrere Male um die Unterkiefer der Kamele geschlungen, damit sie uns nicht durchgehen, aber ein Ruck an dem Seil ist schmerzhaft. Ein genauso wahnwitziges Unterfangen ist es, mit den Tieren sicher auf die Auffahrt zu dem Hotel zu gelangen. Die Auffahrt macht einen viel versprechenden Eindruck. Hohe Bäume mit Sträuchern darunter und farbenprächtige Blumen heißen den Gast willkommen, der kaum länger als zwei Tage bleiben wird. Zwischen den Bäumen schimmern weiße Appartements. Das Hotel ist nicht zu sehen. Der Portier will uns wegschicken, aber wenn man drei Monate unterwegs gewesen ist, bedeutet ein solches Männlein nichts. Als unsere Kamele kurze Zeit später vor dem recht vornehmen Eingang des Nefertiti stehen, beginnen sie vor lauter Nervosität zu koten und zu pinkeln. Schilder weisen in Richtung Swimmingpool, Sprinkleranlagen halten die Blumenrabatten feucht, Wägelchen mit Reinigungsmitteln und Handtüchern werden geschickt über die schmalen Stufen laviert. Erschrocken kommen ein paar Mitarbeiter der Rezeption herausgerannt. So etwas haben sie noch nie erlebt; sie haben nur den Gedanken im Kopf, uns so schnell wie möglich loszuwerden, bevor die anderen Gäste aufmerksam werden. «Nein, nein, ihr müsst sofort wieder gehen», sagt ein westlich gekleideter Ägypter, als wir nach einem freien Appartement fragen. Er vertreibt uns wie lästige Schmeißfliegen. Das übrige Personal, das sich auf den Stufen versammelt hat, nickt bestätigend. Wir bleiben trotzdem stehen. Einer der Angestellten geht tapfer auf die Kamele zu, weicht jedoch zurück, als er ihre großen Zähne und langen Beine aus der Nähe sieht. Einige Minuten später erscheint der Manager, ein kugelrunder Mann mit einem strahlenden Lächeln auf dem Gesicht.

Die Begrüßung fällt freundlich aus: «Welcome, you can stay as long as you pay. No problem.» Das ist die Sprache eines Hotels mit mindestens drei Sternen. Der Manager führt uns zu einem Teil der Hotelanlage mit gerade fertig gestellten Appartements. Auf der Terrasse liegen zwar noch die Mörtelhaufen herum, aber innen macht alles einen untadeligen Eindruck. Die Aussicht könnte nicht besser sein. Der See liegt wie ein flacher Spiegel, umringt von in Dunst gehüllten Bergen, vor unserer Tür. Neben unserem Appartement stehen die Kamele auf einer nicht gefliesten Terrasse. Erstaunte Hotelgäste beugen sich über die Brüstung des höher gelegenen Swimmingpools. Eine Stunde später liegen wir auf einer Luxusliege mitten unter ihnen, ordern Wein und Bier und prosten uns auf den guten Verlauf dieser Unternehmung und den nahenden Abschied zu.

Ein Hauptmann der ägyptischen Armee, der einen Bauch hat, der ihn bestimmt daran hindert, sich selbst die Schnürsenkel zuzubinden, überbringt die Nachricht, dass wir Abu Simbel ohne vorherige schriftliche Erlaubnis nicht verlassen dürfen. Um diese Genehmigung zu erhalten, müssen wir uns heute Nachmittag in seinem Büro melden. Diese Show kann tagelang dauern, aber unser ganzes Arsenal an freundlichen Worten, Flüchen und Verweigerungen ist bereits aufgebraucht. Der Hauptmann versteckt sich hinter Befehlen, die aus Assuan gekommen sind, er selbst hat nichts zu melden. Ich frage ihn, ob sie ihre Energie nicht besser darauf verwenden könnten, meinen Fotokoffer ausfindig zu machen, aber meine Worte gleiten wie Wassertropfen an seinem fetten Rücken ab. Der Rest des Tages vergeht mit Besuchen im Hadud-Büro, wo die verantwortliche Person nicht da ist. Am späten Nachmittag bekommen wir nochmals Besuch von dem besagten Hauptmann, der tatsächlich unsere Pässe und die schriftliche Genehmigung für unsere Rückreise bei sich hat. Inzwischen hat er auch den Befehl erhalten, uns nicht ohne die Begleitung eines

Soldaten gehen zu lassen, der uns bis zur Oase Farafra erhalten bleiben soll. Armer Carlo. Der Soldat wird größtenteils an seiner Seite sein, denn ich werde bei Nuktar Tushka aussteigen. Es folgt eine endlos lange Diskussion, in deren Verlauf Carlo den Hauptmann fragt, ob er einen wildfremden Mann in sein Schlafzimmer lassen würde. Nein? Was sollen wir dann mit einem Soldaten anfangen, der uns auf Schritt und Tritt folgt und keine Privatsphäre gönnt? «Was meinen Sie, wie meine Frau sich fühlt, wenn sie sich umziehen, waschen oder auf die Toilette muss?» Der Hauptmann nickt verständnisvoll. Es tut ihm furchtbar Leid, aber Befehl ist nun einmal Befehl, und er muss uns einen Soldaten mit auf den Weg geben. So schlimm wird es schon nicht werden, wenn er sich diskret im Hintergrund hält. Der Soldat, den man uns zugewiesen hat, fühlt sich nicht wohl in seiner Haut. Der Hauptmann hat leicht reden, aber Mahmoud ist uns ebenso ausgeliefert wie wir ihm, und die Befürchtung, dass dies alles andere als ein Spaziergang werden könnte, steht ihm ins Gesicht geschrieben. Wir äußern uns nicht, beschließen jedoch, am nächsten Morgen in aller Frühe ohne Mahmoud aufzubrechen, in der Hoffnung, dass der Hadud von der Idee absieht, uns mit einem Kindermädchen zu versehen.

Um halb fünf Uhr morgens stehen wir neben unserem Bett und satteln bald darauf im Licht einer Außenlampe Sahara und Arabella. Gatifa und Mabrouka zerren beim Aufbruch an den Stricken, ihre klagenden Schreie werden vom Wind davongetragen. Auf leisen Sohlen legen wir den langen Weg zum Ausgang des Hotels zurück, wo die Nachtwächter große Augen machen. Wir grüßen höflich und laufen an Tamarisken und Palmen vorbei zu dem Pfad, der zum Ramsestempel führt. Hier wollen wir bei Sonnenaufgang einige Fotos machen, um gleich anschließend mit der ganzen Karawane Abu Simbel den Rücken zu kehren. Ohne dass uns ein Wächter oder Soldat den Zutritt verweigern würde, gelangen wir auf eine große

Der Tempel von Ramses II. in Abu Simbel

Terrasse, die zwischen dem Tempel und dem See liegt. Ich höre die Stimme von Touristengruppen, die hier die Nacht verbracht haben, und denke an die Stille, die Burckhardt umgeben haben muss, als er als erster Europäer Anfang des neunzehnten Jahrhunderts den Tempel besuchte. Damals lag das Bauwerk noch an einer Biegung des Nils. Burckhardt sah 1813 nur das Haupt von Ramses aus dem Sand ragen und vermutete darunter einen riesigen Tempel, der in der Tat fünf Jahre später von Belzoni ausgegraben wurde. Zwergenhaft klein kommen wir uns vor der gigantischen Tempelfassade aus Sandstein vor. Zwanzig Meter hoch sind die Kolossalstatuen des Ramses auf seinem Thron. Etwas nördlicher steht ein kleinerer Tempel, den Ramses für seine bildschöne Gemahlin Nefertari in den Sandstein hauen ließ. Sie war häufig bei wichtigen Anlässen an seiner Seite. Im vierundzwanzigsten Jahr seiner Herrschaft begleitete sie ihn zusammen mit ihrer ältesten Tochter nach Abu Simbel, wo die Tempel von Priestern geweiht werden sollten. Fünfhundert Kilometer per Schiff stromaufwärts und wieder zurück. Eine solche Reise war ein gigantisches Unternehmen, bei dem vergoldete Staatsschiffe und eine Flotte kleinerer Schiffe für das Personal vonnöten waren. Auf der Reise hatte Ramses viele Dinge zu regeln. Mit Wesiren und Schatzmeistern sprach er über Staatsgeschäfte, und zweifellos inspizierte er auch den Fortgang der Bauprojekte, die er im ganzen Land in Auftrag gegeben hatte. Nach vielen Wochen kam die königliche Familie im Süden auf der Insel Elephantine an, auf der Harkhuf tausend Jahre zuvor seine Expeditionen in das Land von Yam vorbereitet hatte. Von Elephantine aus legten der Pharao und sein Gefolge die letzte Etappe bis Abu Simbel zurück. Ramses muss sehr beeindruckt gewesen sein von dem, was er in Abu Simbel vorfand. Er hatte schon zahlreiche Tempel und Paläste bauen lassen, aber jetzt war er selbst im letzten Winkel seines Reiches, in diesem unwirtlichen Gebiet jenseits des ersten Katarakts, in großartiger Weise präsent. Der Eingang des Ramsestempels ist so angelegt, dass die Sonne zweimal im Jahr, bei Tagundnachtgleiche, direkt dort hineinscheint. Nur dann werden die Standbilder tief im Inneren des Tempels von den Strahlen der Sonne beleuchtet. Ramses hat hier auch die berühmte Schlacht bei Kadesh in Stein hauen lassen. Die Reliefs stellen ihn als den großen Sieger dar, als einen von feindlichen Truppen umzingelten Heerführer, der seine Soldaten zu einem glorreichen Sieg über die Hethiter führte. In Wirklichkeit hat Ramses jedoch bei Kadesh eine empfindliche Niederlage erlitten. Ohne seine Hilfstruppen, die über das Meer nach Syrien gezogen waren, wäre von Ramses dem Großen wenig übrig geblieben. Aber er bog diesen Misserfolg um und machte ein Heldenepos daraus.

Am Tempeleingang gleitet mein Blick an den enormen Beinen des Standbildes hoch. Auf den Ober- und Unterschenkeln haben Reisende Namen und Jahreszahlen eingeritzt, die vor dem Zeitalter von Bus und Flugzeug Abu Simbel besucht haben. 1875 steht auf dem linken Schienbein von Ramses, und viel höher, auf der Lehne des Throns hinter seiner Krone, prangt die Zahl 1823 – Jahreszahlen, bei denen mir ein angenehmer Schauer über den Rücken läuft.

Gerade als wir im Begriff sind, mit allen Kamelen die Straße zu überqueren, kommt ein blaues Auto angefahren. Es ist der Hauptmann, der Mahmoud absetzen will. Ob wir ihn bitte mitnehmen wollen. Nach einer Stunde ist von dem Soldaten nichts mehr zu sehen, da ihm das Laufen schwer fällt, hat er umsichtig die Konsequenzen gezogen. Froh, ihn los zu sein, nehmen wir Kurs auf die Tabana, um Dorra und Stroh zu holen. Die beiden Sudanesen begrüßen uns mit einem breiten Grinsen und weisen auf die Wellblechhütte, in der uns ein Soldat erwartet. Mahmoud winkt verlegen, als wir auf ihn zu gehen. Der Hauptmann hat ihn hier abgesetzt, um uns aufzuhalten. Bald wird sein Vorgesetzter mit einem anderen Soldaten hier eintreffen, denn Mahmoud hat sich krank gemeldet. Er streckt seine Beine aus und massiert sich den Rücken. Eine Tour, die über mehrere Wochen ginge, würde er nicht überleben. Nach einer Weile taucht ein winziger blauer Punkt am Horizont auf. Kurze Zeit später springt ein wutentbrannter Hauptmann aus dem Fahrzeug. Er kommt drohend auf uns zu, um uns demonstrieren, wer hier das Sagen hat. Wir haben nun die Wahl, entweder einen Soldaten mitzunehmen, der die ganze Strecke auf einem Kamel mitreitet, oder all unsere Sachen hier zurückzulassen und den Bus zu besteigen. Es folgt ein heftiger Wortwechsel, aber der Mann hat endgültig genug von uns und schreit genauso laut wie Carlo. Die Botschaft kommt an.

Beim Nukta Tushka will ich die Karawane verlassen. Wir sind bis Abu Simbel gekommen und hatten vereinbart, dass Carlo allein mit den Kamelen weiterziehen soll. Aber der Gedanke, wochenlang mit einem redseligen Soldaten umherziehen zu müssen, bringt Carlo völlig aus der Fassung. Ich lasse mich umstimmen. Die Wettergötter mischen sich ein. Als nähmen sie mir meine Entscheidung übel, nicht nach Kairo zu fahren, lassen sie es tagelang wie aus Eimern schütten. Wege werden durch die Regenmassen überspült, Autos bleiben im Schlamm stecken – und wir ersaufen fast.

Während wir unter einer grauen Wolkendecke darauf warten, dass endlich die Sonne durchbricht, besprechen wir unsere bevorstehende Reise. Wir wollen doch noch die Chefren-Steingruben suchen. Mit einem Soldaten als Begleiter kann uns niemand etwas anhaben. Unser neuer Begleiter Adl pendelt zwischen dem Nukta und dem Lager unruhig hin und her. Er gehört zwar jetzt zu uns, fühlt sich jedoch weitaus mehr mit seinen Kameraden verbunden. Alle sind sichtbar erleichtert, als die Karawane sich in Richtung Quartz Ridge, einer der Steingruben, in Bewegung setzt.

Mitten in der Nacht werde ich durch eine fremde Stimme aus einem Traum gerissen. Nachdem ich Carlo wachgerüttelt habe, lauschen wir beide regungslos. Die Stimme kommt aus Adls Richtung, der zwanzig Meter entfernt hinter einer Strohtasche schläft. Der Soldat spricht im Schlaf. Seitdem er als Kind einen schweren Autounfall hatte, so erzählt er uns am nächsten Morgen, redet er fast jede Nacht im Schlaf.

In eine dicke Jacke und einen Schlafsack gehüllt, hat der Soldat nach dem Frühstück Mabrouka bestiegen. Sie hat sich inzwischen an ihn gewöhnt und wirft ihn nicht mehr ab. Aber bei diesem Wetter auf einem Kamel zu sitzen, macht wirklich keinen Spaß. Adl hatte sich anfangs noch bemüht, mit uns Schritt zu halten, war jedoch bereits nach einer Stunde völlig fertig. So blieb ihm nichts anderes übrig, als seine Tage vor Kälte zitternd oben auf Mabrouka zu verbringen.

Um die Chance, die Steingrube zu finden, zu verdoppeln, gehen Carlo und ich getrennte Wege. Als der Morgen schon fast vorüber ist, ist, tauchen die ersten milchweißen Gesteinsbrocken auf, die von schwarzen Kristallstreifen durchzogen sind. Dazwischen verlaufen schmale Reifenspuren, die durchaus von Murrays Expedition stammen könnten. Hier irgendwo muss Quartz Ridge sein. Mit dem Fernglas verfolge ich Carlo, der jetzt auf einem kleinen Hügel steht und mit den Armen winkt – ein Zeichen, dass er etwas gefunden hat. Quartz Ridge! Adl versteht nicht, wieso uns eine Quarzbank, auf der zwei Alamaten stehen, in eine derartige Aufregung versetzt. Er kriecht in seinen Schlafsack, froh über die unerwartete Pause. Es ist genau so, wie Murray es beschrieben hat, ein großer Alam aus Quarzstücken und ein zweiter aus Steinen, in dessen Nähe 1932 die beiden Stelen gefunden wurden – die eine aus der fünften und die andere aus der zwölften Dynastie. Wir haben die Nadel im Heuhaufen gefunden. Ständig spuken mir Murrays Worte im Kopf herum: *«Nowhere was there anything living to recall us to the present. (...) We stood alone in a timeless desert before something so old it appeared new.»*

Kreisförmig angeordnete, aufrecht stehende Steine, Reste von Hütten, in denen früher die Arbeiter wohnten, lassen mich die Welt vergessen. Tonscherben ruhen im Sand, der zwischen die Überbleibsel der Hütten geweht ist.

Mit gebeugtem Rücken, die Augen fest auf den Boden gerichtet, laufen wir durch die viele Kilometer lange und breite Grube. Abgeschlagene Dioritstücke liegen um zugewehte Sandlöcher, aus denen vor langer Zeit große Dioritbrocken gefördert wurden. Den ganzen Nachmittag schleppe ich den Fotokoffer mit mir herum, um Steine, Hütten und Scherben zu fotografieren. Wir begeben uns auf die Suche nach der Chefren-Steingrube, die ganz in der Nähe liegen muss. Hier hatten Edith Murray und Rex Engelbach 1938 die große schwarze Granitstele von Cheops gefunden, die jetzt im Museum von Kairo steht. Wir laufen mit Adl und den Kamelen eine Stunde nach 190 Grad, aber die dunklen Steine, die wir aus der Ferne für Diorit gehalten haben, sind aus Granit. Weiter östlich sind auf einem winzigen Hügel zwei dunkle Punkte zu erkennen. Wir gehen darauf zu und landen bei der Chefren-Grube. Die Punkte, die uns den richtigen Weg gewiesen

Ein Halbkreis aus Dioritbrocken ist alles, was von einer Hütte in der Chefren-Grube übrig geblieben ist

haben, sind zwei längliche, weiß geäderte Dioritbrocken. Sie stehen in einem halben Meter Abstand voneinander auf einer Plattform und scheinen in der Mitte gespalten. Es ist rätselhaft, wozu sie gedient haben könnten. Vielleicht hatten die Ägypter auf der Plattform einen Hebearm konstruiert, um die schweren Steine auf Esel laden zu können, aber die länglichen Stücke weisen keine Spuren einer Befestigung auf. Die Plattform beherrscht das ganze Gebiet, wohin man auch geht, aus jeder Position sieht man sie mit den beiden aufrecht stehenden Dioriten. Viel später entdecken wir in einem Antiquariat in Kairo ein Foto, das Engelbach von dem Ehepaar Murray vor derselben Plattform gemacht hat. Die markanten Dioritsteine sind gut zu erkennen. Dazwischen prangt die Stele von Cheops. Ein zweites Foto zeigt eine Nahaufnahme der Stele.

Die Kartusche, eingemeißelte Linien, die den in Hieroglyphen geschriebenen Namen des Pharaos umgeben, sieht aus, als wäre sie nicht älter als einen Tag. Unangetastet von fünfzig Jahrhunderten Hitze und Kälte, treten die weißen Hieroglyphen haarscharf aus dem dunklen Granit hervor. Aus den Berichten Engelbachs über seine erste und zweite Expedition zu den Steingruben wird deutlich, dass wir in Höhe von Stela Ridge verhaftet wurden. Auch von dort gibt es einen Weg zum Nil, der nach zwanzig Kilometern mit der Route zusammenläuft, die von der Chefren-Grube zum Nil führt. Als Engelbach Stela Ridge 1932 zum ersten Mal besuchte, stieß er dort auf Dutzende Alamaten. Nicht alle dienten als Wegweiser, manche markierten Gräber, andere enthielten Gebrauchsgegenstände oder Amethyststücke. Eine römische Amphore verriet, dass die Römer Engelbach zuvorgekommen waren. Sie hatten einige Steinhaufen geöffnet, um nach Schätzen zu suchen. Engelbach fand Stelen, kleine Horusstatuen und Opfertische, die von den Römern zurückgelassen worden waren – offensichtlich hatte ihr Interesse etwas anderem gegolten.

Im weiten Umkreis der Plattform gibt es unzählige versandete Löcher, aus denen man große blau-weiße Dioritbrocken ans Tageslicht befördert hatte. Die Überreste einiger Hütten stehen noch. Granitklumpen markieren die Umrisse der Hütten – sehr groß waren sie nicht. Unsere Suche nach Hieroglyphen bleibt vergeblich. Das Gebiet ist so groß, dass wir unmöglich alles absuchen können.

Allmählich fange ich an, für Murray und Engelbach Bewunderung zu empfinden, die trotz ihrer begrenzten freien Zeit so viel entdeckt haben. Bis Einbruch der Dämmerung erforschen wir das weitflächige Gebiet. Wir finden nichts Außergewöhnliches und reisen am nächsten Tag nach Dungul weiter.

In der Mittagspause schaue ich mir die Karte an. Carlo läuft ein wenig herum und Adl schläft. Eine leichte Brise lässt die Landkarte rascheln, ansonsten ist es angenehm still. Carlo kehrt mit erregt glänzenden Augen zum Lager zurück. «Arita», er spricht meinen Namen fast beschwörend aus. Er hält etwas in der Hand. Mit dem fiebrigen Blick eines Menschen, der gerade eine Wahnsinnsentdeckung gemacht hat,

Ein von Carlo gefundenes Bronzebeil, vermutlich aus der achtzehnten Dynastie

schaut er mich an. Langsam öffnet er die zitternde Hand, in der ein schwarzes Bronzebeil liegt – die Waffe eines altägyptischen Soldaten. Der Ort, an dem das Beil gelegen hat, ist von großer Wichtigkeit. Da wir uns auf einer Linie zwischen der Steingrube und Dungul befinden, ist die Existenz einer alten Route zwischen Dungul und der Grube hiermit endgültig nachgewiesen. Das Beil hat einem Soldaten gehört, der eine Expedition vom Brunnen zur Steingrube oder umgekehrt begleitete. Den restlichen Tag verspüren wir keine Müdigkeit, mit dem Kopf in den Wolken schweben wir über den Wüstenboden.

Nach dem Abendessen kommt Adl zum Teetrinken. Er ist etwas schlapp, hat Darmprobleme und Diarrhö. In Gedanken beschäftige ich mich durchaus mit ihm, es ist nicht leicht, jemanden in der Wüste auf Distanz zu halten. Ich sehe, wie er sich von einem Tag zum anderen quält, während Carlo und ich miteinander reden und lachen, zusammen essen und zusammen schlafen. Adl beklagt sich kaum – das hat er wahrscheinlich schon als Kind verlernt. Er will nur jeden Morgen wissen, wie viele Tage es noch bis Kharga sind, und als seine Zigaretten alle sind, bittet er uns um eine Schachtel.

Zwei Wochen reist Adl mit uns. Die letzten Tage sind die schwersten, überall liegen scharfkantige Kalkbrocken herum und andauernd stolpere ich über Steine, die in die Höhe wippen. Selten war ich so müde, ich sympathisiere mit Adl, der nicht nur morgens fragt, wie weit es noch ist, sondern auch mittags und abends. Unterwegs komponiert er Lieder, die immer trauriger werden. Er singt von den Kamelen und der Oase, die einfach nicht in Sicht kommen will. Über schöne Mädchen und über seine Tochter Jasmin, die er schrecklich vermisst. Abends bei einem Becher heißem Kakao mit Rum trommelt er auf einem leeren Kanister. Er fragt uns, was er um Himmels willen seinen Vorgesetzten berichten soll. Sie werden nicht glauben, dass wir uns nur für blaue Steine interessieren und durch die Wüste laufen, weil uns das Spaß macht.

An den Tamarisken von Dush satteln wir die Kamele ab. Fliegen stürzen sich sofort auf meinen verschwitzten Körper, aber dieses Mal dulde ich sie. Ich bin viel zu erleichtert, als dass sie mich stören könnten. Ich hole den Spirituskocher aus der Küchentasche, um für Adl Teewasser aufzusetzen. Aber an einem angemessenen Abschied hat der Soldat kein Interesse, innerhalb von zehn Minuten ist er in Richtung Dorf verschwunden. Etwas erstaunt über seinen eiligen Aufbruch, beuge ich mich über ein paar zerrissene Taschen, die genäht werden müssen. Carlo sucht auf den Feldern einen Bauern, um ihm frisches Gemüse abzukaufen. Die Kamele heben die Köpfe, ich folge ihrem Blick. Auf der Asphaltstraße nähert sich ein Armeejeep voller Soldaten. Wie dicke hartnäckige Stubenfliegen tauchen sie immer wieder auf, wie sie uns ausfindig machen, ist mir ein Rätsel. Sie sind auf der Suche nach ihrem Kollegen Adl und wollen wissen, wo wir ihn gelassen haben.

Misstrauisch beäugen sie meine schäbigen Klamotten, ihre Blicke suchen zwischen den Taschen und den Kamelen nach einem Hinweis. Ungläubig hören sie mir zu, als ich ihnen erzähle, dass der Soldat uns schon verlassen hat und jetzt auf dem Weg in die Hauptstadt ist, um Bericht zu erstatten. Ich zeige auf das Dorf, aus dem sie gerade kommen – dort wird man sicherlich mehr wissen. Sie fahren noch ein Stück in die Wüste hinein und kommen dann langsam zurück, um Richtung Dush zu verschwinden. Einen zweiten Besuch warten wir nicht ab. Hastig fülle ich einen Kanister mit Wasser und packe meinen Sachen. Innerhalb von zehn Minuten sind die Kamele beladen, und wie gehetzt flüchten wir in die Sanddünen, um unsere Reise nach Farafra unbeobachtet fortzusetzen.

KAPITEL 5

Die Soldaten lassen uns in Ruhe. Durch Sanddünen und über das Abu-Tartur-Plateau verfolgen wir unseren Weg weiter, um in der Oase Dakhla die kleinen Kamele abzuholen, für die Abdel Hamid monatelang gesorgt hat. Er lässt sie frei. Aufgeregt rennen die drei mit lang gestreckten Hälsen über den Hof und schlagen Hühner und Ziegen in die Flucht. Sie veranstalten Überholmanöver, wollen sich gegenseitig umwerfen und rasen blitzschnell zwischen dem Haus und der Straße hin und her. Hassan hält von diesem Treiben gar nichts, er würde ihnen den Kopf abbeißen, wenn man ihn ließe.

Mit einer eindrucksvoll umfangreichen Karawane nehmen wir Kurs auf Farafra. Die Stimmung ist angenehm entspannt. Carlo und ich haben uns aufeinander zu entwickelt, unsere Beziehungskrise scheint überwunden. Scheint – denn seine Albträume über meine früheren Beziehungen stellen sich wieder ein. Er verschließt sich. Anfangs kann ich ihn noch erreichen und trösten, aber mit der Zeit weckt sein Selbstmitleid meinen Widerwillen. Warum muss ich immer die Rolle der Verständnisvollen übernehmen, warum kann er die Vergangenheit nicht ruhen lassen, und wann ist endlich Schluss mit diesem Theater? Es brodelt und gärt. In ihm und in mir. Wir streiten über lächerliche Sachen, in Farafra trampelt Carlo einen Beutel mit Tomaten platt, den ich nicht einpacken will. Er kritisiert alles, was ich tue. In eisigem Schweigen brechen wir auf. Dunkle Wolken sammeln sich über unseren Köpfen, vom Wind getrieben, beeilen wir uns, um noch vor den ersten dicken Tropfen ein Tamariskenwäldchen zu erreichen.

Schwarze Gewitterwolken jagen über uns hinweg. Sie ballen sich zusammen und fressen die letzten Reste des blauen

Himmels. Meine Djallaba flattert im Wind, der Schal schlägt mir ins Gesicht. Rennend erreichen wir einen mageren Strauch, der die schlimmsten Windstöße abfangen soll. Schnell laden wir die Kamele ab und stapeln unsere Taschen aufeinander. Zuunterst die Taschen, die nass werden dürfen, darauf die Taschen mit dem Futter, dem Stroh, den Büchern und den Fotokoffern. Eine orangefarbene Plane soll alles vor Nässe schützen. Für uns selbst bleibt kaum noch Platz. Der Regen prasselt herunter, irgendwo in der Ferne grollt ein Gewitter. Ich zerre an der Plane: «Ich brauche hier etwas mehr, meine ganzen Taschen werden nass.» Die Sättel, an denen die Plastikplane festgebunden ist, stehen im Quadrat um das Lager. Es ist nicht möglich, alles trocken zu halten, aber wenn wir die Plane richtig verteilen, bleibt der Schaden auf die untersten Taschen beschränkt. Dieses Mal zerre ich etwas stärker. Auf Carlos Seite hängt die Plane weit über seinen Taschen, meine werden inzwischen klatschnass. Grimmig zieht Carlo das Stück zurück, das ich über meine Taschen spannen wollte. Blitze spalten wie vibrierende Feuerpfeile den pechschwarzen Himmel, nur einen Moment später folgt ein krachender Donnerschlag, ganz in der Nähe, wahrscheinlich in Farafra, schlägt der Blitz ein. Völlig durchnässt unternehme ich einen letzten Versuch, meine Taschen vor einem Bad zu retten. Ich verstehe nicht so recht, warum nur meine mit den Büchern und allem anderen nass werden sollen, und ziehe die Plane mit einem kräftigen Ruck zu mir herüber: «Nun gib schon her, Mann.»

«Nein», keift Carlo mich an, «ich lasse meine Taschen nicht nass regnen, nur weil du so blöd gewesen bist und deine Plane vergessen hast.» Entschlossen knüpft er die Stricke an den Sätteln fest. Innerhalb einer Minute habe ich meine Taschen zusammengerafft, um mir in dem strömenden Regen einen eigenen Unterschlupf zu bauen. Ein paar Taschen mit einer Decke darüber. Mit den Füßen in einer Pfütze habe ich mich klappernd vor Kälte unter der immer schwerer werdenden Decke verkrochen. «Idiot», murmle ich unter meinem undichten Dach. Die ganze Nacht verbringe ich zitternd unter der nassen Decke, es will einfach nicht aufhören zu regnen. Ich tröste mich mit dem Gedanken, dass die Reise fast zu Ende ist und ich in drei Wochen nach Hause fliege.

Das stürmische Wetter hält an. Wenn der Regen kurze Zeit nachlässt, weht der Wind unablässig einen weißen Schleier feiner Kalkteilchen über uns hinweg, die an allem, was nass ist, haften bleiben. Die Kamele sitzen traurig und verregnet daneben, manchmal laufen wir ein Stück, um die verspannten Muskeln zu dehnen.

Der Streit konnte doch noch glücklich beigelegt werden, das ist sehr schön, denn der Regen zwingt uns immer wieder, die Abdeckplane hervorzuholen. Mit den Schlafmatten und leeren Futtersäcken gelingt es uns, den größten Teil des Gepäcks vor dem Regen zu schützen. Eng aneinander gepresst liegen wir Stunde um Stunde in dem schmalen Zwischenraum zwischen den Taschen und lauschen dem heulenden Wind und dem prasselnden Regen. Kondenswasser tropft auf uns herab, ab und zu stemme ich meine Faust gegen die Plane, um das Regenwasser ablaufen zu lassen. Die kleinen Kamele sehen jämmerlich aus, ihre nassen Haare kleben in Büscheln an den mageren Körpern. Als der Regen endlich aufhört, springen sie ausgelassen durch die Pfützen, die sich in den Kalksteinvertiefungen gebildet haben. Unsicher setzen die großen Kamele ihre Füße in die Nässe und schnuppern an dem Süßwasser, um dann gierig davon zu trinken.

Die Wüste um Farafra ist in Pastellfarben gehüllt. Die blendend weißen Kalkgebilde, die im vollen Sonnenlicht erbarmungslos glänzen, färben sich unter der Wolkendecke hellblau, lila und rosa. Und überall blinken blaue Seen, in denen sich die weißen Wolken spiegeln. Carlo will diese Regenlandschaft fotografieren, und er weiß auch genau, wo. Wir laufen zu einer Stelle, wo sich haushohe Felsformationen in einem Netz glatter Wasserlachen spiegeln. In kürzester Zeit umkreisen wir beide mit Kameras in der Hand die Seen. Diese

See nach anhaltendem Regen in der Weißen Wüste

Chance bekommen wir kein zweites Mal. «Wir sollten uns wegen der Fotos lieber absprechen», schlage ich vor – aus Schaden wird man klug. Das hält Carlo nicht für nötig. Er wird mir schon Platz machen. Eine halbe Stunde geht alles gut, danach betrachtet er das Fotomotiv als sein Eigentum, und ich bin ihm nur im Weg. Ungeduldig steht er hinter mir und sagt: «Bist du fertig?», wenn ich mit Mühe und Not eine Position gefunden habe. «Geh mal zur Seite, du bist im Bild», wenn ich irgendwo anders stehe, um zu fotografieren. Entgegen meiner sonstigen Gewohnheit beschließe ich, keinen Streit anzufangen, sondern abzuwarten. Am Spätnachmittag laufe ich an Carlo und seinem Stativ vorbei zum Rand des Sees, um im letzten Licht des Tages ein paar Bilder einzufangen.

Zeternd und fluchend raunzt Carlo mich an, ich solle abhauen, er sei noch längst nicht fertig. «Hast du vielleicht das Alleinrecht hier?», ist meine Reaktion, während ich ungerührt weiter den Auslöser betätige. Für einen Moment ist es still. «Es geht nicht anders», brüllt Carlo. Hinter seinem Stativ stehend, wirft er mir einen wütenden Blick zu, seine Stirnadern sind angeschwollen. «Siehst du denn nicht, dass ich am Fotografieren bin, du läufst mir ins Bild», er stampft mit dem Fuß auf. Ich erinnere ihn an sein Versprechen, dass er zur Seite gehen würde. «So etwas kann man nicht verabreden.» Im nächsten Moment fordert er seine Kamera zurück. Auf einmal bin ich nicht mehr als ein frecher Hund, weil ich nicht sabbernd im Schlamm liege, um ihm zu danken, dass ich eine seiner vier Kameras benutzen darf, weil meine gestohlen wurde. «Wenn du irgendwann noch einmal mitgehen solltest, ist völlig klar, dass du erst dann fotografierst, wenn ich fertig bin. Da hast du deine klare Vereinbarung.» Und damit wendet er sich wieder seiner Kamera zu. Es ist dunkel geworden. Ruhig lege ich seinen Apparat in den Fotokoffer, wohl wissend, dass er nur noch zwei Diafilme hat. Wir reden nicht mehr miteinander.

In dieser Nacht schlafen wir beide nur sehr wenig. Ich liege ein Stück von Carlo entfernt, aber ich spüre seine Unruhe. Meine Taschen sind gepackt, morgen fahre ich nach Kairo.

Schluchzend legen wir eng umschlungen die wenigen hundert Meter zu der Asphaltstraße zurück. Die Kamele tragen meine Taschen. Es bleibt keine Zeit mehr, um an der Situation noch etwas zu ändern. An der Straße stehen wir in Tränen aufgelöst aneinander geklammert, wir wollen nicht, dass der andere weggeht, und flennen und heulen. Vernünftig sind nur die Kamele, die unruhig werden und weiter wollen.

Langsam verschwinden sie schaukelnd aus dem Bild. Erstaunt schaue ich ihnen hinterher, eine halbe Stunde starre ich auf den Hügel, hinter dem sie sich Schritt für Schritt von mir entfernen. Vor kurzem habe ich noch zu ihnen gehört und sie zu mir, ein halbes Jahr waren wir Tag für Tag zusammen, und jetzt stehe ich hier mit ein paar Taschen am Straßenrand. Aus der Ferne ist Motorengeräusch zu hören. Soll ich das Auto vorbeifahren lassen? Noch kann ich die Karawane einholen.

Über den schwarzen Asphalt kommt ein rotes Fahrzeug angekrochen, quälend langsam nähert sich ein kleiner Lkw der Stelle, an der ich unschlüssig stehe. Als er schon fast vorbei ist, hebe ich hastig meine Hand.

Wonnestunden

Gisela Krahl / Andrea Riepe
Wonnestunden *Betörende Düfte, schlüpfrige Öle und berüchtigte Salben*
Mit Illustrationen von Brian Grimwood
192 Seiten. Gebunden.
Wunderlich
«Schon die Aufmachung des Buches ist eine Wonne. Wir werden optisch verführt, den Verführungen nachzugeben, die die Autorinnen vor uns ausbreiten ... Folgen wir dem Buch, wird es unserem Wohlbefinden – und dem unseres Partners – an nichts mehr fehlen.»
Journal für die Frau

Andro
Mehr Spaß am Sex *Wie Männer bessere Liebhaber werden*
Mit Abbildungen
(rororo sachbuch 60647)

Lonnie Barbach
Mehr Lust *Gemeinsame Freude an der Liebe*
(rororo sachbuch 60397)

Andrea Baldauf / Stefan Biele (Hg.)
Was uns Anmacht *Die sexuellen Phantasien der Deutschen*
(rororo sachbuch 60331)
Pure Lust *Sexuelle Phantasien der Deutschen*
(rororo sachbuch 60635)

Jolan Chang
Das Tao für liebende Paare *Leben und Lieben im Einklang mit der Natur*
(rororo sachbuch 60715)

Lust
... träumen
... erleben
... genießen
(rororo sachbuch 60466)

Kathrin Passig / Ira Strübel
Die Wahl der Qual *Handbuch für Sadomasochisten und solche, die es werden wollen*
(rororo sachbuch 60944)

Weitere Informationen in der **Rowohlt Revue**, kostenlos im Buchhandel, und im **Internet: www.rororo.de**

3626/6